SET SAIL FOR ANOTHER DECADE

CNPC Abu Dhabi

《扬帆十年再出发：中国石油阿布扎比公司十年奋进纪实》
编委会 编

扬帆十年再出发

中国石油阿布扎比公司
十年奋进纪实

石油工业出版社

图书在版编目（CIP）数据

扬帆十年再出发：中国石油阿布扎比公司十年奋进纪实 /《扬帆十年再出发：中国石油阿布扎比公司十年奋进纪实》编委会编. -- 北京：石油工业出版社，2023.12

ISBN 978-7-5183-6525-8

Ⅰ.①扬… Ⅱ.①扬… Ⅲ.①中国石油天然气集团有限公司—海外企业—概况—1993-2023 Ⅳ.①F426.22

中国国家版本馆CIP数据核字（2024）第 009334 号

扬帆十年再出发：中国石油阿布扎比公司十年奋进纪实
《扬帆十年再出发：中国石油阿布扎比公司十年奋进纪实》编委会　编

出版发行：石油工业出版社
　　　　（北京市朝阳区安华里二区 1 号楼 100011）
网　　址：www.petropub.com
编 辑 部：（010）64523570　图书营销中心：（010）64523633
经　　销：全国新华书店
印　　刷：北京中石油彩色印刷有限责任公司

2023 年 12 月第 1 版　2023 年 12 月第 1 次印刷
740 毫米 ×1060 毫米　开本：1/16　印张：19.5
字数：300 千字

定　价：128.00 元
（如发现印装质量问题，我社图书营销中心负责调换）
版权所有，翻印必究

编 委 会

主　任： 谷孟哲
副主任： 定明明　冯佩真　全　欢　赵向国

主　编： 毛及欣　闫吉森

成　员（按姓氏笔画排序）：
　　　　王瑞瑞　王慧琴　田文元　史殊哲　伍新宇　杜　宣
　　　　李　骥　何花玲　宋阳宇　宋晓威　张　密　陈　青
　　　　和冠慧　周国勇　饶良玉　姜学义　夏　珊　徐利军
　　　　陶艳华　崔伟香　薛　磊　魏晨吉

目　录

001　导言　十年"一带一路"、几多石油足迹

第一编　"十年路标"："一带一路"伟大倡议与中国石油阿布扎比公司奋斗历史

011　第1章　行路向海 ——"一带一路"沿线盛开的"宝石花"

017　第2章　光荣出海 ——"一带一路"合作框架下的中国石油阿布扎比公司
018　起步：实现中阿两国油气上游领域合作"零"的突破
022　出海：在国际油气高端市场树立"中国名片"
026　瞻望：推动中阿油气合作再上新台阶

033　第3章　通陆达海 —— 中国石油阿布扎比公司海外合作项目建设历程
035　友谊浇灌合作花：中国石油阿布扎比公司海外合作回顾
038　陆海项目：中阿高端油气合作的"桥头堡"
039　陆上项目：两次成为NEB资产领导者的"竞技场"
041　海上乌纳、下扎项目：彰显中国石油技术实力的"拓展地"

047	第4章	扬帆济海 —— 中国石油阿布扎比公司十年发展概述
048		十年，不忘中国石油初心使命，为祖国交上满意答卷
050		十年，坚持依托中国石油一流技术，实现后来居上、有所作为
052		十年，坚持落实中国石油一流管理，实现稳健发展、效益为先
056		制胜：以技术集成优势为稳产高产保驾护航
058		十年，坚持传承中国石油一流文化，实现精神引领、文化支撑
059		十年，坚持锤炼中国石油一流人才，实现英才荟萃、人尽其才

第二编 "十年征途"：中国石油阿布扎比公司的发展成果

067	第5章	"一带一路"上的油气合作明珠 —— 中国石油阿布扎比公司的生产经营成果
069		扛稳年权益产量1000万吨，贡献中国石油海外权益总产量的10%
075		荣任1个"2"：连续两次担任NEB资产领导者
080		战胜国际油价波动、"欧佩克+"限产等多重挑战
085	第6章	扬威海外的"中国方案" —— 中国石油阿布扎比公司的重要技术贡献
087		深探：特色技术赋能勘探开发，助力阿布扎比获得重要潜在商业性发现
095	第7章	同台竞合的广阔舞台 —— 中国石油阿布扎比公司的国际合作经验
097		铁律：遵循中国石油海外业务拓展的成熟经验
098		融合：让中国石油的"一体化"对接海外业务的"国际化"
100		探索：逐步探索完善"三位一体"行权管控模式
101		分享：稳步推进中国石油特色先进实用技术与合作伙伴的共享推介
105		吸收：坚持打造国际化学习型团队

111	**第 8 章**	**中阿友谊的石油纽带 —— 中国石油阿布扎比公司的海外形象树立**
113		积极践行社会责任　展现中国企业的负责与担当
115		打造绿色丝绸之路　推进海外业务绿色低碳发展
116		以节日庆典为契机　不断展示中国优秀文化底蕴
119		参与社会公益事业　促进中阿两国文化交融生彩
122		积极参与国际性展会　广泛传播中国石油企业文化
124		塑造良好企业形象　展现可信、可爱、可敬的中国形象

第三编　"十年初心"：中国石油阿布扎比公司十年精神积淀

131	**第 9 章**	**家国 —— 强大祖国的精神激励**
132		家国情怀：梦想的召唤
134		家国荣誉：使命与光荣
136		家国责任：奉献与坚守
137		家国力量：自信的提升
139		家国文化：传承与互鉴
140		家国奋斗：追赶与超越
142		家国依靠：后盾与支撑

147	**第 10 章**	**薪火 —— "三老四严"的血脉传承**
148		积淀：海外土地上的"三老四严"传承之根
151		创新：中国石油阿布扎比公司在"三老四严"精神指引下的创新与突破
153		坚守："三老四严"传承下的磨砺和考验
155		展望："三老四严"精神在海外石油行业的角色

161　第 11 章　跨越 —— 自主创新的意志品格
163　创新精神与创新技术交流
166　创新使命与创新挑战
167　创新人才与创新团队

173　第 12 章　砺兵 —— 逐梦全球的博大胸怀
173　逐梦蓝图：在"一带一路"上勾勒中国石油梦想
174　博大胸怀：坚持与伙伴互利共赢
178　奋发图强：以永不停歇的脚步让世界看到更好的中国石油

183　第 13 章　同心 —— 拼搏协作的强大合力
184　挑战与奉献：锤炼团队一流意志力
185　手足与依靠：打造团队一流凝聚力
187　学习与开创：塑造团队一流创新力

第四编　"十年群英" —— 中国石油阿布扎比公司的典型人物

197　第 14 章　创业先锋
198　谋长远之势　建久安之基 —— 记总经理　谷孟哲
202　抓住历史机遇　赢得发展先机 —— 记原副总经理、安全总监　纪迎章
207　十年坚守　终成大器 —— 记原副总经理　定明明
211　传承信仰　再立新功 —— 记副总经理、安全总监　冯佩真
215　用奋斗书写无悔青春 —— 记副总经理、总工程师　赵向国

221　第 15 章　奋进楷模
222　综管何为贵？润物细无声 —— 记综合管理部主任　闫吉森

225　勇担使命　奋斗不息 —— 记法律和股东事务部经理　徐利军
228　扎根海外二十载　我为祖国献石油 —— 记法律和股东事务部高级主管　张喜良
231　奋进追求一流　发挥模范作用 —— 记生产作业部副经理　饶良玉
234　传承铁人精神　直面国际挑战 —— 记销售采办部经理　陈青
238　勇担使命　做中国石油的海外尖兵 —— 记销售采办部高级主管　杨传勇

241　**第 16 章　巧匠大工**
242　在阿布扎比打造"中国方案" —— 记全国劳动模范、技术分中心主任　魏晨吉
246　以学习促成长　以量变促质变 —— 记技术分中心副主任　邓西里
249　勇立潮头　志存高远 —— 记生产作业部高级钻井技术专家　李荣
253　立鸿鹄志　做奋斗者 —— 记勘探部高级地球物理工程师　田文元
257　努力为祖国石油事业的兴盛积蓄力量 —— 记技术分中心高级钻完井工程师　吴波鸿
259　勇闯中东的海外石油人 —— 记技术分中心高级油藏描述工程师　许家铖

263　**第 17 章　青春战旗**
264　以实际行动做好公司的贴心"管家" —— 记综合管理部高级主管　姜学义
268　生逢其时　不负青春 —— 记销售采办部主管　李骥
271　心许能源事业　弘扬石油精神 —— 记财务部经理　薛磊
274　展现青春活力　书写精彩人生 —— 记财务部主管　伍新宇
278　怀揣祖国能源梦　撇家舍业为石油 —— 记计划部经理　宋晓威
281　"精打细算"　争创一流 —— 记技术分中心地面工艺工程师　刘伟亮

285 **第 18 章 巾帼绽放**

286 坚韧不拔的女工程师　甘于奉献的中国石油人 —— 记技术分中心高级地质建模工程师 李佳鸿

289 "没有解决不了的困难，只要你全力以赴" —— 记工程部副经理　王慧琴

292 争当实干先锋　绽放巾帼芳华 —— 记综合管理部高级主管　夏珊

295 **后记**

导言
十年"一带一路"、几多石油足迹

2000年以来,中国石油天然气集团有限公司(以下简称"中国石油"或"集团公司")在阿联酋阿布扎比开展油气合作,合作项目涉及管道建设、工程技术服务和物资装备等多个领域。2013年5月,中国石油与阿布扎比国家石油公司(以下简称"ADNOC")签署陆海项目协议,实现中阿两国油气上游领域合作新突破,中国石油拓展阿联酋高端市场的主力军企业——中国石油阿布扎比公司(以下简称"阿布扎比公司")也应运而生,从此,中国石油在阿布扎比牢牢占据了一席之地。

时光荏苒,岁月如歌。弹指一挥间,阿布扎比公司已走过十年发展历程。作为肩负中国石油"走出去"战略使命、进军国际高端油气市场的代表性企业,阿布扎比公司在"一带一路"的路标下求索,取得了无悔时代的业绩。

2013年,习近平主席在哈萨克斯坦和印度尼西亚发表演讲时,先后提出共建丝绸之路经济带和21世纪海上丝绸之路倡议。随后,《丝绸之路经济带和 21 世纪海上丝绸之路建设战略规划》《推动共建丝绸之路经济带和 21 世纪海上丝绸之路的愿景与行动》相继印发和发布，对推进"一带一路"建设工作作出全面部署。中国推动成立丝路基金和亚洲基础设施投资银行，"一带一路"倡议在政策沟通、设施联通、贸易畅通、资金融通、民心相通五大合作内容上取得了丰硕的成果，为全球经济注入了强劲动力，更好地惠及了沿线国家，也增进了文明的交流与互鉴，持续推动着人类的可持续发展。俯瞰世界版图，"一带一路"犹如一条光辉的轨迹，沟通着国与国、民与民、历史与现实、中国与世界，不断开拓着人类和平发展、共谋福祉的梦想疆界，延伸着合作共赢、和平发展的美丽"曲线"：中欧班列的"钢铁驼队"横穿欧亚大陆，中资建设的高铁、港口、公路通路达海，与 151 个国家和 32 个国际组织签署两百余份合作文件，涵盖互联互通、贸易、投资、金融、社会、海洋、电子商务、科技、民生、人文等领域。世界银行报告显示：共建"一带一路"使参与方贸易增加 4.1%，吸引外资增加 5%，使低收入国家 GDP 增加 3.4%。到 2030 年，共建"一带一路"

每年将为全球产生 1.6 万亿美元收益，占全球 GDP 的 1.3%。2015年至 2030 年，760 万人将因此摆脱绝对贫困，3200 万人将摆脱中度贫困。

为国家的使命而战，是中国石油这个光荣集体的优良传统，把忠诚与奉献献给国家，是中国石油与生俱来的红色基因。落笔海湾深处，搏击油海潮头。伴随着宝石花在全球范围内的绽放，中国石油的海外铁军，挺进深蓝深海、飞架油气通道、铺设能源丝路、竞技全球赛场。阿布扎比公司，作为中国石油落实"一带一路"倡议、推动国际能源合作的先锋尖兵，在"一带一路"问世诞生的春风中播种，在"一带一路"发展前进的耕耘中壮大，在"一带一路"硕果盈枝的风景中收获，与"一带一路"共同走过写满光荣与梦想的十年，在"一带一路"的光辉征途上，留下了恢宏绚烂的奋斗诗篇、坚实有力的"石油足迹"。

这十年，阿布扎比公司以顺应时代、勇立潮头的历史担当，留下了石油奋斗者许身报国的光辉足迹。近年来，习近平主席多次对中国石油和中国石油相关工作作出重要指示批示，并就保障国家能源安全、弘扬石油精神等各方面工作提出明确要求，勉励中国石油当好标杆旗帜和共和国的"种子队"、勇当能源保供"顶梁柱"。阿布扎比公司始终牢记习近平主席嘱托，在"一带一路"建设中发挥主力军作用，推动国际油气合作加快"走进去""走上去"，为构建中阿国际能源合作利益共同体，保障国家能源安全，助力东道国民生福祉，传播可亲、可敬、可信的中国和中国石油形象，推动共建"一带一路"走深走实，助力集团公司加快建设基业长青的世界一流综合性国际能源公司，做出了历史贡献。

这十年，阿布扎比公司以赓续传承、无怨无悔的忠诚坚守，书写了石油奋斗者扎根奉献的忠诚足迹。作为传承苦干实干、三老四严精神血脉的中国石油人，阿布扎比公司赓续大庆精神铁人精神的红色基因，让我为祖国献石油的精神之花绽放在阿布扎比的土地上。阿布扎比公司始终铸牢坚持国有企业的根和魂，将精神文明建设与生产经营紧密结合，培育和形成了有信仰、有激情、有责任、敢担当的"三有一敢"企业精神；营建了重信守诺、风清气正干事业的企业文化；遵循"四化"治企准则，持续推进提质增效举措，发展质量和效益显著提升；成功应对国际形势变化、"欧佩克+"限产、新冠肺炎疫情等多重挑战，广大干部职工，在远离祖国亲人的中东大地，克服了难以想象的困难，为这颗"一带一路"油气合作的"丝路明珠"增添了信仰的光芒、忠诚的底色、奉献的质地。

这十年，阿布扎比公司以百折不回、坚韧自强的不懈奋斗，书写了石油奋斗者艰辛创业的奋进足迹。在阿联酋这个国际油气企业的"兵家必争之地"，在阿布扎比这个国际油气合作的高端市场，面对英国石油公司、道达尔能源、埃克森美孚等众多国际油气巨头的激烈竞争，阿布扎比公司迎难而上、铸就功勋。自 2013 年与 ADNOC 签署陆海项目协议，首次实现中阿两国油气上游领域合作后，阿布扎比公司紧紧把握住共建"一带一路"、推进高质量发展的十年机遇，以征服油气高端市场的豪迈气魄，突出效益勘探开发，参与了阿联酋最大的陆上油田和海上油田开发，实现当年获得权益产量、当年启动投资回收，于 2019 年实现中国石油在阿联酋的权益石油产量超过千万吨，为中国石油海外权益产量破亿吨做出突出贡献。在一张白纸上，用奋进创业实现中国石油在阿布扎比从无到有、从弱到强的跨越式发展。

这十年，阿布扎比公司以自立自强、协同集成的创新步伐，书写了石油奋斗者自主创新的探索足迹。在阿布扎比这个国际油气高端市场，阿布扎比公司牢牢把握技术创新这一企业生存和发展的灵魂，积极构建协同创新体制机制，积极推广先进适用的新技术、新工艺，让中国石油高水平科技自立自强的成果在海外落地生根。从阿布扎比国际石油展（ADIPEC）到 ADNOC 上游先进技术圆桌会议，从股东技术研讨会、资产领导者技术研究到生产一线，"中国方案"扬威海外，中东低渗碳酸盐岩油藏经济有效开发关键技术攻关与应用、鱼骨刺完井方案等一系列自主创新成果，令资深国际石油公司由衷赞叹的同时，助力中国石油于 2017 年、2022 年连续成为两任 NEB 资产领导者，实现"小股东，大作为"，在中国石油进入 NEB 资产组后 4 年内产量提升一倍，实现年产千万吨级产量目标，桶油技术成本降低 13%，让中国石油在阿联酋这个高端市场，成为光辉璀璨的金字名片。

这十年，阿布扎比公司以诚意友善、互利共赢的坚实臂膀，书写了石油奋斗者播种友谊的真情足迹。波斯湾的浩瀚大洋，见证了中国石油推动中阿友谊的美丽浪花。十年来，阿布扎比公司在与当地合作伙伴加强能源合作的同时，也积极探索履行社会责任的有效方式，树立了"负责任、有担当"的国际大公司良好形象。"我们不只为油气而来，更为这里的绿色和清洁"——阿布扎比公司积极推进清洁生产，为当地实现 2030 年碳强度降低 25% 的目标贡献中国力量；"我们不只为地下的宝藏，更为这里留下知识与希望"——阿布扎比公司积极推进当地人才培养，促进当地员工成长成才，加深当地员工对中国石油特色技术与理念的认同，也将"一带一路"和人类命运共同体的友善种子，深埋在东道国人民的心中。在"走出去"的过程中，中国石油给东道国和世界能源行业贡献的不只有物质财富，还有精神力量。"我的背后是祖国的力量，我的身上是祖国的形象"——十年间，阿布扎比公司，让一个可亲、可敬、可信的中国形象在阿布扎比的土地上扎根，绽放出绚烂的文明和友谊之花，让"一带一路"成为国相交、民相亲的真情桥梁。

本书完整讲述了阿布扎比公司的创业历程、企业布局以及未来展望。编者通过调查采访，运用第一手资料，构建起一幅全面的阿布扎比公司企业图景。

阿布扎比公司有能力成为改变世界对中国认识的一扇窗口，它所传递出的商业精神和企业理念，或可成为相关企业借鉴与学习的榜样。

戈壁沙漠、深水浅滩、浩瀚陆海……十年来，沿着古老的丝绸之路，阿布扎比公司以忠诚坚守、不懈奋斗、勇于创新，诠释着中国石油人胸怀家国使命、一路奉献拼搏的生动实践；以新气象、新担当、新作为，书写着加快建设世界一流企业、开拓中国石油海外版图的时代新篇。

第一编

"十年路标":"一带一路"伟大倡议与
中国石油阿布扎比公司奋斗历史

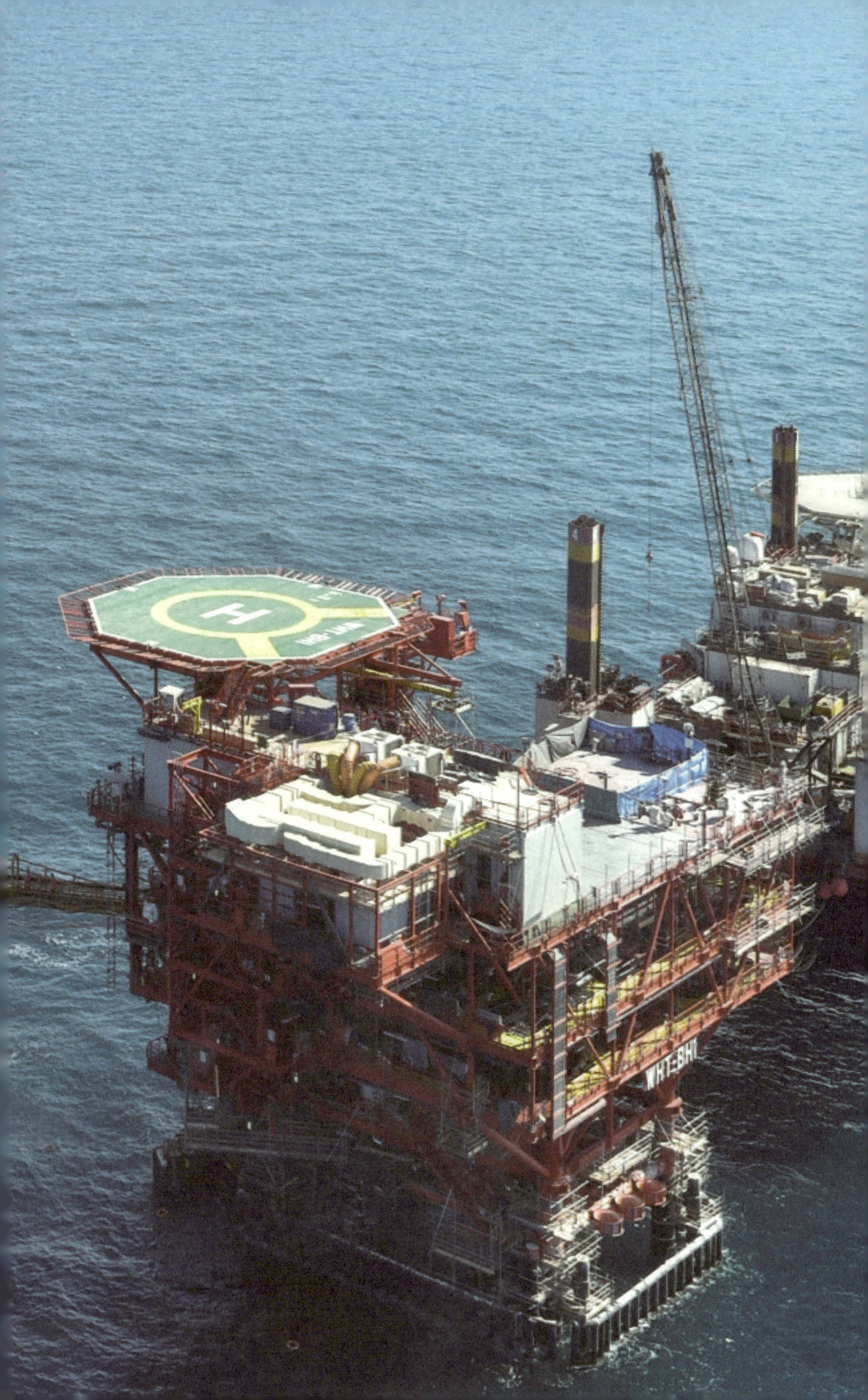
WHT-BHI

编前语

大道终致远,海阔纳百川。横跨欧亚大陆、串联世界梦想的"一带一路",是世界互联互通的桥梁,是"一带一路"合作伙伴携手共进的纽带。走向伟大复兴的中国,以中国式现代化的磅礴伟力,与全世界携手,向着构建人类命运共同体的宏伟目标,向着更加美好的光明未来阔步前行。

跟随"一带一路"前进步履的中国石油,牢记习近平主席关于"加快建设一批产品卓越、品牌卓著、创新领先、治理现代的世界一流企业"的殷殷嘱托,胸怀"国之大者",放眼五洲大洋,在新时代充满梦想和希望的远征上,勇当"一带一路"筑梦先锋,彰显了以和为贵、兼收并蓄的大国胸襟,肩扛顺应时代、勇立潮头的历史担当,推动国际油气合作加快"走进去""走上去",当好世界优秀企业公民,为构建国际能源合作利益共同体、人类命运共同体贡献石油力量。

与"一带一路"倡议同年诞生的阿布扎比公司,作为中国石油在"一带一路"沿线国际油气高端市场上的主力先锋,在"一带一路"伟大倡议中出生,伴随"一带一路"脚步的延伸,不断开拓中国石油的梦想版图,不断扩大国际油气合作的"朋友圈"。

十年，是辉煌的史册，铭记着阿布扎比公司，肩负祖国和集团公司使命，奋力开创的光荣业绩。

十年，是奔涌的油花，绽放着阿布扎比公司，努力站稳油气高端市场，以合作求共赢，提升中国石油话语权的奋斗梦想。

十年，是成长的轨迹，见证着阿布扎比公司，从无到有、从小到大，为后来者作出大贡献，以实现小股东大作为的非凡历程。

十年，是精神的留存，书写着阿布扎比公司，赓续红色基因，传承大庆精神铁人精神，以特有的"三有一敢"企业文化书写奉献篇章。

十年，是温暖的怀抱，传递着阿布扎比公司，以石油纽带加深中阿友谊，传播可亲、可敬、可信的中国形象，造福阿布扎比人民的真诚热情。

第 1 章

行路向海 ——"一带一路"沿线盛开的"宝石花"

翻开阿布扎比公司的历史画卷,这波澜壮阔的十年,正是"一带一路"倡议下的国际油气能源合作纽带不断延伸的十年。

习近平主席指出,开放是人类文明进步的重要动力,是世界繁荣发展的必由之路。

千年之前,古丝绸之路和海上丝绸之路,连接着亚欧大陆的璀璨文明,创造了横跨亚欧大陆、连接五洲大洋的文明史景观。

千年之后,"一带一路"这一极具文明视野、创造构想、战略眼光的伟大倡议,架起联通中国与世界的经济带,修筑了联通中国与世界的"文明大运河"。

2013 年,"一带一路"伟大倡议正式提出。作为中国面向世界提供的国际公共产品,共建"一带一路"顺应全球发展诉求和全球治理期许,为破解世界发展难题提供中国方案,为增进世界人民福祉贡献中国智慧,体现了中国积极参与全球治理、维护全球发展的大国责任担当。十年来,

共建"一带一路"秉持共商共建共享原则,坚持开放、绿色、廉洁理念,努力实现高标准、可持续、惠民生目标,国际凝聚力、感召力和影响力不断增强,取得了实打实、沉甸甸的成就。

从2013年起,"一带一路"行路向海、连通亚洲,创造了辉煌与奇迹,中国石油也走过了拓展海外版图、唱响中国"油"我、世界"油"我强音的奋进历程。与"一带一路"同年诞生的阿布扎比公司,也在"一带一路"倡议的时代脉搏里,经历了从无到有、迈向辉煌的历程。阿布扎比公司,正是中国石油走出国门、在"一带一路"的美丽曲线中勾勒恢宏梦想的缩影。其中,作为"一带一路"建设的重要部分,油气能源合作成为推进"五通"建设、深化与共建国家合作交流的重要载体。作为"一带一路"建设的先行者和主力军,中国石油认真落实习近平主席关于"同各国在共建'一带一路'框架内加强能源领域合作"的要求,以高标准、可持续、惠民生为目标,以重大油气项目为抓手,深化与"一带一路"沿线重点国家和地区的能源全产业链合作,努力实现更高水平的合作共赢,着力打造油气合作利益共同体,为维护全球能源产业链稳定安全和深化全球能源治理贡献中国智慧、中国力量。

格林斯潘说:"石油是工业的血液",石油对于一个国家来说,是一个非常重要的战备能源。我国是世界第二大炼油国和第一大石油消费国，原油对外依存度近 70%。随着国内石油消费市场的爆发式增长和外贸出口的迅猛增加，作为能源和基础工业原料的石油，对我国的国家安全和民生福祉越发显得重要。

可以说，走出国门、行路向海，开展海外能源合作是中国石油的必然选择；维护国家能源安全，是中国石油人永远铭记的"国之大者"。

国家所需，永远是中国石油前进的号角；主席的嘱托，永远是中国石油的冲锋号令。作为中央企业参与"一带一路"建设的重要骨干，中国石油始终牢记习近平主席嘱托，在"一带一路"建设中发挥好主力军作用，着力推动以"五通"为核心的"一带一路"倡议走深走实，努力实现更高水平的合作共赢，为构建国际能源合作利益共同体、助力人类命运共同体建设贡献石油力量。

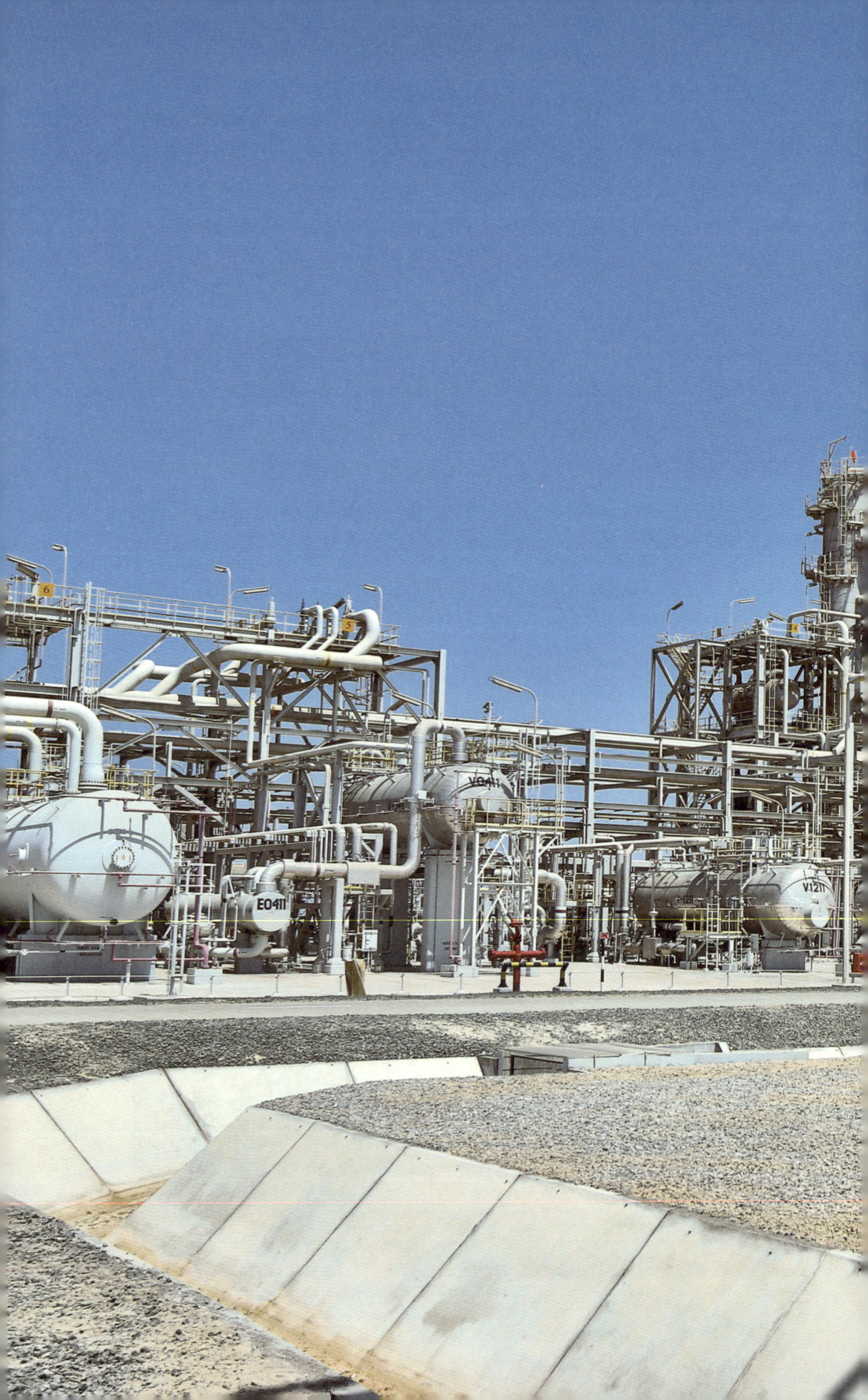
V0411
E0411
V1211

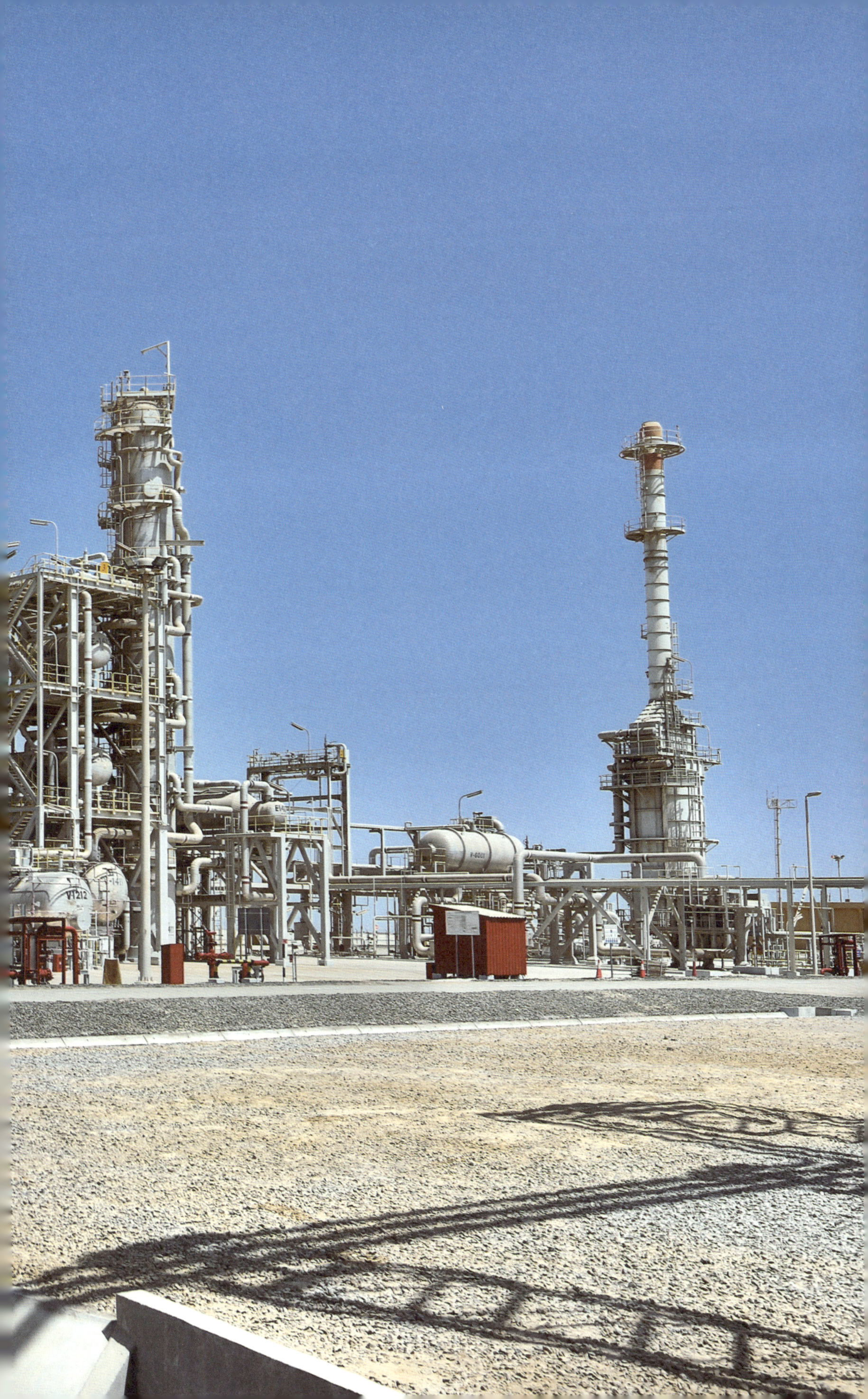
V1212

第 2 章

光荣出海 ——

"一带一路"合作框架下的中国石油阿布扎比公司

这里是波斯湾的腹地，这里是蕴藏宝藏的宝地。波斯湾之畔的阿拉伯联合酋长国，是欧佩克主要成员国之一，也是"一带一路"沿线重要支点国家。根据全球知名数据分析和咨询公司 GlobalData 基于欧佩克数据库信息的分析，到 2021 年，阿联酋的石油储量占世界储量的 7.2%，天然气储量占世界储量的 4%。2022 年 5 月，ADNOC 在阿布扎比取得了重大发现，发现了亿吨级陆上原油新储量。这一发现极大提高了阿联酋的油气总储量，展现了更好的油田开发前景。

这里是国际油气合作的高端市场。阿联酋是局势动荡的中东地区的"和平绿洲"，是中东地区政治和安全风险最低的油气资源国。该国政局稳定，风险可控，阿联酋阿布扎比政府与外国石油公司所签订的合同具有极强的法律效力，具有巨大的投资潜力，西方石油公司长期深耕于此。20 世纪 70 年代中期，当国有化浪潮席卷全球时，阿联酋是欧佩克成员国中唯一没有对外国石油公司进行彻底国有化改造的国家。阿联酋是中东地区为数不多的在油气上下游领域全部对外开放的重点产油国之一。正因这里同时拥有着丰富的地下宝藏和不可多得的和平环境，这里是顶级石油公司云集的俱乐部，被视为国际油气的"兵家必争之地"。

这里是国际石油顶级公司，特别是西方石油公司长期垄断、长期经营的"战略重地"。自 1939 年阿布扎比与外国石油公司开始合作以来，英国石油公司（以下简称"BP"）、壳牌、道达尔和埃克森美孚等西方石油公司就是阿布扎比石油工业的长期合作伙伴。阿联酋油气工业主要依靠西方国际大石油公司建立和发展起来，形成了一套完善的国际化管理控制体系，当地技术专家、管理人员和普通员工对西方管理体系有强烈的认同感。同时，阿联酋最大的石油出口目的国是日本，最大贸易伙伴是印度，与韩国已建立核能及军事合作。中国石油作为后来者，与阿联酋开展油气合作，面临西方和亚洲多国的激烈竞争，机会与挑战并存。

起步：实现中阿两国油气上游领域合作"零"的突破

中国人的脚步，进入这片土地较晚，但却凭着真诚、友善和勤奋，赢得了这片土地上人们的尊重。2000 年以来，中国石油在阿联酋阿布扎比开展油气合作，合作项目涉及管道建设、工程技术服务和物资装备等多个领域。双方还在教育培训、科技研发、油品贸易等领域开展广泛合作。2008 年 11 月月底，中国石油工程建设有限公司成功中标阿布扎比原油管线 EPC 总承包项目，成为中国石油在阿布扎比地区一个标志性项目。2012 年 7 月 15 日，项目建成投产，管道全长 370 千米，原油输送能力 150 万桶/日，阿布扎比陆上油田生产的原油可以绕过霍尔木兹海峡直达富查伊拉港出口，对于维护阿联酋的能源出口安全具有重要的战略意义。

长期以来，中国人在这个国际油气的高端市场，没有一吨油的权益。

直到 2013 年 5 月，中国石油与 ADNOC 签署陆海项目协议，实现中阿两国油气上游领域合作"零"的突破，中国石油拓展阿联酋油气市场的"桥头堡"，阿布扎比公司也应时而起。从此，中国石油的宝石花，在阿布扎比有了一席之地。

中阿油气上游合作，诞生在中国与阿拉伯世界加深友谊合作的大背景下。中东，是"一带一路"倡议重要的通道和走廊。多年来，中国和阿拉伯国家不断深化政治互信，对外贸易投资领域合作逐渐步入快车道，在能源领域展现出积极的"双向奔赴"。一方面，阿拉伯国家石油资源丰富，中国是全球最大能源进口国，中阿在传统能源领域的合作可使能源需求国与能源供应国实现战略绑定，既满足阿拉伯国家构建长期稳定的石油供应链诉求，同时也保障了中国能源供应安全。另一方面，阿拉伯国家普遍有较为迫切的发展转型和能源转型需求，纷纷提出中长期国家发展规划，且拥有雄厚资本基础；而中国加速形成新质生产力，在油气相关行业拥有完整产业链和领先技术。在双向政策指引下，中阿从能源领域供需两端实现了从技术、市场、资金等全方位的契合与匹配，合作空间极其广阔。

阿布扎比公司，成长在"一带一路"倡议推动的历史进程中。"一带一路"框架下的国际合作模式，将中东地区国家的利益融入其中，旨在实现共同发展，共建命运共同体。"一带一路"倡议下，中国与阿拉伯国家积极推进能源合作。自 2013 年习近平主席提出"一带一路"倡议以来，中国和阿拉伯国家积极推进能源等多领域合作。2014 年 6 月 5 日，在中阿合作论坛第六届部长级会议上，习近平主席强调"一带一路"是互利共赢之路。中国同阿拉伯国家因为丝绸之路相知相交，是共建"一带一路"的天然合作伙伴。中阿双方应该坚持共商、共建、共享原则，打造中阿利益共同体和命运共同体。既要登高望远，也要脚踏实地，构建"1+2+3"合作格局，其中的"1"是所有合作的基础，强调要以能源合作为主轴，深化油气领域全产业链合作，维护能源运输通道安全，构建互惠互利、安全可靠、长期友好的中阿能源战略合作关系，阿联酋陆上项目也被确定为中阿 6 个待合作的项目之一。2018年7月10日，习近平主席在北京出席中国—阿拉伯国家合作论坛第八届部长级会议开幕式时强调，共同构建油气牵引、核能跟进、清洁能源提速的中阿能源合作格局，打造互惠互利、长期友好的中阿能源战略合作关系。

近年来，中国与阿联酋两国双边贸易和投资合作不断增长，阿布扎比公司也持续发展壮大。自1984年建交以来，两国政府高层政治互动较好。

中阿在传统产业领域合作多年，阿联酋连续多年成为中国在阿拉伯世界的最大出口市场和第二大贸易伙伴。中阿两国关系持续推进，促进了双方油气合作：2012年1月17日，阿联酋和中国建立战略伙伴关系，成为首个同中国建立战略伙伴关系的海湾阿拉伯国家。同日，中国石油与ADNOC签署了战略合作协议，为未来双方在阿联酋的上游区块勘探开发，工程技术、工程建设与装备制造，原油销售与转储，石油教育培训四个方面合作

奠定了基础,该协议促进了中阿陆海项目的合作。2015年4月5日,阿联酋成为亚洲基础设施投资银行创始成员国,12月14日,中阿双方签订了石油勘探和生产等多个合作协议。同年底,习近平主席与阿联酋王储共同制定了双边关系路线图。2016年5月18日,阿联酋政府高层代表团赴香港出席"一带一路"高峰论坛,表示将充分利用"一带一路"加强双边贸易合作,最终推动中阿陆上项目合作。2017年11月12日,中国石油与ADNOC签署框架合作协议。

出海:在国际油气高端市场树立"中国名片"

在行路向海的"一带一路"倡议中,阿布扎比公司在波斯湾的碧波中,开始了扬帆的光荣历程。

迎难而上,获得高端市场"敲门砖"。作为海湾地区国家中经济和社会发展的"璀璨明珠",阿联酋是"一带一路"建设的重要枢纽。与BP、道达尔、埃克森美孚等这些国际知名的老牌石油公司相比,中国石油是一个后来者,但却通过与ADNOC的强强联合,成功打开了高端市场:中国石油在阿联酋油气领域合作的主要合作伙伴ADNOC是阿联酋最大的石油公司,是阿联酋多家公司的主要股东,包括阿布扎比陆上石油公司和阿布扎比海上石油公司,这两家公司的石油产量占阿联酋石油总产量的95%以上。ADNOC还持有阿布扎比天然气工业公司GASCO公司60%的股份,后者生产阿联酋的大部分商品天然气;持有阿联酋ADGAS公司(ADNOC天然气子公司)70%的股份,后者运营阿联酋Das岛的液化天然气工厂。ADNOC在阿联酋的油气行业处于主导地位,负责挑选具有先进技术、能最大化该公司投资收益率、能开拓出口市场并为实现外交政策目标提供支持的合作伙伴。2013年,中国石油和ADNOC成立联合公司Al Yasat开发陆海项目,阿布扎比公司作为该项目合资方,于2018年3月实现海上油田第一期投产,5月开始提油销售,启动投资回收。2017年,中国石油与ADNOC签署陆上油田开发项目合

同，合同期40年。经过阿布扎比公司的不懈努力，该项目获取成功，实现高产稳产，标志着中国石油在阿布扎比的重要合作者地位被正式确立。2018年3月21日，中国石油与ADNOC签署两个海上油田开发项目合同，阿布扎比公司也在阿联酋赢得了广泛的认可和尊重。

紧抓机遇，实现多方共赢。阿联酋在油气合作中的"矿税制"合同，为阿布扎比公司的发展创造了空间和机遇。阿布扎比最高石油委员会SPC（现为财政和经济事务最高委员会）代表政府授权ADNOC和国际公司在40年的合同期内开展石油作业并获得原油，国际公司则主要享有的是对所产原油的所有权，同时为开发作业提供其最先进的技术。石油公司的收入是矿费后的销售收入，资源国政府所得则通过各种税费来获得。综合来看，矿税制合同可以对外国公司的投资带来一定的保障。2013年以来，在"一带一路"倡议背景下，阿布扎比公司利用中阿政府加强合作这一机遇，实现了权益产量从零到千万吨的突破。这一巨大突破为阿布扎比公司在阿联酋崭露头角，并成为 ADNOC 新兴的重要合作伙伴。

立足优势，积极实现"小股东大作为"。中国石油具有一体化优势，1993 年实施国际化经营战略以来，在海外投资油气项目的同时，带动工程服务和物资装备走出去，积极与海外油气资源国开展油气合作，实现互利共赢。ADNOC 是所有对外合作项目的大股东，阿布扎比公司与阿方合作则做到了"小股东大作为"。阿布扎比公司通过与 ADNOC 上游项目的合作，带动中国石油工程技术服务和物资装备企业与 ADNOC 开展合作，推动了中国石油工程建设和技术服务在阿联酋高端市场实现重大突破：中国石油工程建设有限公司于 2017 年 11 月签署陆上项目近百亿元的 EPC 合同；2018 年 7 月 19 日，中国石油东方地球物理勘探有限责任公司（以下简称"BGP"）与 ADNOC 签署了海上和陆上三维采集合同，合同金额超过百亿元，创全球物探行业有史以来三维采集作业金额最高纪录。

创新奉献，在国际油气高端市场树立"中国名片"。在阿布扎比这样的国际顶级油气竞技场上，阿布扎比公司大力发扬精细开发与先进适用技术，以创新保证项目的效益生产；大力传承"苦干实干、三老四严"的精神传统，将大庆精神铁人精神的红旗插到海外，用创新奉献，赢得了东道国与国际同行的尊重与认可。阿布扎比公司积极挖掘油田潜力，提升产量；编制优化开发方案，降低投资，提升效益；积极向阿方推介包括中国石油复杂油田勘探开发技术、化学驱技术、注水开发技术等特色技术。阿布扎比公司项目实际运作结果好于评价预期，"十三五"末权益油气当量产量达到千万吨，各项指标提前实现。阿布扎比公司，用科技创新和精神传承，在阿联酋油气市场打造了"中国名片"，让阿联酋渐渐成为中国石油新的重点油气合作区。

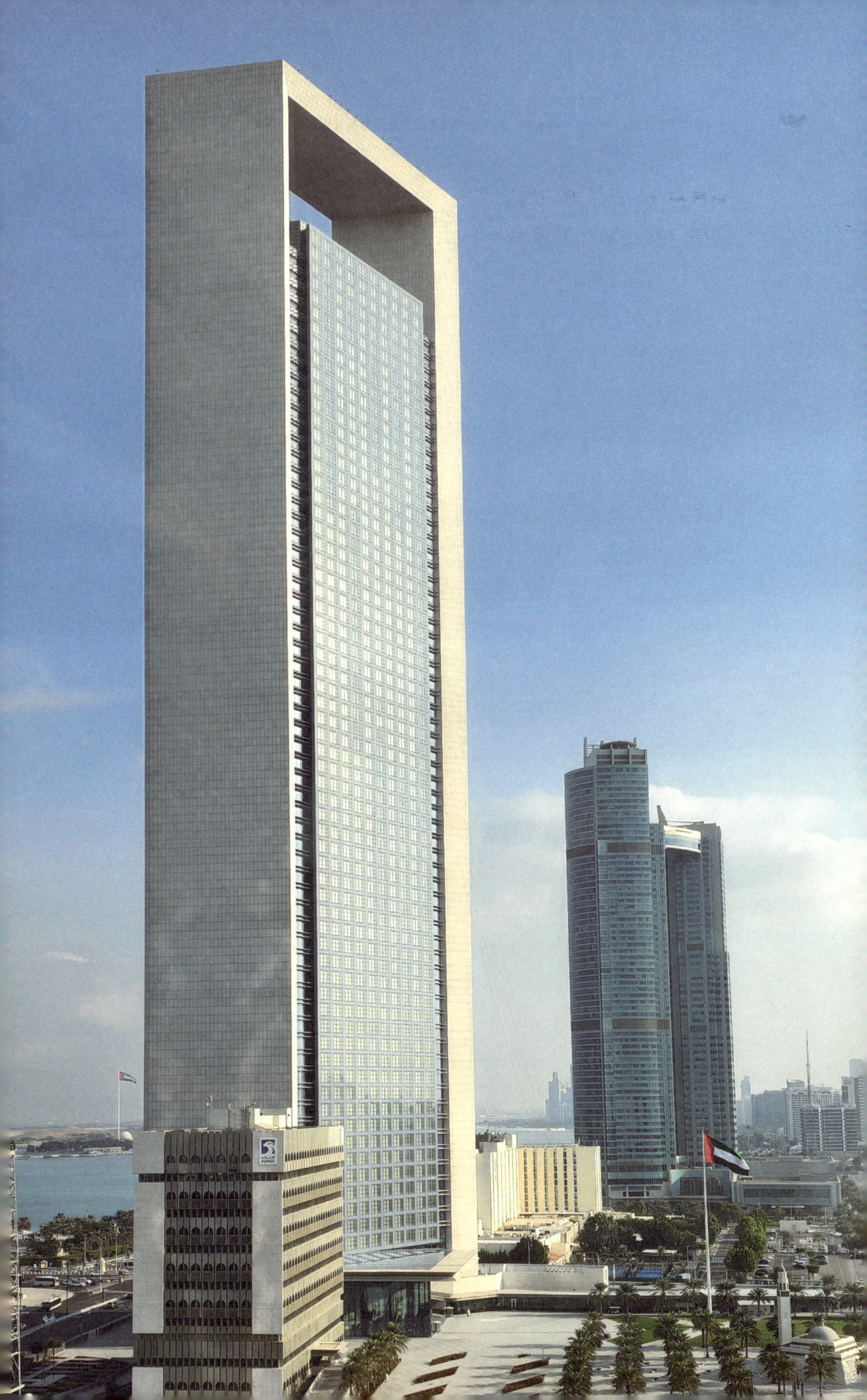

瞻望：推动中阿油气合作再上新台阶

在"一带一路"倡议"行路向海"的征途上，中国石油的宝石花以"光荣出海"的气魄，践行了中国石油对国家、对人民的使命，更充分彰显了人类命运共同体的博大胸襟。回首这一历程，阿布扎比公司的成长和发展对中国石油的海外业务和中国能源安全具有重要的影响和意义。

首先是打破西方公司对高端市场的长期垄断。1939年以来，阿布扎比油气市场长期被西方石油公司垄断。随着ADNOC陆上和海上项目的合同相继到期，中国石油以此为契机，积极参与合作，并成功签订了长达40年的合同。阿布扎比公司的诞生和生产经营，打破了ADNOC以西方石油公司为主的长期垄断的合作伙伴地位，成为该公司新的重要合作伙伴。中国石油与阿联酋的油气合作取得了规模性发展，得到了阿方的高度信赖和认可。这是中国石油进入由西方公司长期垄断的高端市场的有益尝试，也有机会与西方大石油公司同台竞合，有助于未来进一步扩大合作。

有利于阿联酋石油资源与中国市场的优势互补。中国自1993年首次成为石油净进口国以来，石油需求日益增长，2017年石油对外依存度已经达到并超过50%，石油需求增长量居世界首位。阿布扎比公司成立后，其运营的中国石油与阿联酋签订的油田项目合同将有助于阿联酋提高其出口至中国的石油市场份额。阿布扎比陆上和海上油田开发项目资源储量落实，剩余开发潜力巨大，油品性质好，合同期长，可以为中国能源需求提供长期的保障。阿联酋已逐渐成为中国石油新的重点油气合作区。阿布扎比公司管理运营的与ADNOC油气合作的项目收益稳定，极大降低投资风险，优化资产组合。此外，阿联酋主力油气田开发已经超过60年，但是油田含水率控制水平高，含水控制在20%以下，属于"年轻的老油田"，开发要求最终采收率达到70%，需要利用最先进开发技术以实现这一目标。而中国石油正可以凭借其独有的技术及优势，在这一地区深入耕耘、创造双赢的局面。多年来，中国石油在阿联酋的合作领域不断拓展，各项合作稳步推进。2017年2月，中国石油与ADNOC签署《阿布扎比陆上油田开发合作协议》；2018年3月，双方再次签署海上乌姆沙依夫—纳斯尔和下扎库姆项目。至此，中国石油全面参与到阿联酋4个项目的勘探开发和运营管理中。2023年10月，阿布扎比公司累计权益产量突破6000万吨。

推动"一带一路"背景下的中阿油气合作再上新台阶。从2013年5月，中国石油与ADNOC签署陆海项目协议开始，阿布扎比公司在项目运行过程中始终秉承互利共赢的理念，成功应对国际形势变化、"欧佩克+"限产等多重挑战，实现了中国石油在阿布扎比从无到有、从弱到强的跨越式发展。2018年7月19日，在习近平主席首次对阿联酋进行国事访问期间，中国石油与ADNOC在阿布扎比签署了《中国石油天然气集团有限公司与ADNOC战略合作框架协议》。7月20日，在习近平主席和阿联酋领导人共同见证下，双方发表了《中华人民共和国和阿拉伯联合酋长国关于建立全面战略伙伴关系的联合声明》，两国领导人共同见证了与"一带一路"建设相关的合作文件的签署。根据协议，双方将在现有合作基础上，立足于新的起点，在油气上游、下游、贸易销售、技术支持等领域积极开展全方位合作，实现全产业链、全价值链合作，进一步深化双方的能源合作战略伙伴关系。2013年以来，阿布扎比公司通过与ADNOC在油气领域的精诚合作，为双方进一步扩大合作奠定了坚实的基础，中阿油气合作将迈上新台阶。这也标志着中国石油与阿布扎比国家石油公司的合作进入了新阶段。

展望未来，中国与阿联酋油气合作前景无限。ADNOC计划投资发展本国上下游油气工业，目前主要对上游油气田项目开展了新的油气合作，未来还将继续引入合作伙伴发展中下游油气工业。阿布扎比最高石油委员会已经批准ADNOC的非常规油气资源勘探评估计划，开发含硫天然气项目。ADNOC计划吸引技术领先的合作伙伴投资提高Ruwais炼化项目能力；石化产品生产能力将大大提升，出口目标市场主要是中国。

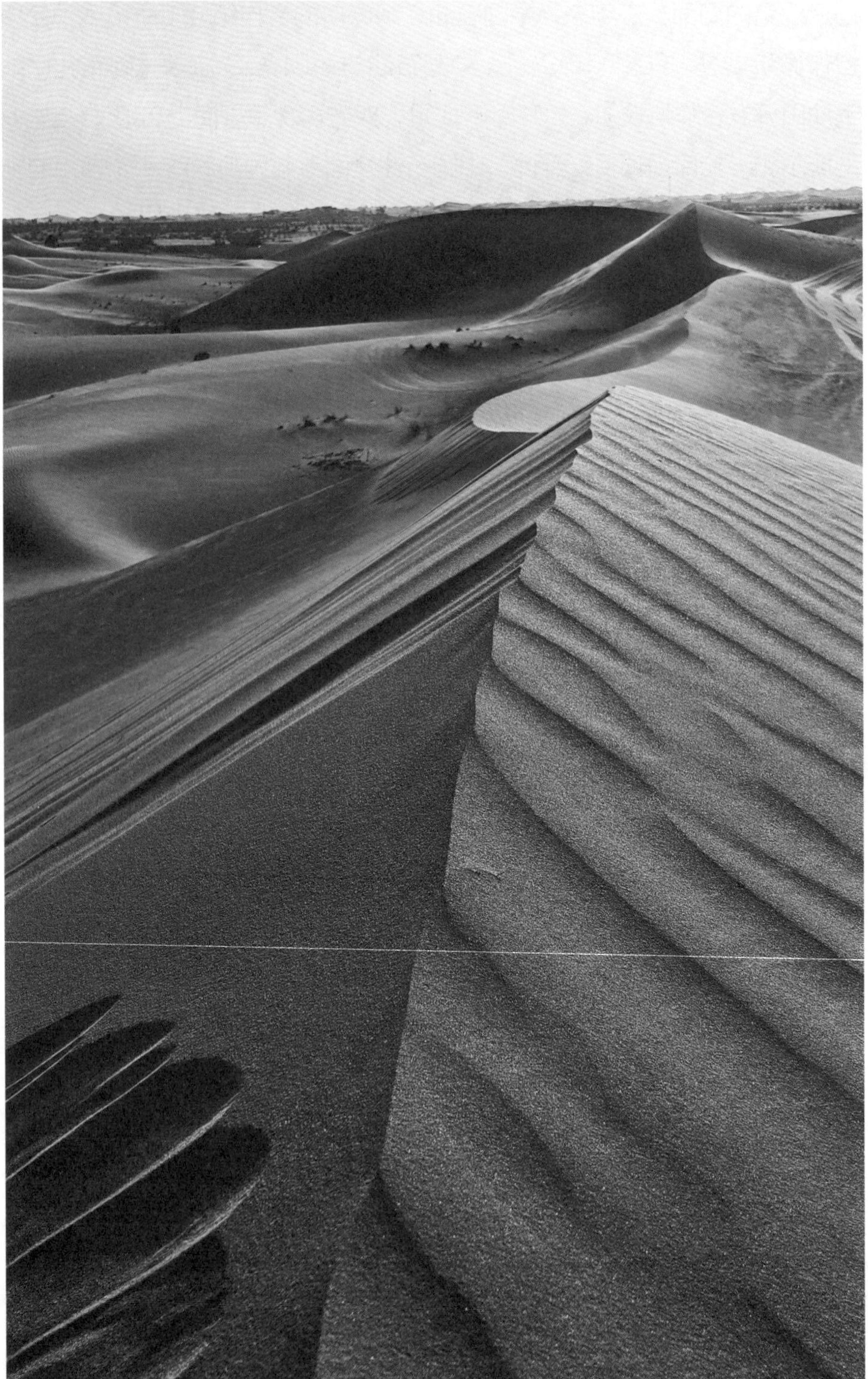

ADNOC还希望合作伙伴帮助其开展原油和成品油贸易业务。

阿布扎比公司在阿联酋和中东地区树立了良好形象，在阿联酋油气高端市场赢得了项目合作机会，成为ADNOC新的全面战略合作伙伴。这为中国在"一带一路"油气合作领域树立了典范，也为未来中阿扩大油气合作奠定了坚实的基础。

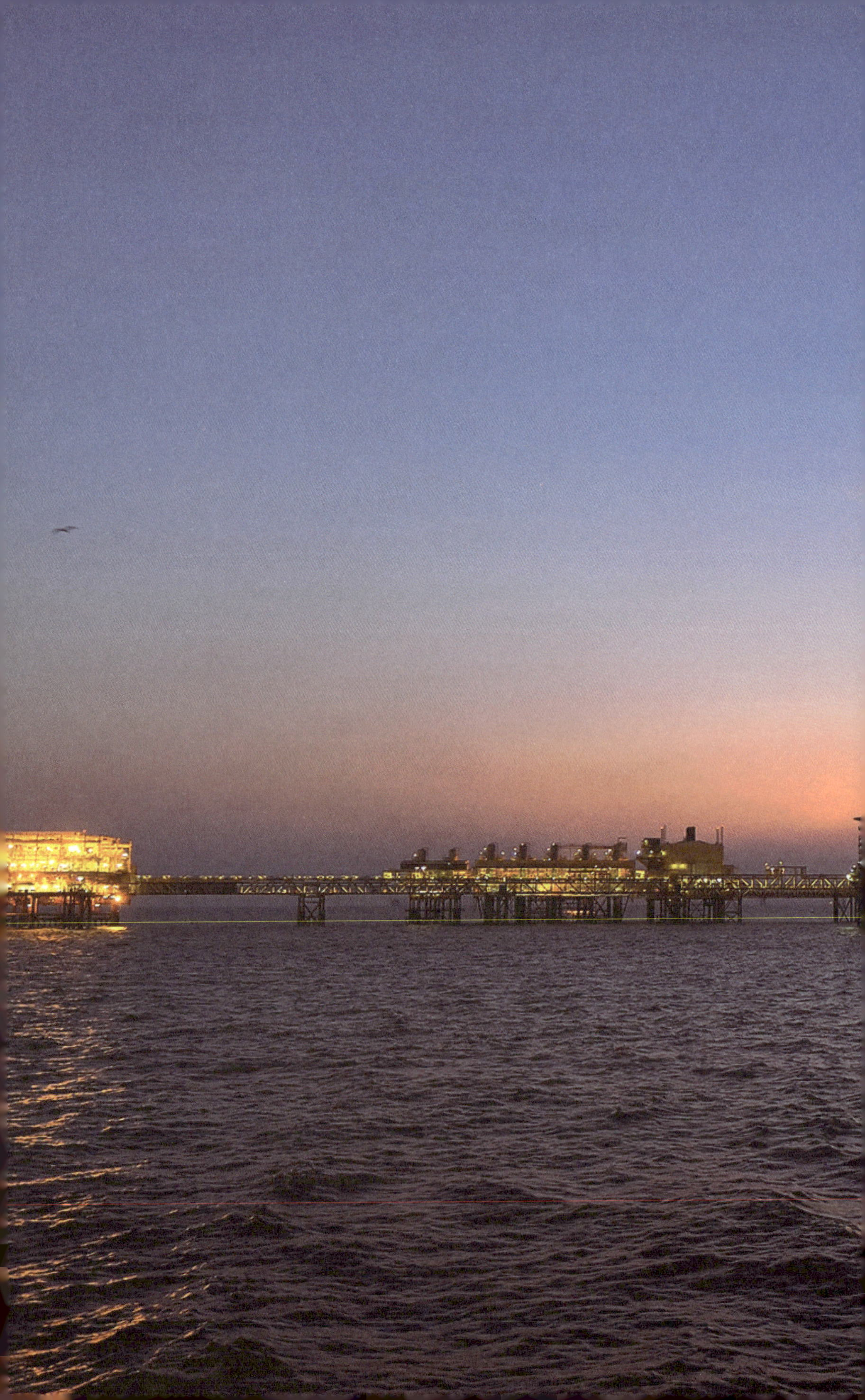

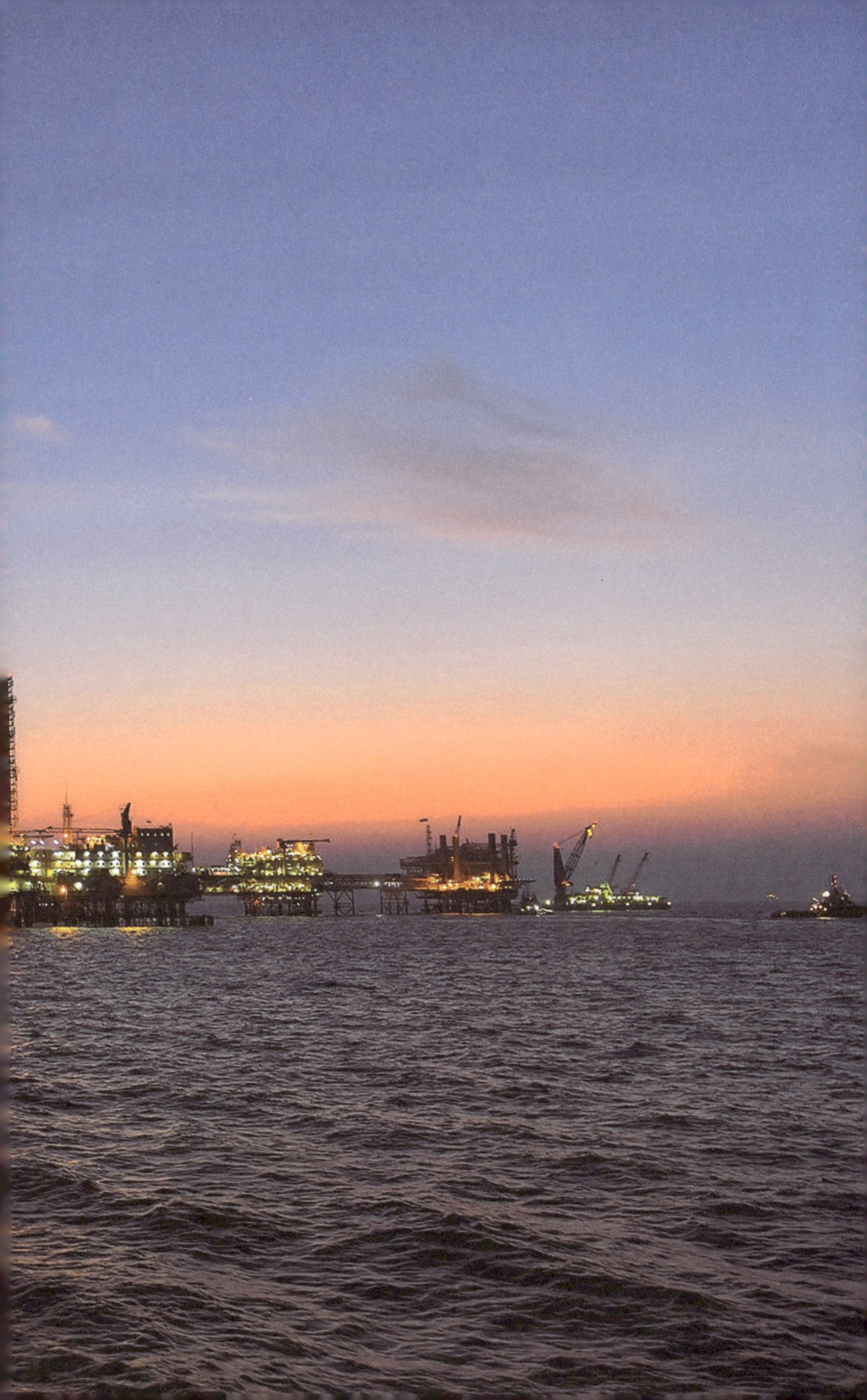

第 3 章

通陆达海 ——
中国石油阿布扎比公司海外合作项目建设历程

这是百年未有之大变局的时代。正如习近平主席在 2020 年 11 月 27 日在第十七届中国 — 东盟博览会和中国 — 东盟商务与投资峰会开幕式上的致辞上所指出：世界多极化、经济全球化、社会信息化、文化多样化深入发展，各国人民的命运从未像今天这样紧密相连。同时，世界面临的不稳定不确定因素正在增加，全球经济低迷，单边主义、保护主义抬头，网络安全、重大传染性疾病、气候变化等非传统安全威胁持续蔓延，国际秩序和全球治理体系受到冲击。

这是中国式现代化的时代。正如习近平主席在上海合作组织成员国元首理事会第二十二次会议上的讲话中强调：我们将坚持以中国式现代化实现中华民族伟大复兴，继续积极推动构建人类命运共同体，以中国新发展给世界带来新机遇，为世界和平与发展和人类文明进步贡献智慧和力量。中国式现代化道路，摆脱了西方现代化"国强必霸"的残酷逻辑，反对战争、霸权和资源掠夺，始终坚持合作、共赢的开放式发展，推动人类命运共同体的构建。

在"百年未有之大变局"中和中国式现代化道路中的中国石油，也面临着时代之问、历史之问。从"摘掉贫油帽子"到"三个一亿吨"新格局，从改革开放第一批"走出去"到世界第三大石油公司。中国石油在复杂多变的"百年未有之大变局"中，如何走过不平凡的发展历程？如何步入新时代，面对新挑战，走到世界舞台中央？如何锻造屹立世界卓越企业之林的核心竞争力？如何实现支撑中国式现代化的核心功能？

对标习近平主席关于"加快建设一批产品卓越、品牌卓著、创新领先、治理现代的世界一流企业"的有关要求，中国石油如何在提高核心竞争力、增强核心功能、找准自身发展的关键定位和价值追求？服务国家战略需求，推动构建人类命运共同体？

中国石油以一路坚实的海外步履，做出了响亮的回答，阿布扎比公司，以闪光的足迹，通过平等互利、合作共赢的海外合作项目，为这一回答增添了丰富的注解：

中国为和平友谊而来，为共同繁荣而来，为构建人类命运共同体而来，为"一带一路"共建国家的福祉和共同发展而来，中国石油的海外合作项目，是为了顺应和平与发展的时代主题，推动构建中阿命运共同体。阿布扎比公司，通过"一带一路"合作倡议，以海外合作项目为平台，与阿布扎比在技术、资金、经贸、人才等多领域加强务实合作，推动产业链对接、促进科技、人才和信息的交流、形成更加稳定的经贸环境，构建周边利益共同体，实现互利共赢、共同发展。

中国要以中国式现代化促进世界共同发展，用现代化的磅礴伟力，为世界注入发展活力。中国石油牢记建设世界一流企业这一推进中国式现代化的应有之义，在世界舞台上让"世界一流"更加响亮，开启了这个世界第三大、国内最大石油公司高质量发展、加快奔向世界一流的澎湃动能。

阿布扎比公司，以崭新的面貌、坚定的信念、奋进的姿态，诠释着推进中国式现代化的石油担当，勾勒着中国石油在海外的美丽画卷。

从2013年到2023年，从陆地到海上，通过陆海、陆上、乌纳、下扎四个海外合作项目，阿布扎比公司在阿布扎比这个油气高端市场，诠释了中国石油作为产品卓越、品牌卓著、创新领先、治理现代的世界一流企业的能力和水平，体现了平等互利、合作共赢的可持续发展理念，开辟了"一带一路"倡议下国际油气合作的新篇章。海外合作项目如同友谊与合作之花，在异国他乡悄然绽放，在阿布扎比的土地上熠熠生辉。

友谊浇灌合作花：中国石油阿布扎比公司海外合作回顾

阿布扎比公司，就是因中国石油和ADNOC的海外合作项目而诞生的，是宝石花与这片土地的深情握手，用带着中国温度的友谊之手，浇灌出合作共赢的油气之花。

时光回溯到2011年12月世界石油大会，在那场国际油气盛会上，中国石油与阿布扎比划定了合作梦想的起步——中国石油总经理会见ADNOC总裁，确定陆海合作区域。

2012年1月，在当时出访阿联酋的中国国家领导人见证下，中国石油与ADNOC签署战略合作协议。同年12月，为推动在阿业务，中国石油天然气勘探开发公司决定成立阿布扎比项目部。

2013年5月19日，ADNOC和中国石油签署陆海勘探开发联营协议。6月，中国石油天然气勘探开发公司成立中油国际（阿联酋）公司，将原阿联酋阿布扎比项目部更名为陆海项目部，隶属中油国际（阿联酋）公司管理，阿布扎比公司的前身正式诞生。

2014年4月28日，阿联酋总统哈利法签署法令，批准成立由双方组建合资公司Al Yasat石油作业公司，对合作区块进行生产开发。

2015年11月，海外勘探开发公司调整阿联酋公司机构、人员编制和职数。国别公司设有6个部门（行政人事部、销售采办部、计划部、HSSE部、新项目发展部、财务部）和陆海项目部，陆海项目部下设4个部门（勘探部、开发部、钻井部、工程与生产部）。12月，中国石油整合中东业务，将中油国际（阿联酋）公司并入中国石油中东公司，改名为中东公司阿布扎比项目，保留相同部门设置。中方在册员工共15人。

2017年2月19日，中国石油与ADNOC签署《阿布扎比陆上油田开发合作协议》，中国石油获取该项目8%权益。4月，设立中东公司阿布扎比陆上项目。阿布扎比项目下辖陆上项目、陆海项目，统筹管理各项目运营。中东公司阿布扎比项目下设勘探部、开发部、钻井部、HSE部、天然气与非常规油气部、计划部、财务部、综合管理部，中方在册人数15人。

2018年3月21日，中国石油与ADNOC签署乌姆沙依夫—纳斯尔（Umm-Shaif & Nasr）油田开发项目（即海上乌纳项目）和下扎库姆（Lower Zakum）油田开发项目（即海上下扎项目）合作协议，中国石油分别获得该海上油田10%的权益。10月，中国石油国际勘探开发公司对海外中方管理机构名称进行规范和调整，名称变更为中油国际（阿布扎比）公司。

2023年6月30日，公司名称调整为中国石油阿布扎比公司。

至2023年12月31日，阿布扎比公司共9个部门，1个技术分中心。阿布扎比技术分中心共有20人，由中国石油勘探开发研究院（以下简称"勘探院"）、中国石油工程技术研究院（以下简称"工程院"）、中国石油工程建设有限公司（以下简称"CPECC"）、中国石油海洋工程有限公司（以下简称"CPOE"）等单位的专家组成。阿布扎比公司根据ADNOC和项目管理要求，制定公司整体战略规划，负责公司及4个项目的生产经营，完成总部下达的各项经营指标和管理目标，推动核心队伍建设、改革和社会责任工作。具体职责包括制定和执行油气合作项目的中长期规划，管理项目生产经营，处理与合作伙伴关系，管理中方员工及内部计划财务，协助油气新业务开发，负责HSE和安保工作，

第3章　通陆达海——中国石油阿布扎比公司海外合作项目建设历程　　/037/

建设中的钻井平台（Al Yasat Belbazem 油田）

并与阿联酋政府及中国使领馆保持联系，协调乙方服务单位及执行总部授权任务。

　　回首阿布扎比公司的海外合作历程，阿布扎比公司深入贯彻习近平主席重要讲话精神，秉承石油精神和大庆精神铁人精神，践行"一带一路"倡议，充分发挥中国石油综合一体化优势，在阿联酋这个国际能源高端市场稳扎稳打、厚积薄发，立足阿布扎比公司所属的4个油气合作项目，走进高端市场的平台、与国际顶尖油公司同台竞合的平台、提升自身技术能力及管理水平的平台、促进甲乙方协同发展的平台以及国际化人才培养的平台，实现产量规模有突破、管理水平上台阶、效益发展可持续，赢得了阿方的高度评价，也获得了国际同行的尊重。阿布扎比公司以每年1000万吨的权益产量，占据了中国石油一亿吨海外权益产量的近十分之一，成为中国石油海外合作的典范，为集团公司高质量发展和建设基业长青的世界一流企业作出更大贡献，促进中阿两国油气合作业务健康长久发展。

陆海项目：中阿高端油气合作的"桥头堡"

陆海项目，是中国与阿联酋高端油气合作的起步之地，是中国石油进入阿布扎比这个国际油气高端市场最早的立足点。

陆海项目包括陆上勘探和海上开发两个区块，总面积8425平方千米，其中陆上合作区面积7843平方千米（一区块），海上合作区面积582平方千米（二区块）。陆海项目陆上合作区以勘探为主，西方公司在这里长期深耕，1954—1996年，西方公司完成了一区块二维采集，累计长度约7900千米；1992—2006年，完成5块小三维采集，累计面积约2289平方千米。

2013年，中国石油进入后，开展地震地质综合研究，推动三维地震部署。从2016年至2020年，先后完成了Bu Haseer油田、Belbazem油田、一区块及Nahaidiin地区共约3500平方千米的二维和三维地震资料采集与处理。

陆海项目作为中国石油进入阿布扎比市场的起始项目，也作为中国石油与ADNOC的磨合项目，没有经验可以遵循，没有实践可以借鉴，凭借着全体员工"咬定青山不放松"的精神，面临一个个挑战，克服重重困难，顺利把陆海项目海上区块投入开发，陆续实现了效益回收，勘探区块有序推进，逐步认清面临陆海项目的开发。成果的获得并非一帆风顺，中国石油对海上油田开发经验有限，阿布扎比海上工程建设和钻井成本较高，对项目经济效益影响较大，阿布扎比公司充分发挥中国石油一体化优势，整合中国石油优势技术力量与ADNOC进行了多方案优化探讨，最终确定了海上开发建设充分利用已建岛上处理设施的方案，大大降低了工程建设投资，保证了陆海项目海上开发区块顺利推进。Bu Haseer 油田 Arab D 油藏的先导试验井低渗非均质，其生产效果对后续油藏评价和开发方案调整具有重要指导意义。Arab D 是低渗油藏且储层非均质性强，主力含油层基质渗透率低，常规方法开发难度很大，增产措施有限。中国石油提出在陆海项目中采用最新的鱼骨刺完井技术，成功解决了 Arab D 油藏单井产量低开发难题，获得最大日增产 1800 桶，取得了非常明显的经济效益与社会效益。ADNOC 对中国石油的专业技术和出色的工作表现给予了高度评价。

陆上项目：两次成为 NEB 资产领导者的"竞技场"

阿布扎比陆上项目为巨型碳酸盐岩油田，1962 年投入开发，是 ADNOC 储量及产量占比最大的项目，其项目位于阿联酋南部陆上，局部处于滩海，合同区总面积 19387 平方千米，包括 15 个油田。

2017 年以来，阿布扎比公司联合勘探院，集结优势技术力量，在中国石油"宝石花"映照下，团队艰苦奋斗、自强不息，成功拿到首任 NEB 资产领导者，成为与道达尔、BP 等西方知名老牌油气公司同台竞技的竞争合作者，并于 2022 年成功续任。此举让中国石油扬威阿布扎比，中国石油用过硬的技术实力让外国同行刮目相看。

陆上项目的合同区共有 4 个资产组，分别是：Bab（1 个油田）、Bu Hasa（3 个油田）、NEB（5 个油田）、SE（6 个油田）。所谓资产组，指的是 ADNOC 集结相近的所属油田进行合并管理，每个资产组由国际股东分别担任资产领导者进行油田开发技术指导。资产领导者将深入各自负责的资产组日常生产和油藏管理中，并发挥油藏开发、工程技术、项目管理等优势，带领资产组推动油田稳产上产，解决油藏开发生产过程中遇到的技术难题。同时 ADNOC 通过资产领导者平台将各国际石油公司的油藏开发先进技术理念和先进的工程技术应用到 ADNOC 陆上项目，将陆上项目打造成公司王牌项目。

成为资产领导者是技术实力卓越的最好证明。如果项目成功,将显著提高中国石油在该项目上的话语权和在国际舞台上的地位。NEB 资产组储量超十亿吨,主力油藏为低渗低黏碳酸盐岩油藏,开发难度大。前期 NEB 资产领导者为道达尔,2017 年,中国石油发挥致密油藏开发优势,成为 NEB 资产组新的资产领导者。

在 NEB 资产领导者申请及执行中,阿布扎比公司牵头组织并统一协调勘探院、工程院、CPECC 等单位共同承担 NEB 资产组各专业技术支持工作,形成了由作业公司派员、中方靠前和后方专家团队组成的"三位

一体"技术支持体系。在资产领导者的首届 5 年任期内,支撑了 NEB 产量提升 2 倍,桶油技术成本降低 13%。2022 年 12 月,中国石油成功续任 NEB 资产领导者。

海上乌纳、下扎项目:彰显中国石油技术实力的"拓展地"

海上乌纳、下扎项目,是阿布扎比开发较早的海上油气田,但也由于开发较早,使得所属油田进入到了疲劳期。自中国石油与 ADNOC 就乌

纳项目、下扎项目签署合同后，充分发挥中国石油的综合技术优势，作为中阿油气合作的重要"拓展地"加以改造和提升。

海上乌纳项目

乌纳项目位于阿联酋北部海域阿拉伯地台鲁布哈利盆地北端，属寒武系盐丘活动相关的大型背斜构造带，合同区面积 740 平方千米，平均水深 20～25 米，距岸 135 千米。其中：乌姆沙依夫油田于 1958 年发现，1962 年投产，是阿布扎比第一个海上油气发现，含油面积 475 平方千米，可采储量超十亿吨，已建产能超十万桶/日。纳斯尔油田于 1971 年发现，2015 年投产，含油面积 296 平方千米，已发现储量超亿吨，已完成超 10 万桶/日产能建设。

乌姆沙依夫油田投产以来，历经衰竭开发、先采油后采气顶、边缘注水、顶部注气＋边缘注水、顶部注气＋边缘注水＋面积注水、循环注气开发凝析气顶等阶段。开发策略加密注采井网，结合水气交替注入法（WAG）/混相驱等三采技术实现最终采收率 60% 以上。计划未来 5 年内达到 100 万桶/日的高峰产量，稳产 11 年。Nasr 油田采用大斜度井、边部注水、面积井网注水、部分井气举开发，自喷采油，目前处于中低含水中低采出程度阶段。

2019 年，阿布扎比公司推动作业公司借鉴周边油田经验，开始试验综合钻井承包模式，提高服务商管理水平和作业效率。针对部分井的浅部地层漏失问题，通过优化井身结构、调整钻井液体系、采用控压钻井设备等方式顺利完钻。根据油藏开发要求，乌纳项目在多口井成功实施智能完井、分支井回接完井等技术。2020 年，实现新井建井周期及成本双下降。

海上下扎项目

海上下扎项目位于阿联酋北部海域阿拉伯地台鲁布哈利盆地北端（乌姆沙依夫 — 纳斯尔油田东南方），属寒武系盐丘活动相关的大型背斜构造带，合同区面积 1150 平方千米，平均水深 20～25 米，距岸 135 千米。该油田于 1964 年发现，1967 年投产，含油面积 656 平方千米，历经衰竭开发、边缘注水、加强注水、腰部补充注水等多个阶段开发策略。截至 2019 年年底，地质储量采出程度 20% 以上，地质储量采油速度 1.03%。目前已建产能 30 万桶/日以上，合同期末采出程度接近 60%。目前处于中低含水中低采出程度阶段。

2018 年，在中国石油的技术支持下，下扎项目开始试验超长水平井，通过优化井眼轨迹设计、优选水平段钻头及钻具组合，实现油田完钻井深及水平段长度记录。超长水平井的试验成功，为长期发展规划阶段钻完井设计和超长水平井的推广应用积累经验。2019 年，项目计划钻井 25 口，实际完成 27 口。项目通过井槽和钻机共享，首次从人工岛进行钻井，先后完钻多口采油井和多口注水井，创造多项油田钻井纪录。项目借鉴周边油田经验，开始试验综合钻井承包模式，提高服务商管理水平和作业效率。2020 年，实现新井的建井周期及成本双下降。

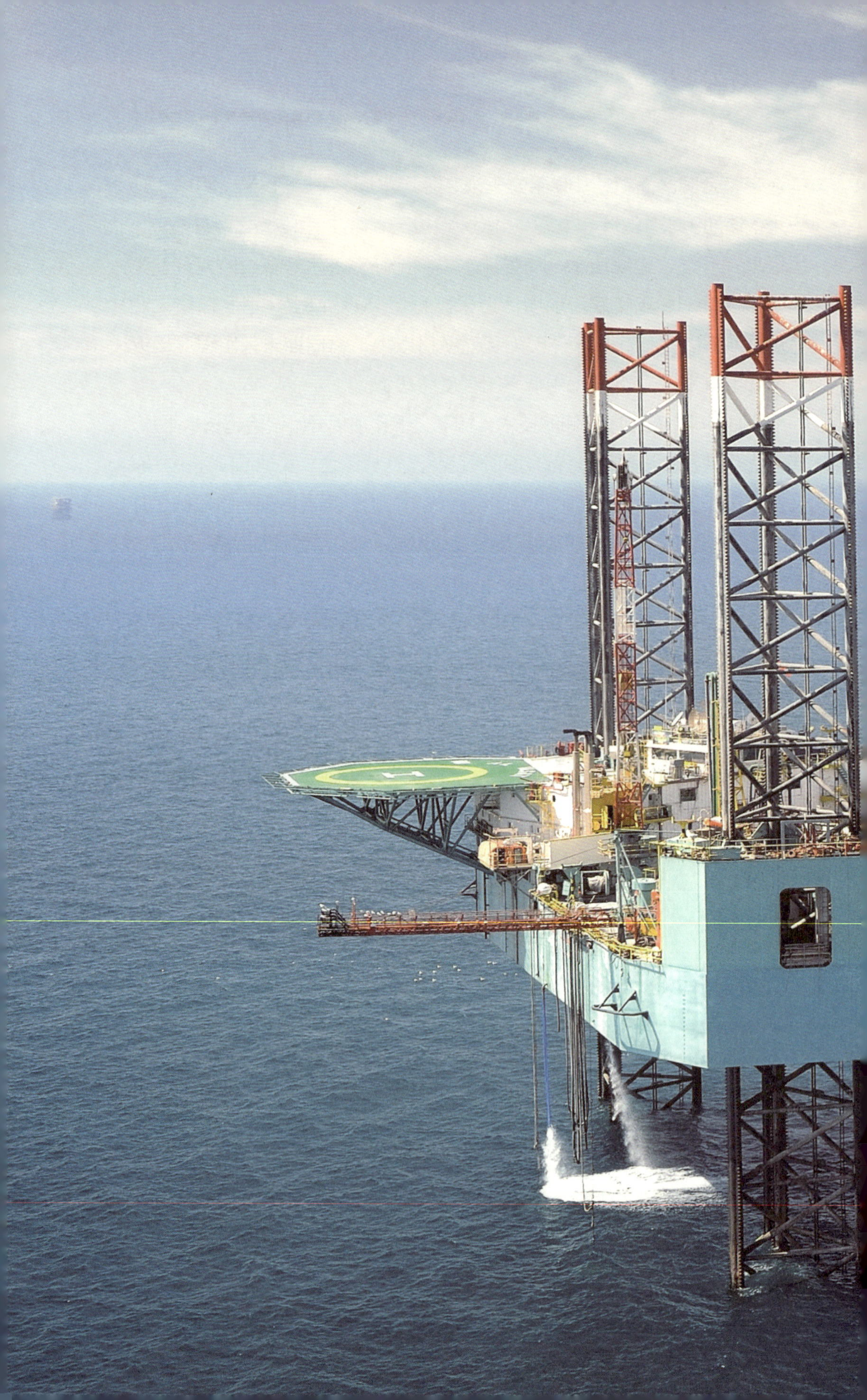

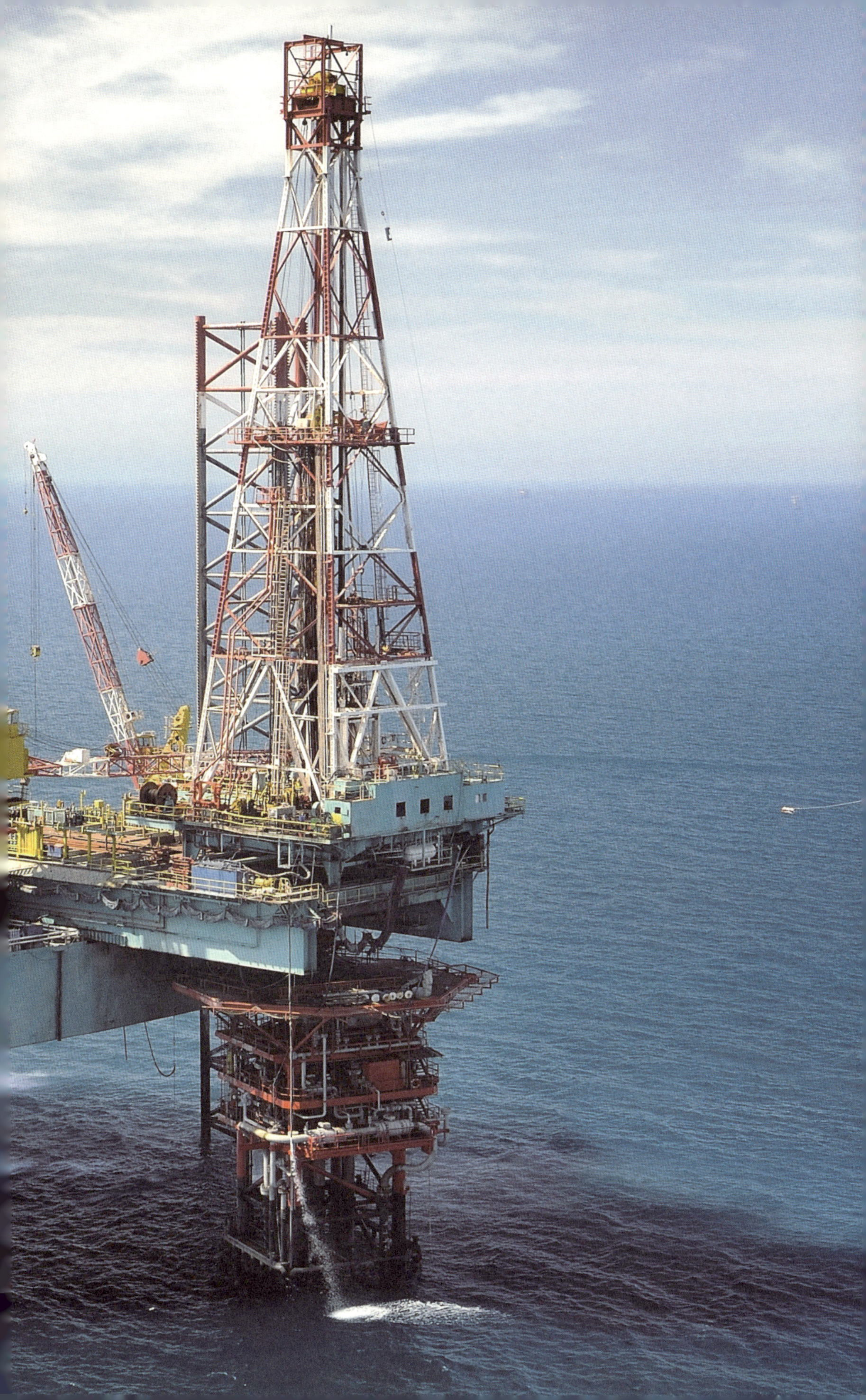

第 4 章

扬帆济海 ——
中国石油阿布扎比公司十年发展概述

扬帆济海，扬的是中国的帆，济的是世界的海。中国石油的海外步履，肩负着维系国家能源安全、提升中国在世界能源领域话语权的光荣使命，也肩负着推动高水平对外开放，拓展国际合作"朋友圈"，推动合作共赢，为东道国带来繁荣和发展，构建人类命运共同体的责任和使命。

世界著名能源专家丹尼尔·耶金说："中国在全球石油及天然气工业领域扮演着日益重要的角色。这一新角色被称为'走出去'战略。"

2023 年，是"一带一路"的十周年。

2023 年，是中国石油海外业务"走出去"的 30 周年。

扬帆济海的中国石油，向祖国和人民交上了这样一份成绩单——

1 亿吨：2021 年海外油气权益产量当量 1.0139 亿吨，连续 3 年保持 1 亿吨以上。

500 亿：国际业务"走出去"以来，为"一带一路"共建国家上缴税费超过 500 亿美元。

第 3：在世界 50 家大石油公司综合排名中位居第三。

80 个：国际贸易业务分布于全球逾 80 个国家和地区。

10 万余个：近 30 年来，为东道国当地累计创造长期就业岗位 10 万余个，为社会责任项目累计投入资金逾 3 亿美元。

正如中国社会科学院研究员徐小杰的评价："中国石油天然气股份有限公司逐步发展成为新型国际化国家石油公司，在全球展示了国际竞争力和持续发展的良好势头，是 21 世纪国际能源领域展现的一个重大变化"。

中国石油董事长面对这份来之不易的成绩单，激励广大员工："我们深入学习贯彻习近平主席重要指示批示精神，始终牢记'中国石油是国家的中国石油、人民的中国石油，一切工作、一切奋斗都要为国、为人民'，面对复杂严峻形势，顶压前行、拼搏奉献，成功闯过难关，开创了高质量发展的新局面，奠定了加快建设世界一流企业的坚实基础。国内能源供应与全球资源配置能力有效增强，构建形成并巩固发展了国内原油产量、国内天然气产量当量、海外油气权益产量当量'三个 1 亿吨'新格局。"

十年，不忘中国石油初心使命，为祖国交上满意答卷

2023 年，也是中国石油阿布扎比公司扬帆济海、不断发展的十年。从 2013 年到 2023 年，中国石油阿布扎比公司，跟随中国石油奋进高质量发展、加快建设世界一流企业的坚实脚步，坚持做强做优做大国有资本和国有企业，增强国有经济的竞争力、创新力、控制力、影响力和抗风险能力，落实中国石油关于着力提升发展的质量和效益，加快建设世界一流企业，才能真正成为国民经济稳增长的"压舱石"、高水平科技自立自强的"国家队"、保障安全发展的"稳定器"的任务要求，胸怀"国之大者"，也交上了一份难得的答卷：

4 个：管理和运营四个大型油气项目

2 次：连续两次任资产领导者

1000 万吨：2022 年油气权益产量达 1000 万吨

10%：油气权益产量当量占中国石油海外油气权益同期总产量的 10%。

35%：上缴税费占中国石油同期海外项目税费的 35%。

500 余个：近十年来，为东道国当地累计创造长期就业岗位 500 余个。

这份答卷来之不易，经历了"四步走"、四个里程碑式的光辉轨迹——

第一步：从无到有、扎根立足。

在阿布扎比扎根立足，是阿布扎比公司的首要任务。2013 年 5 月，中国石油与 ADNOC 签署了陆海项目协议，实现了中阿两国油气上游领域合作的突破。这标志着中国石油成为拓展阿联酋高端市场的"桥头堡"。这是中国石油进入阿联酋这个国际油气高端市场的第一步，也是中国石油从"走出去"到"走上去"的重要一步。

第二步：同台竞技、坚定破局。

阿布扎比公司成立后，开始发挥在投资、工程、技术上的一体化优势，不断巩固自身地位，并与一众国际老牌石油公司展开直接竞争。在这个阶段，中国石油与 ADNOC 签署了《阿布扎比陆上油田开发合作协议》，推动双方的战略合作进入新阶段。2017 年 12 月，中国石油获得陆上项目 NEB 资产领导者，实现了里程碑式的突破，日益获得国际合作伙伴的认可。

第三步：巩固优势、持续拓展。

2018 年，中国石油与 ADNOC 就海上乌姆沙依夫 — 纳斯尔和下扎库姆项目签署合同，阿布扎比公司充分发挥中国石油的综合技术优势，作为中阿油气合作的重要"拓展地"持续改造和提升。

第四步：不断突破、成果斐然。

在陆海、陆上、乌纳、下扎四个项目的成功运营下，在资本、工程、技术一体化优势的加持下，阿布扎比公司的权益原油产量于 2019 年突破 1000 万吨，年度权益产量和份额油销售额创下历史新高。2022 年 12 月，阿布扎比公司成功续任 NEB 资产领导者。

十年来，阿布扎比公司，以中国石油一流的管理、一流的技术、一流的人才、一流的品牌和一流的文化，取得了在阿联酋市场的重要地位，并为"一带一路"油气合作作出了突出贡献。展示了中国石油的实力和水平，

申请 NEB 资产领导者：向 ADNOC 上游董事汇报资产领导者申请方案

取得了一系列里程碑式的成果，持续锻造核心竞争力，在保障国家能源安全、推动国民经济增长、高水平科技自立自强等方面更好地发挥核心功能，为中国石油集团公司加快提高核心竞争力、增强核心功能，着力提升发展的质量和效益，加快建设世界一流企业作出了贡献。

十年，坚持依托中国石油一流技术，实现后来居上、有所作为

作为中国石油独特的整体优势之一，上下游、甲乙方一体化是推动海外油气业务高质量发展的关键。发挥集团公司整体技术优势，构建集"产、学、研、用"于一体的海外技术支持和研究团队，是中国石油科技创新的基本保障。

十年间，阿布扎比公司，以与勘探院共建的海外研究中心为核心、以特色专业技术支持中心为支撑、以多家作业公司、油气田单位对口的技术创新与支持体系为保障，在勘探开发、钻完井建设、工程建设等方面，彰显中国石油一流技术，成为油气业务发展的重要战略支撑，虽然进入阿布扎比市场较晚，权益股份不高，但却实现了后来居上、有所作为。

在油气勘探方面，阿布扎比公司深化地质研究，及时优化部署，把控勘探节奏，确保实现效益勘探。坚持发挥中国石油一体化优势，在地震采集、处理解释、综合研究、作业实施中实现技术方案主导。当前勘探活动主要集中在陆海项目一区块，在 2018 年获得勘探发现，新增地质储量约 1 亿桶。仅 2018—2020 年，陆海项目实施二维地震 140 千米、三维地震 2387 平方千米，完钻探井、评价井 6 口。陆海项目两个区块经勘探评价、开发复算总计地质储量近 15 亿桶。陆上项目勘探工作主要针对四个资产组进行滚动勘探，通过阿布扎比油气系统潜力研究（ADPSPS），识别出 36 个潜力圈闭，估算资源量约 30 亿桶；海上项目勘探工作主要集中在未开发层系潜力评价，ADPSPS 研究揭示乌纳油田 10 个潜力含油层系和下扎油田 2 个潜在含油层系。

在油气开发方面，阿布扎比公司分析研究各类生产监测数据，摸清油田生产规律，优化单井和油藏产量，实现油田稳定生产。2018 年 Bu Haseer 油田首油成功，2020 年 8 口油井全部投产，标志油田进入正式开发阶段。公司优化油藏动态监测，应用新技术实现稳定开发，并开展未开发油藏研究和 Arzanah 油田复产方案。陆海项目通过调整注水井轨迹、优化井身结构及采用新技术解决开发难题。对于开发超过 50 年的油田，公司加强注采井网建设，并采取多项措施应对油田进入中高含水期，目标最终采收率超过 60%。

阿布扎比公司所辖四个项目合同内每年跟踪重点工程约 40 项，重点工程有序推进，特别是对陆海项目海上工程建设进行了重点跟踪和监督，连年取得突破性进展。2018 年 3 月，陆海项目 Bu Haseer 油田工程建设顺利投产，合作合同签署 5 年后实现了首个重点里程碑。2019 年，海上乌纳项目投产 5 座井口平台及中心处理平台群并顺利实现全油田投产。2021 年陆海二期 Belbazem 油田开发 EPC 工程启动，于 2023 年年底具备投产条件，2024 年投产后将标志着陆海海上开发区块实现全部开发。

在生产作业方面，阿布扎比公司积极推动各项目按计划执行产量计划，确保 2018—2020 年间没有发生政府限产额度未完成的情况。积极参加四个项目技术委员会及相关技术会议，会议参加率达到 100%。积极开展生产动态跟踪及分析，确保信息及时反馈给管理层，并及时反馈板块及中东公司关于产量变化的相关澄清。及时完成对所属项目钻井跟踪及分析，确保钻井工作相关重要信息及时反馈到管理层，为保障股东利益作出贡献。在技术支持单位合同管理方面，做到在各个时间节点提前启动、提前督促各方，确保相关合同执行。2019 年，在阿联酋整体限产大环境下，阿布扎比公司实现千万吨权益产量计划，约占整个中国石油海外业务的10%，助力总部提前一年完成"十三五"规划 1 亿吨产量目标。

在 NEB 资产领导者方面，担任资产领导者是中国石油在高端市场展示技术、树立形象的舞台，也是检验中国石油技术的"试金石"，对于业界认识和评估中国石油在高端市场的表现至关重要。阿布扎比公司积极参与 NEB 资产领导者工作，利用股东资源，深度参与并负责协助陆上项目联合公司作业团队进行油田开发方案的研究、调整及生产运营实施指导优化。结合资产领导者特点，建立起"三位一体"技术支持体系，遵循"技术引领、技术驱动"理念，切实完成高端市场参股项目行权管控。资产领导者的成功获取，推动了中国石油研究成果现场实施。2020 年，阿布扎比公司克服新冠肺炎疫情和油价波动影响，高质量完成本年度 NEB 资产领导者 KPI 工作，获得包括 ADNOC 陆上项目联合公司 CEO 在内的中外双方管理层认可。2022 年 12 月，阿布扎比公司成功蝉联 NEB 资产领导者。

十年，坚持落实中国石油一流管理，实现稳健发展、效益为先

十年间，阿布扎比公司深入落实集团公司关于推进治理体系和治理能力现代化的有关要求，让干事创业的动力和活力竞相迸发、充分涌流，不断为高质量发展注入新动能。实现公司治理体系和治理能力现代化水平持续提高。中国特色、石油特点的现代企业制度建设基本实现从夯基垒台、立柱架梁、积厚成势到系统推进的深刻转变。

在计划管理方面，阿布扎比公司坚持"稳健发展、效益为先"的宗旨，坚持"现金流"第一的原则，以各项目的开发方案为基础，以各项目作业公司批复的工作计划和预算为依据，编制公司各年度计划预算。同时，根据每年下达的年度生产经营和投资框架计划以及预算指标，对全年生产经营管理工作认真跟踪、定期分析、提出建议，有效促进各项工作有效开展，保障全年生产经营指标顺利完成。通过提质增效措施，2020年阿布扎比项目实现"双正"目标。2018—2020年，阿布扎比公司完成了下辖的陆海、陆上、乌纳、下扎四个项目的后评价工作。2020年5月初，阿布扎比公司圆满完成公司各项目"十四五"规划报告编制工作，为公司"十四五"发展指明方向。

在财务管理方面，阿布扎比公司持续推动财务专业化建设，树立"大财务"理念，将财务经营与生产作业深度融合，突破以往占股比小的国际股东获取信息和资源能力的桎梏，突破传统财务事后核算的旧理念，做到

靠前思维，事前算赢，预测评价，决策支撑。在预算、核算、资金、税收、分析、维权、审计等方面再向前迈进一步，吸取国际合作伙伴先进经验和方法，打造"精准高效、忠诚奉献、系统思维、维护利益"的国际化高端财务管理团队。通过提质增效措施，2018年至2023年，阿布扎比项目连续六年实现"双正"目标。体现了阿布扎比陆上和海上项目对抗油价波动的优异性和效益性，也反映出阿布扎比公司在股东管理行权方面做了大量工作，保证了中方利益的实现。

在人事管理方面，阿布扎比公司在严格遵守各项人事政策的基础上，充分调动人员积极性、激发员工活力和创造力，保证管理上水平，高质量、高效率完成了各项人事工作，并积极完善人事相关制度，提升了公司管理水平。与此同时，阿布扎比公司抓住机会、及时对接、积极协调，遴选出数名综合素质优秀、岗位匹配度高的候选人成功推荐给作业公司，在作业公司派员工作方面屡次取得成果。

在股东事务管理方面，阿布扎比公司依照相关规定制定公司股东事务管理程序，并对四个项目的股东会议中方内部集体决策程序及公司"三重一大"决策事项管理规定进行了完善。组织协调每年超过400余次的股东行权会议，为中方股东行权的顺利开展提供有力保障。同时，加强合规管理，与上级业务部门密切联系并及时上报股东事务信息，根据授权上报需审批的决策事项。为了提高小股东行权的水平，组织开展了中方代表行权履职专项培训，配合上级单位开展小股东项目股东行权策略及模式调研课题研究，为推动股东行权管理上台阶，有效地维护了公司的整体利益。

在销售采办方面，阿布扎比公司持续践行"提质增效"的行动部署，严格依照提油与采办各项管理规定，合规高效完成各项工作。提油销售方面，阿布扎比公司积极应用一体化提油销售体系，精耕细作、持续发力，多次及时化解销售风险，提油保持在整体稳健、风险可控的域内运行，保证了提油销售合规有序、风险可控，整体利益最优。2019年以来，阿布扎比公司年提油量屡超千万吨。采办方面，不断完善采办管理办法，为采办工作在高效有序、合法合规中运作提供制度保障。同时，积极制定采办谈判策略，细化合同价格明细，加大市场调研，严格合同执行的考核力度，力争在成本可控的情况下，最大限度地争取有利于我方的合同价格和条款，提高合同执行的性价比。在工程项目招投标方面，深化技术和商务审核，进一步加强与各股东的沟通和交流，研判切实可行的应对策略，在商务合作中维护和保障中国石油利益不受侵害。

在信息化建设方面，阿布扎比公司依托于"管、控、监、察"管理体系，建立管理与控制信息化系统（ADMC）。该系统自2018年起开始建设并逐步投入使用，至2023年已经完成其四大基础库建设，即人力管理库、财务管理库、资产管理库和档案管理库，并在此基础上在业务部门之间建立信息通道，通过管、控、监、察系统化建设，实现规章制度有形化全过程管理。

在行政事务管理方面，ADMC档案管理模块于2019年第四季度正式上线，使纸质档案实现了电子化，电子档案实现了实时归档、实时借阅和传阅，标志着公司档案管理上了一个新台阶，同年荣获集团公司2019年档案信息资源开发应用二等奖。

在HSE与风险管控方面，阿布扎比公司积极参与联合公司HSE管理，协调阿布扎比片区社会安全和健康安全环保工作，负责阿布扎比公司和片区的健康安全环保和社会安全管理工作，贯彻落实资源国安全和环境保护法律法规。阿布扎比公司连续三年实现了年度员工健康体检100%，防恐培训100%，无工业生产事故，无环境污染事件，无社会安全事件，全员健康在岗。特别是在2020年与突如其来的新冠肺炎疫情的斗争中，实现了阿布扎比片区3800万安全生产人工时，无中国石油员工感染新冠肺炎，生产生活保持稳定等成就。在制度建设、体系建设和与国际接轨方面成果显著，阿布扎比公司HSE管理水平显著提高。

制胜：以技术集成优势为稳产高产保驾护航

中国石油独特的整体优势，在于上下游、甲乙方一体化，这也是推动海外油气业务高质量发展的关键。

目前，海外油气业务基本建成以与勘探院共建的海外研究中心为核心、15 个特色专业技术支持中心为支撑、多家油气田单位对口支持海外项目的"1+15+N"的技术创新与支持体系；50 项集团公司自主创新重大新技术新产品在海外 24 个项目得到推广。集团公司整体科技资源已成为海外油气业务发展的重要战略支撑。

阿布扎比，这个国际油气的"兵家必争之地"，自然为中国石油发挥技术集成优势，实现"大兵团作战"提供了战场。2018 年 3 月 20 日，在获得上级批复后，中国石油阿布扎比技术分中心正式揭牌成立。

中国石油阿布扎比技术分中心专业涵盖地质、油藏、钻完井、采油、地面工程等，依托以勘探院为主的专家团队开展工作，根据工作进展分批到位，主要任务是为阿布扎比陆海项目、陆上项目、下扎项目、乌纳等项目提供技术支持，全面履行主技术协议、作业公司技术支持协议的合同义务，以及作为资产领导者的责任和义务，展示中国石油勘探开发生产技术水平，推进中国石油特色技术的应用，提升中国石油在阿布扎比高端市场的形象、地位，探索技术驱动创效新模式。通过发挥中国石油特色技术，为合作项目高产稳产作出了一系列贡献——

优化钻修井工作量和建井周期，减少钻机作业天数。陆上和海上项目通过钻机延迟及释放、集成钻井系统、超长水平井等进一步优化成本。

采用钻完井新工艺、新工具和人工智能技术提高钻井效率：陆上项目采用低成本低碳排放钻机应用、无钻机作业手段、智能完井和钻井液、箱装式牵引绞车和钻井人工智能等；海上下扎项目采用空心钻头提高导管/套管回收效率、通过共享降低油基钻井液处理费用、采用新型 7″刮管器、优化下部完井设计和施工程序、重盐水回收利用、16″井眼采用 RSS 旋转导向系统等；2022 年优化成本 3500 万美元。海上乌纳项目采用新型 7″刮管器、不动钻机作业、减少陀螺仪下入、6″和 8 1/2″井段减少工具失效等停、单筒双井采用表层批钻技术、优化 13 3/8″套管固井设计、优化超长水平井水基钻井液体系、采用新型堵漏材料等；2022 年优化 5500 万美元。

稳步推进鱼骨刺完井技术，以 2022 年为例，陆海项目在低渗致密储层 Arab D 采用鱼骨刺完井技术进行增产作业。鱼骨刺完井技术通过射流作业将最长达 12 米的小直径柔性管"钻"入地层，建立储层与井筒间的渗流通道，从而达到增加泄油面积、提高单井产量 1.5 倍以上的效果，具有导流能力强、施工简单、作业成本低等优点。Arab D 油藏先导试验采用鱼骨刺完井技术获得成功，初期日产量达到 2100 桶。测井测试成果：物性相对较好的 D1 层产量贡献 31%，低渗层 Arab D3+D4 产量贡献 69%，低渗层产量贡献得到改善。陆海二区块低渗油藏的储量占油田总储量的 40% 左右，是将来产能接替的主要依靠。Arab D 油藏先导井 BR20 井利用鱼骨刺完井技术完井投产，利用鱼骨刺完井技术建立储层与井筒间的渗流通道，从而达到增加泄油面积、提高单井产量的效果。该井产量达 1500 桶 / 日左右，远超预期 300 桶 / 日。目前正在按动态监测计划实施资料的收集整理和评估工作，通过持续密切跟踪该井生产动态，为后续物性较差地层低渗透油藏的开发提供经验。

2023 年 5 月 16 日，阿布扎比海上石油公司组织召开海上井筒完整性大会。会议聚焦中东地区井筒完整性管理与流动保障技术、多级屏障井筒完整性技术、多因素多节点测试技术、完井增产技术等。中东地区 200 多位井筒完整性及海上生产作业专家学者参加交流，30 余位该领域专家进行了汇报。阿布扎比公司派员李荣受邀做了题为《阿布扎比鱼骨刺完井增产技术》专题报告。对经过大量前期工作和技术比选后采用鱼骨刺完井技术进行增产作业的收获成果进行了详细介绍，介绍了致密油藏 Arab—D 成功投产经验解决了开发难题，实现了卓越的经济效益与社会效益。

此外，阿布扎比公司在生产过程中，还充分利用中国石油长期积累的碳酸盐岩开发特色技术，在油田钻完井、注水注气开发、各类机采方式的应用等方面起到了积极的作用，不仅推广了中国石油的新技术，也提高了油田的开发效果和开发水平。在阿布扎比陆上项目、海上下扎库姆和海上乌纳项目主要油田，采用超长水平井，完善注水井网，优选注水方式等多种方式采油，实现稳油控水。陆上项目的 Bab、NEB、Bu Hasa 等油田采用气举采油，取得良好效果，实现油田的稳产和上产。阿布扎公司还采用一系列的生产措施，提高单井产量，对低渗致密的油层，采用压裂酸化或酸洗技术，对油层进行改造。对含水高的油井进行堵水、换层、周期交替关井等措施，提高开井时率和产油水平。在注水区域，对注水井实施调剖、换泵等措施，保证油藏压力恢复、提高注水效果。形成碳酸盐岩油田油藏开发一系列配套技术，油田产量保持稳定和上升态势，公司年权益产量增长至 1000 万吨。

十年，坚持传承中国石油一流文化，实现精神引领、文化支撑

十年间，阿布扎比公司始终牢记"我为祖国献石油"的责任使命，赓续红色血脉，传承大庆精神铁人精神，坚定石油人"越是艰险越向前"的坚定意志。在长期奋斗历程中，阿布扎比公司在传承石油精神和大庆精神铁人精神基础上，锻造了底蕴深厚、特色鲜明的"三有一敢"的企业文化，丰富完善石油文化体系，开展了一系列文化创新实践，形成了一批重要文化成果，涌现了一批先进典型，为阿布扎比院校提供了强大精神力量和文化支撑。面向未来，阿布扎比公司将坚决扛起文化责任，深入推进文化强企，推动石油文化创造性转化、创新性发展，进一步凝聚推动高质量发展、保障国家能源安全的精神合力。

在坚定传承中国石油精神文化的同时，阿布扎比公司，还作为桥梁和纽带，向当地人民传播中华文化的独特文化，传播可亲、可敬、可爱的中国形象。在品牌与社会责任方面，阿布扎比公司与阿布扎比 Yas 学校共同举办新中国成立 70 周年庆祝演出活动并举行赠书仪式，阿布扎比公司向 Yas 学校赠送 1100 本汉语学习书籍和材料。

十年，坚持锤炼中国石油一流人才，实现英才荟萃、人尽其才

从发展眼光看，中国石油"走出去"，最重要的不是拿到了多少油气资源，而是培养历练了一支熟悉国际规则、国际惯例的高素质人才队伍。

十年间，阿布扎比公司贯彻落实中国石油集团公司始终秉持的"创新是第一动力、人才是第一资源""没有人才一切归零"理念，牢固树立"聚天下英才而用之"的人才观，大力实施人才强企工程，坚持人才引领发展的战略地位，以促进人才价值提升为目标，着力完善"生才有道、聚才有力、理才有方、用才有效"的人才发展机制，优化创新生态、激发活力，打造创新策源地，积极融入全球研发体系，创新科研体制机制，激发各类人才创新动力；背靠中国石油庞大人才储备，聚焦阿布扎比参股项目，构建全产业链研发能力；最大程度吸纳中国石油上下游一体化创新成果，着力打造领军型人才。

十年间，阿布扎比公司根据阿布扎比业务需求，针对强根基、提质量、拓优势三个不同发展阶段，重点部署实施组织体系优化提升、"三强"干部队伍锻造、人才价值提升、分配制度深化改革、高质量国际化人才培养"五大专项工程"，着力构建公司统一领导，组织人事部门牵头，本部部门、项目公司齐抓共管、密切配合的人才工作协同联动机制，推动人才强企工程与集团公司各项决策部署有机融合、一体推进。在"建机制""优结构""促活力"等方面下功夫，深入推进海外人才发展体制机制改革，坚决落实好加快构建结构合理、协调开放、全球共享的海外一体化人才发展体系的相关要求。先后涌现出集团公司特等劳动模范等一批先进典型。公司员工先后荣获集团公司"海外油气合作模范员工"称号、集团公司"海外油气合作优秀员工"称号、集团公司"一带一路"10周年、"走出去"30周年优秀员工、中油国际"海外油气业务优秀员工"称号、集团公司"年度青年岗位能手"称号、中东公司年度十佳员工、中东公司年度优秀员工、集团公司海外油气业务优秀员工、中国石油国际勘探开发有限公司年度HSSE先进个人，多名员工入选中东油气合作十周年功勋员工名单、中东油气合作十周年杰出员工名单、中东油气合作十年创业奖获奖员工名单。

十年间，在集团公司的引领和影响下，阿布扎比公司荣获集团公司"中国石油天然气集团有限公司海外油气合作先进集体"、中油国际"年度优秀储量工作集体、优秀内部储量工作集体奖""年度特殊贡献奖获奖项目及集体"、中油国际"年度HSSE先进集体"、中油国际"年度青年文明号集体"；公司撰稿的《高端市场技术引领下参股项目行权管控的创新运营与实践》荣获中油国际"2019年度管理创新获奖成果二等奖"；销售采办部组织完成的《高端市场股东行权系统性风险管控体系的构建与实践》荣获省部级管理创新成果奖三等奖；公司撰稿的《阿布扎比浅海编辑油田开发海洋工程方案优化研究及应用》《阿布扎比海上下扎项目生产优化研究与实践》分别荣获"2021年度中国石油国际勘探开发有限公司科技进步奖三等奖"；销售采办部组织完成的《阿联酋油气投资带动工程服务、装备制造合作项目：全方位开展阿联酋油气合作，助推中阿全面战略伙伴关系落地》入选集团公司"一带一路"10周年、"走出去"30周年的典型案例。综合办荣获集团公司"2019年档案信息资源开发利用优秀案例二等奖"以及中东公司"2020年度先进集体"；开发部荣获中东公司"2019年度先进集体"以及集团公司"2021年度海外油气业务先进集体"；生产技术部荣获中油国际"2019年度中国石油海外油气业务先进集体"；计划财务部荣获集团公司"2020年度海外油气业务先进集体"；公司工会荣获集团公司"2021年度海外油气业务先进工会组织"；股东事务部荣获中东公司

第 4 章　扬帆济海 —— 中国石油阿布扎比公司十年发展概述

"2021年度先进集体";销售采办部荣获中东公司"2022年度先进集体"。阿布扎比公司工程部荣获集团公司"一带一路"10周年、"走出去"30周年先进集体。

第二编

"十年征途"：中国石油阿布扎比公司的发展成果

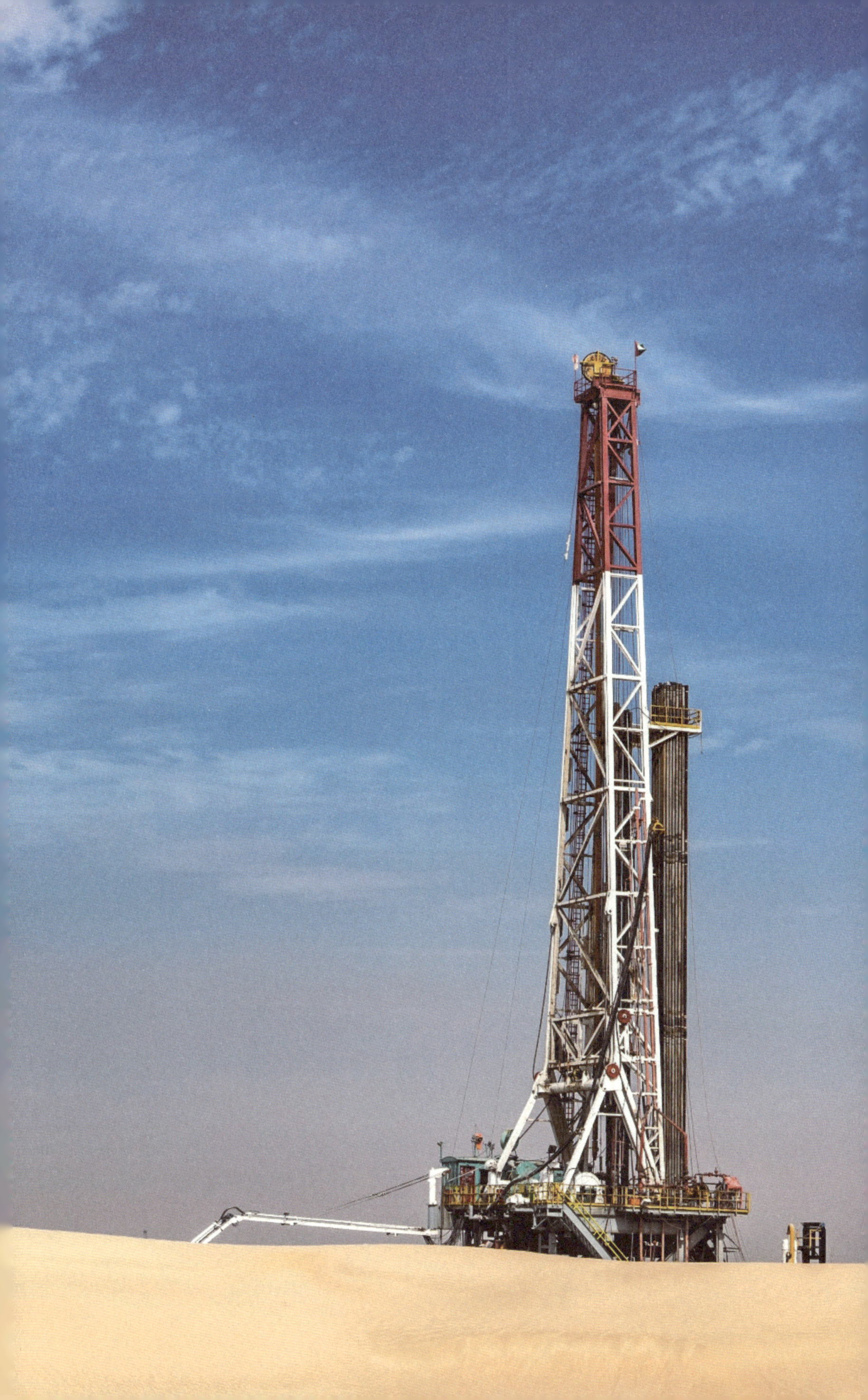

编前语

新时代是光荣与梦想的远征，中国石油是与新时代同行的远征者。

2013年到2023年，是中华民族伟大复兴和中国式现代化的非凡十年，是"一带一路"延伸的十年，是中国石油在全球舞台上开始光荣与梦想远征的十年。

回首过去的十年，作为我国走出去的重要力量，中国石油大力推进海外油气合作项目，积极参与全球能源治理，形成了中亚、中东、非洲、美洲和亚太五大合作区。在海外油气开发大潮里劈波斩浪，砥砺前行，中国石油已形成集油气勘探开发、工程技术服务、贸易等一体的完整产业链，构建起多元化的油气供给格局。中国石油的海外管理模式不断创新，形成了一整套具有中国石油特色的海外业务管理体制机制、符合国际规范的项目投资决策及经营运作体系。中国石油对外合作交流水平越来越高，深度参与国际能源治理，与道达尔、BP、壳牌、埃克森美孚、埃尼等国际油气企业建立战略伙伴关系，扩大对外开放合作决心坚定。

阿布扎比公司，在中国石油大踏步迈向海外的远征中，作为进军油气高端市场的主力先锋，用奋斗建设出"一带一路"上的国际油气合作"丝路明珠"。

十年，阿布扎比公司，以突破 1000 万吨的年度权益产量，支撑起中国石油海外权益年产量 1 亿吨。

十年，阿布扎比公司，以自主创新成果亮剑国际油气高端市场，连任阿布扎比陆上项目资产领导者，极大提升中国石油的国际话语权。

十年，阿布扎比公司，以奋斗和拼搏，战胜了国际油价波动、"欧佩克+"限产等多重挑战，不断突破生产经营新的里程碑。

十年，阿布扎比公司，以中国石油的"一体化"，对接对外合作的"国际化"，用逐梦全球的视野和胆略，在国际油气竞合舞台上大放异彩。

十年，阿布扎比公司，以石油纽带连接中阿友谊，为文明互鉴、相向同行的中阿关系，融进了石油深情。

第 5 章

"一带一路"上的油气合作明珠——
中国石油阿布扎比公司的生产经营成果

  2019 年,一个振奋人心的消息传来,中国石油海外油气权益产量当量达到 1.04 亿吨,实现历史性突破!从 2011 年,中国石油海外权益产量当量突破 5000 万吨,建成"海外大庆"开始,8 年时间,实现权益产量翻番,等于再造一个"海外大庆"。此后连续四年,中国石油海外权益产量,一直保持在 1 亿吨以上,有力支撑了中国石油能源保供的重大使命,让中国石油加快建设世界一流企业的脚步越发坚实。

  中国石油的海外生产经营成果,来自国家创造的历史机遇和宏大舞台。自 2011 年开始,中国石油海外油气权益产量当量一直保持年均 10% 左右增速。这飞速发展的奇迹背后,是"一带一路"倡议带来的历史机遇和强大力量。2023 年是习近平主席提出共建"一带一路"倡议十周年。作为推动中国扩大对外开放的重要举措和推动构建人类命运共同体的实践平台,"一带一路"所倡导的理念深入人心,所取得的成就硕果累累,所产生的影响深远广阔。十年来,"一带一路"建设顺应了时代发展的潮流,为破解世界发展难题提供了中国方案，为增进世界人民福祉贡献了中国智慧，展现了中国的大国责任和担当。

从 2013 年中国提出"一带一路"倡议，在十年的时空坐标里，油气合作成为"一带一路"建设的重要内容和先行产业。中国石油作为最早走向国际市场、中国跨国公司"100 大"榜首的石油央企，大力推进与"一带一路"共建国家和地区在油气能源方面的合作，以实际行动与全球合作伙伴书写油气合作故事的新篇章，也让中国石油的海外权益产量连年跃升。

中国石油在"一带一路"沿线 19 个国家运作管理 51 个油气合作项目，遍及中亚、中东、亚太等重点油气生产国。2019 年以来，"一带一路"沿线油气权益产量连续 4 年保持 8000 万吨以上，约占中国石油海外油气权益产量的 83%；工程服务年均新签合同额约 60 亿美元，与沿线 50 多个国家之间的年油气贸易量约 2.5 亿吨，形成 1 亿吨原油和 1200 亿立方米天然气进口能力。

其中，阿布扎比公司所在的中国石油中东公司贡献了超过 65% 的原油产量，中东地区也成为中国石油海外原油主产区互利共赢的油气合作样板区。作为全球油气资源的富集区，中东地区原油可采储量和产量分别占全球的 47% 和 34.5%。巨大的资源优势、较低的开采成本使得中东地区成为国际石油公司必争的高端油气市场，是我国深入推进"一带一路"能源合作的重点领域，也是中国石油重点打造的海外高端油气合作区。

作为中国石油进军高端市场的代表和典范，阿布扎比公司，认真落实集团公司践行国家"一带一路"倡议的有关要求，在中油国际和中东公司的坚强领导下，持续打造互惠共赢的油气合作利益共同体，以高水平国际能源合作，助推中国石油海外业务高质量发展，增加了全球能源供应量，有力保障了国内油气供应平衡。阿布扎比公司，作为一带一路上的国际油气合作明珠，越发璀璨。

扛稳年权益产量 1000 万吨，贡献中国石油海外权益总产量的 10%

自 2020 年开始，中国石油逐步形成了 3 个"1 亿吨"的能源生产新格局：那一年，全年国内产油 1.0225 亿吨，产气 1304 亿立方米（折合油当量约 1.039 亿吨），海外油气权益产量当量达到 1.0009 亿吨。这是中国石油的丰收年，历史上首次实现国内年产油、气当量和海外油气权益产量当量 3 个"1 亿吨"，端稳了国家能源安全的"饭碗"，优化了供给侧能源结构，领跑行业绿色转型。此后连续三年，中国石油连续保持国内原油产量 1 亿吨以上，国内天然气当量 1 亿吨以上，海外油气权益产量当量 1 亿吨以上，进一步端稳了能源"饭碗"。作为中国能源安全保障的主力军，中国石油贡献了占全国一半的原油产量、70% 的天然气产量。可以说，3 个"1 亿吨"，集中体现了中国石油胸怀"国之大者"的担当，扛稳能源安全的使命。

在 3 个"1 亿吨"中，连续四年海外权益产量当量突破"1 亿吨"格外不易，意味着中国石油在海外所拥有的油气田项目的份额产量之和达到了 1 亿吨；意味着中国石油的海外权益产量占到了中国企业海外权益总产量的 50%，对于保障我国能源安全发挥重要作用。"1 亿吨"更意味着中国石油深度参与全球油气生产运营，在成为"世界企业公民"征程上迈出了重要一步。

而在中国石油海外权益产量当量的"1 亿吨"中，成立仅仅十年的阿布扎比公司就贡献了 1000 万吨产量，而且阿布扎比公司突破的 1000 万吨，和中国石油海外权益产量突破"1 亿吨"的时间节点一样，连续四年，阿布扎比公司，在诞生时间不长的海外合作项目中，以高度的责任感和使命感，扛稳 1000 万吨权益产量，为中国石油扛稳 1 亿吨海外权益产量当量贡献了实实在在的 10%。

扛稳 1000 万吨权益产量的背后，是阿布扎比公司在集团公司的正确领导和强有力支持下，用初心与使命，用奋斗与拼搏，用开拓与创新，点滴成海、汇聚而成的磅礴油流。

1000 万吨权益产量，每一滴都来自精细勘探的收获。

中东可采储量占全球47%，素有"世界油库"之称。海相砂岩和均质碳酸盐岩油藏等优质资源已开发多年，后期稳产的接替主要依靠采出程度低、资源潜力巨大的巨厚复杂碳酸盐岩油藏。然而这类油藏非均质性极强，产量递减快，采用笼统注采剖面动用差，含水上升快，经济有效开发难度大，国际石油公司一直未能有效开发。中国石油要在阿布扎比高端油气市场站稳脚跟，必须系统性地破解油藏内部结构认识不清、规模储量难以有效动用、工程及配套技术不具针对性等难题。

提高油田开发水平，先要解决油藏认识问题。多年来，中国石油结合巨量地质油藏分析，逐渐揭示了中东巨厚碳酸盐岩油藏的"内幕规律"，创新了多模态储层开发地质理论认识，突破了不同类型碳酸盐岩油藏"隐蔽"隔夹层的识别技术。在国际上首次建立"贼层"定量识别标准和空间刻画技术，提出了利用和规避"贼层"的注水开发策略。

第 5 章 "一带一路"上的油气合作明珠 —— 中国石油阿布扎比公司的生产经营成果

阿布扎比公司认真贯彻落实集团公司对海外油气勘探工作的整体部署和工作思路，践行新理念、展现新作为，重新梳理油气资源潜力，科学优化勘探部署策略，持续强化提质增效专项行动，与 ADNOC 勘探团队密切配合，在勘探院的大力支持下，不断优选有利钻探目标，科学论证井位部署方案，部署的 Bu-994 探井在 Bu Hasa 油田的 Mauddud 储层取得了成功，新增 5 亿桶地质储量重大发现，该新发现是中国石油参股 ADNOC 陆上项目后以来最大的勘探发现。

1000 万吨权益产量，每一滴都来自精钻细采的积累。

钻完井技术，是中国石油的优势，按照集团公司提质增效专项行动部署，阿布扎比公司组织技术团队主动作为，积极联系各项目的股东开展沟通交流，在形成产量保障计划的同时，以高水平钻完井技术，有效提升合作项目产量，并降低成本。针对不同项目特点，采取不同钻完井方案。

陆海项目采用鱼骨刺完井技术和优化井深结构，稳步推进鱼骨刺完井技术在二区块 Arab D 的应用，对比最初的海上酸压方案，节约成本 1350 万美元，产量提高 3 倍，现场顺利实施，为陆海项目稳产作出了积极贡献。2022 年陆海项目井身结构优化，在一区块取消一层套管，在 XN-077 井采取三开井身结构，顺利完成了在 Rus 上部地层阿联酋第一次取芯作业，单井节约成本 80 万美元。

陆上项目的 Bab、NEB、Bu Hasa 油田以气举采油为主，电潜泵为辅（主要分布在东南区）；计划实验射流泵、智能气举、无钻机电潜泵及永磁电机电潜泵采油。无钻机电潜泵已经在 SE 资产组的 Shah 油田 SY-081 井成功安装。井下喷射泵在 SE 资产组的 Asab 油田 SB-564 井开展实验，取得较好的效果。推广先进钻完井技术应用，优化油藏管理加快复产。

乌纳项目借鉴周边油田经验，开始试验综合钻井承包模式，提高服务商管理水平和作业效率。针对部分井的浅部地层漏失问题，通过优化井身结构、调整钻井液体系、采用控压钻井设备等方式顺利完钻。根据油藏开发要求，乌纳项目在多口井成功实施智能完井、分支井回接完井等技术。海上项目水平井筛管完井，气举自喷采油，部分边远区域及没有相应设施的平台采用电潜泵。乌纳项目通过控制注水注气量来维持注气/注水平衡，减少气窜与水窜。在 Arab D3/D4 层开展环内注水先导试验，提高油环区域油藏压力，有效抑制气顶向油区扩散膨胀。

下扎项目以超长水平井技术实现了海上低渗透碳酸盐岩油藏的高效开发，标志着阿布扎比公司通过技术攻关走高质量发展之路取得了阶段性成果。2022 年 3 月 8 日，下扎油田 2022 年首口超长水平井成功完井，完钻井深为 6126 米，水平段长度超过 2700 米。该井顺利完井为超长水平井规模化应用积累了宝贵经验，并为低渗透碳酸盐岩储层高效开发工程添砖加瓦。

为解决低渗油藏开发面临的单井产量低、开发效益差等难题，阿布扎比公司持续深化超长水平井技术研究，论证超长水平井高效开发低渗油藏的技术可行性和经济性，2019 年以来创新性地提出超长水平井优快钻井配套技术、超长水平井均衡排液的流动控制技术、限流打孔管酸化完井技术等。公司管理层利用各级股东会议不断推进超长水平井技术实施，组织专家在项目独立审查会议上与外方技术人员深入分析和解决瓶颈问题。在现场实施中，相关人员紧密跟踪钻完井施工动态，做好分析评价，为下扎油田超长水平井的顺利推进起到指导作用。

1000 万吨权益产量，每一滴都来自只争朝夕的工程建设。

阿布扎比公司成立后，为了快速上产，公司发挥中国石油的一体化优势，只争朝夕加强产能建设，为夯实 1000 万吨权益产量夯实了基础。自 2013 年开始，阿布扎比公司与 ADNOC 一道，充分发挥中国石油的一体化优势和工程建设、管理水平，成功推进陆海、陆上、乌纳、下扎四个项目的改建扩建工程，实现了加速建设、快速建产。

陆海项目：2015 年，陆海项目海上一期 Bu Haseer 油田预可行性研究完成，启动陆海项目二区块的整体工程方案概念研究，确定海上一期和二期均依托于 ADNOC 海上已建设施的方向，进一步优化项目的投资费用，为低油价下保持项目经济性奠定基础。2016 年，完成陆海项目二区块的方案优选。中国石油团队完成的陆海项目二区块一期 Bu Haseer 油田开发方案得到股东批准。2017 年，Bu Haseer 全油田开发基本设计合同启动，在同年 10 月份完成基本设计。中国石油团队完成陆海项目二期 Belbazem 油田全面开发方案，获得股东批准。

2018 年，Bu Haseer 油田全油田开发工程建设总承包项目顺利授标启动，并按计划推进，为按期实现陆海项目一期日产 1.6 万桶的产能目标提供保障；Belbazem 油田开发方案顺利获得集团公司批复，为陆海项目进一步上产迈出关键的一步。2019 年，Bu Haseer 油田全油田工程建设按期投产，实现该油田全油田开发建产的重要里程碑；Belbazem 油田开发工程基本设计完成。2020 年，Bu Haseer 全油田工程注水设施具备投产条件，标志着 Bu Haseer 油田建设的最后一个里程碑顺利完工；2021 年，Belbazem 油田整体开发工程总承包合同授标，Bu Haseer 油田项目竣工。

陆上项目：2017 年，CPECC 成功中标 Bab 油田整体地面建设工程项目，中国石油一体化优势得到成效；NEB 资产组 R/S 油田三期地面建设工程顺利投产。2018 年，NEB 资产组 Al Nouf 油田三期地面建设工程顺利投产，Bu Hasa 油田整体开发项目授标，Qusahwira 二期地面建设工程授标，为陆上项目实现 200 万桶 / 日产量奠定基础；CPECC 承担的 Bab 整体工程建设工程总承包顺利推进。2019 年，Bab 稳产 48.5 万桶 / 日工程授标。2020 年，Bab 油田整体地面工程建设顺利实现首油里程碑；同年，外输管道更换工程授标中国石油管道局公司。2021 年 11 月 26 日，Bab 油田整体地面建设工程整体试运行。

乌纳项目：2018 年，Nasr 油田进行井口平台早期开发投产，乌纳项目的分阶段长期开发方案前期研究工作陆续启动，Umm-Shaif 油田完成气顶开发一期工程方案评估。2019 年，Nasr 油田投产 5 座井口平台及中心处理平台群，顺利实现全油田投产；乌纳油田完成气顶开发一期工程基本设计。2020 年，乌纳油田完成长期规划一期工程基本设计。2021 年，海上乌纳项目的乌姆沙依夫 - 纳斯尔油田气顶开发一期工程执行基本设计优化；长期发展规划一期工程完成工程招标。截至 2021 年，乌姆沙依夫油田共建有井口平台 98 座，进行油气集输、注水注气、化学药剂注入等。中心处理平台群（21 座平台）1 座，进行油气水预分离、气体处理等。内部管线 824 千米，包括油气混输管线、注水管线、注气管线等。原油外输管道 36.1 千米，凝析油外输管道 77 千米，天然气外输管道 180.5 千米。纳斯尔油田共建有井口平台 9 座，进行油气集输、注水注气、化学药剂注入等，中心处理平台群（4 座平台）1 座，进行油气水预分离、气体处理等。内部管线 110 千米，包括油气混输管线、注水管线。油气混输管线 70 千米。

下扎项目：2018 年，启动下扎油田长期发展规划一期工程（LTDP-1）方案选择研究，并于 2019 年完成，2021 年项目早期生产一期工程顺利投产。截至 2021 年，下扎油田共建有井口平台 118 座，进行油气集输、注水注气、化学药剂注入等。内部管线共 728 千米包括油气混输管线、注水管线、注气管线。中心处理平台群 2 座，包括西部平台群（10 座平台）、中部平台群（7 座平台），进行油气水预分离、气体处理、生产水处理、海水处理、发电设施及生活平台等。海底管道外输管线，共 2 条，155 千米。内部管线共 728 千米，包括油气/注水/注气管线。

荣任 1 个"2"：连续两次担任 NEB 资产领导者

如果说，扛稳两个"1"的荣光，以 1000 万吨权益产量，让阿布扎比公司撑起了中国石油海外业务的一片天空，那么荣任 1 个"2"，连续两次担任阿布扎比陆上项目 NEB 资产领导者，则极大提升了中国石油在中东高端市场的国际话语权。

担任资产领导者是石油公司国际竞争力和综合实力的象征，也代表着在世界高端油气市场上的强大话语权，但是这一地位，长期以来为西方公司所把持。2015 年 1 月，道达尔公司以 22.2 亿进入费获取陆上项目 10% 权益，并担当 SE 和 Bu Hasa 两个资产组的资产领导者。2016 年 12 月，BP 公司签约进入，获取陆上项目 10% 权益并担任 Bab 资产领导者，同时确定道达尔公司为 NEB 资产领导者暂定一年。中国石油于 2017 年 2 月 19 日与 ADNOC 签约获取陆上项目 8% 权益后，针对

2019 年第一口非常规探井 HI002 喜获 Diyab 层天然气

ADNOC 修改后财税条款及新的 BP 投资开发方案，评价结果表明，担任 NEB 资产领导者将提升项目内部收益率约 0.93%。道达尔和 BP 在阿布扎比运作多年，有一套成熟的开发思路和解决油田开发生产矛盾的方式方法，积累了丰富的开发经验，管理理念深入到该资产组的各个层面。因此，参与资产领导者的角逐注定充满挑战。

担任资产领导者的意义更主要体现在以下三个方面的平台：一是中国石油先进技术走向海外高端市场的平台。通过资产领导者的获取来推进中国石油技术落地，从而带动国内先进技术走向国际，并依靠先进技术及研究团队来支持资产领导者工作，确保每年获取投资激励。二是协同发展的平台。通过资产领导者的获取，带动乙方队伍进入高端市场，实现甲乙方协同发展的一体化战略目标的实现。三是向国际巨型油气田开发管理经验学习的平台。在这个多种复杂类型油气藏的巨型项目上，在 ADNOC 与国际公司运行多年的开发管理经验方面，有许多经验值得学习，能为打造国际化人才提供更为广阔的平台。

然而，成为资产领导者同时也要面临众多现实考验。

一是资产领导者要接受 ADNOC 严苛的监督和考核。ADNOC 对资产领导者的业绩考核每 6 个月进行一次，主要通过作业公司或第三方进行业绩考核。如果业绩没有达标，资产领导者可采取补救措施，在接下来 6 个月时间内整改到位；如果在规定时间内的表现仍不能满足要求，ADNOC 有权立即撤销资产领导者资格，选择其他国际公司担任。资产组高级副总裁负责对资产领导者进行日常管理和考核，资产领导者要确保 ADNOC、作业公司能够分享并使用其最先进的技术。

二是中方担任资产领导者的 NEB 资产组挑战最大。NEB 资产组距离阿布扎比城区约 85 千米，是 ADNOC 距离城区最近的油田群，包括 Al Nouf、Rumaitha 和 Shanayel 三个在产油田，占地面积约 1400 平方千米，其中 Al Nouf 油田地处滩海，Rumaitha 和 Shanayel 油田在陆上。NEB 资产组位于环境敏感区，区域内地貌复杂，包括沙漠、海洋、红树林、盐沼、珊瑚礁和盐碱滩等，环保要求严苛。同时，NEB 资产组陆上项目物性最差、单井产量最低、地面条件最复杂、桶油成本最高、开发挑战最大。

ADNOC 大力实施新技术和先进的管理体系来最大限度降低油田生产操作对环境的影响，NEB 资产组是 ADNOC 试验新技术，打造智能油田、无人值守油田的先锋军。同时也是 ADNOC 重视女性发展，培养女性管理者和技术人员的先锋军，致力于将 Rumaitha 油田打造为全女性油田，称为"粉色油田"。

虽然挑战重重，但是中国石油在资产领导者的首个任期内，以非凡的成绩，突破的进展，标志性成就，让阿布扎比公司赢得了阿方和西方同行的尊重和认可。

一是担任资产领导者后发挥技术引领作用：指导了 NEB 资产组近年来的开发和优化调整，自 2018 年担任资产领导者以来五年内 NEB 资产组油田总产量提升一倍。

二是优化主力油藏调整方案：发挥技术引领作用，编制了以"小井距注水、大井距水气交替注入调整优化、超长水平井＋智能完井控剖面、基于水驱的提高采收率技术"为主体的 NEB 资产组主力油藏优化调整对策，现场实施效果显著。

三是突破致密油藏开发：编制了以超长水平井、优化井网井距试验区、小型酸压、分阶段差异化开发、鱼骨刺井等为代表的特色技术现场实施，改善开发效果、降低开发成本。

四是高质量完成地质建模与数模：建立了 6 个油藏的地质模型 1 个动态模型，获得外方高度认可，主动要求中方主导另外四个油藏的新一代模型研究，熟悉了国际惯例、培养了一批国际化专业人才。

五是完成了高水平二氧化碳捕集利用方案：完成了 Rumaitha 油田三期和 Al Nouf 油田北部过渡带转二氧化碳开发方案并通过可行性研究方案审查，实施后预计日注二氧化碳 2 亿立方英尺 / 日；编制碳减排方案助力 ADNOC 实现 25% 碳减排目标。

六是开展了提高采收率技术专题攻关：完成离子匹配水等系列改善水驱试验并推动现场试注，持续化学驱攻关和聚合物凝胶先导试验研究。

七是支撑了 ADNOC 的 P5 战略目标（即 500 万桶 / 日上产）：开展了地质油藏工程地面一体化加速潜力研究，有力支撑了 NEB 资产组 P5 战略目标提速工作。

八是极大助力了降本增效：深入分析成本构成，编制地下、钻井、地面一体化降本增效方案并推动现场实施，助力 NEB 资产组桶油技术成本 4 年降低 15%。

九是推动工程配套技术研究与应用：开展了针对下部完井、二次完井、井筒完整性、腐蚀速率预测软件等工程配套技术研究，稳步推进现场实施。

十是承担了 ADNOC 培训课程：履行资产领导者义务，开展了 21 门课程培训、40 余次建模数模培训，培训员工 1600 余人次。

十一是推动新技术应用并提供日常及时支持：数字岩心、可开关滑套、自转向酸三项新技术转让取得实质性进展；为日常 KPI 提供技术支持。

经过第一个五年任期的技术攻关，中国石油担当资产领导者的相关成果得到了资源国的高度认可：ADNOC 陆上项目首席执行官 Omar 先生称赞中国石油团队为 ADNOC 做出的贡献，是"杰出的资产领导者"；ADNOC 上游生产局局长 Khalid 先生、石油工程师协会（SPE）中东地区主席 Marzouqi 先生感谢中国石油团队在阿布扎比 NEB 资产组低渗碳酸盐岩油藏高效开发优化方面做出的重要贡献；ADNOC 总部、作业公司、股东合作伙伴等高度评价并采纳中国石油团队完成的过渡带转二氧化碳混相驱开发方案、岩石类型地质建模、加密注水先导试验区、超长水平段水平井、下部完井技术路线及差异化储层改造实施等低渗碳酸盐岩油藏开发相关技术成果应用。同时，经过院士专家鉴定，阿布扎比资产领导者团队相关成果总体达到国际先进水平，其中物性夹层封隔性评价技术、低渗碳酸盐岩注气混相开发效果评价方法、基于岩石类型的精细油藏描述与建模技术、数据挖掘驱动的主控因素识别及动态预测调整技术达到国际领先水平。

在首个资产领导者五年任期，由中国石油主导的"主力油藏加密注水、致密油藏储层改造、超长水平井及下部完井"等技术初步实现了现场试验，取得了良好效果。2022 年，中国石油在资产领导者考核中得分为 80 分，排名超越了 BP 和道达尔，跻身世界一流油公司第一梯队。为了进一步推动更多中国石油特色技术在中东落地、深化中国石油在中东高端油气市场的引领作用和话语权，中国石油成功连任 NEB 资产领导者。第二个五年任期，继续发挥技术引领作用。

在下一个任期，资产领导者团队将开展以下五方面重点工作：一是持续优化各油藏开发优化路线，推动相应对策落地实施，深化中国石油在 ADNOC 油田现场烙印；二是持续开展前沿技术攻关，聚焦外方高层期待，抓好"日产 500 万桶上产、二氧化碳捕集利用、数字化"三项亮点工程；三是强化地下 - 地面系统生产瓶颈研究，发挥中国石油一体化优势，进一步深化油田生产中的技术引领作用；四是以 ADNOC 油田开发挑战白皮书为抓手，持续开展新技术推介，提高中国石油技术影响力；五是完善多

层次人才培养工作方案，确保完成外方相关要求情况下、助力中国石油国际化人才培养进程。

下一个五年任期，资产领导者团队将进一步深化在油田现场的烙印，发挥资产领导者的技术引领作用，为奋进海外业务高质量发展、提升中国石油核心竞争力和核心功能添砖加瓦。

战胜国际油价波动、"欧佩克+"限产等多重挑战

回首阿布扎比公司来之不易的权益产量和高质量发展成就，并不是一帆风顺的，而是充满了艰辛和挑战的，事实上，阿布扎比公司走过的十年，正是国际形势复杂多变、各类罕见风险挑战集中出现的十年。阿布扎比公司，弘扬"有信仰，有激情，有作为，敢担当"的阿布扎比"三有一敢"精神，成功应对国际形势多变、"欧佩克+"限产等多重挑战，持续推进项目提质增效举措落实，实现从无到有、从弱到强的跨越式发展。

自 2020 年以来，除了新冠肺炎疫情的影响，还叠加了国际油价巨幅波动、欧佩克+限产等两大挑战，为把提质增效落实到日常生产的点滴中，在严峻挑战下，阿布扎比公司结合自身合同特点精准施策，把"省钱"作为一切生产经营活动优化和提升的重点，把每一笔钱都用在刀刃上、紧要处。通过不断优化合同方案、动态调整投资节奏、压减成本预算、与合作伙伴加强沟通等多种方式，探索低成本发展路径，提升各项目在低油价"寒

冬"中的生存能力。

受新冠肺炎疫情和低油价影响,阿布扎比公司生产经营环境不容乐观。各项目紧盯形势发展,动态调整年度工作计划,围绕年度生产经营目标,梳理油田现有生产潜力,主动压减工作量、控制投资,降低费用成本。在国际油气市场的"寒冬"下,没有石油企业能够"单打独斗"。阿布扎比公司积极与合作伙伴和资源国政府沟通,以低油价下合作伙伴的不同利益诉求为切入点,制定应对策略,把因新冠肺炎疫情、预算大幅缩减对产量的影响降至最低。阿布扎比公司与ADNOC第一时间沟通低油价战略,增进相互理解和支持,与作业公司不同层级沟通应对低油价措施、优化投资控减成本。同时,各项目与国际伙伴加强交流,进一步优化项目操作费用。阿布扎比公司在降本增效过程中紧密联系生产实际,通过分析每日产量变化原因,找出工程设备维护维修、为配合限产优化油藏开发措施、钻井工作中存在的问题,细化管理,及时在股东会议上与合作伙伴沟通反映。

与此同时,阿布扎比公司力推项目产量提升,成立"一项目一策"生产保障工作组,紧密跟踪"欧佩克+"限产进展,期望在"欧佩克+"限产条件和高油价下实现产量最大化,继2019年权益产量达1000万吨后维持三年,项目规模、质量效益和运作实践为"做大中东"战略发挥了积极作用,约占中国石油海外亿吨权益产量的十分之一,成为了中国石油在海外的压舱石项目,更成为了维护中国国家能源安全的重要组成部分。

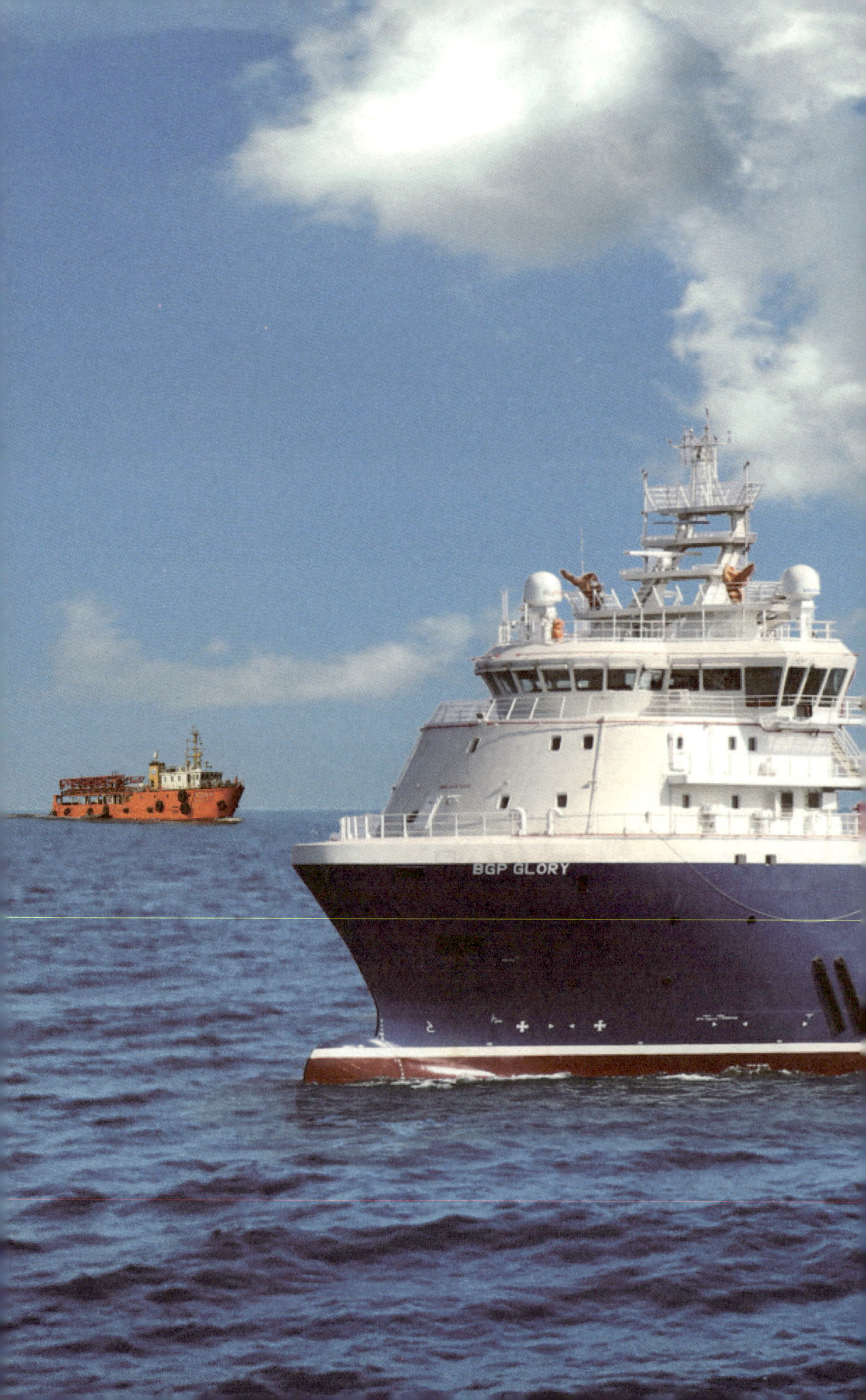
BGP GLORY

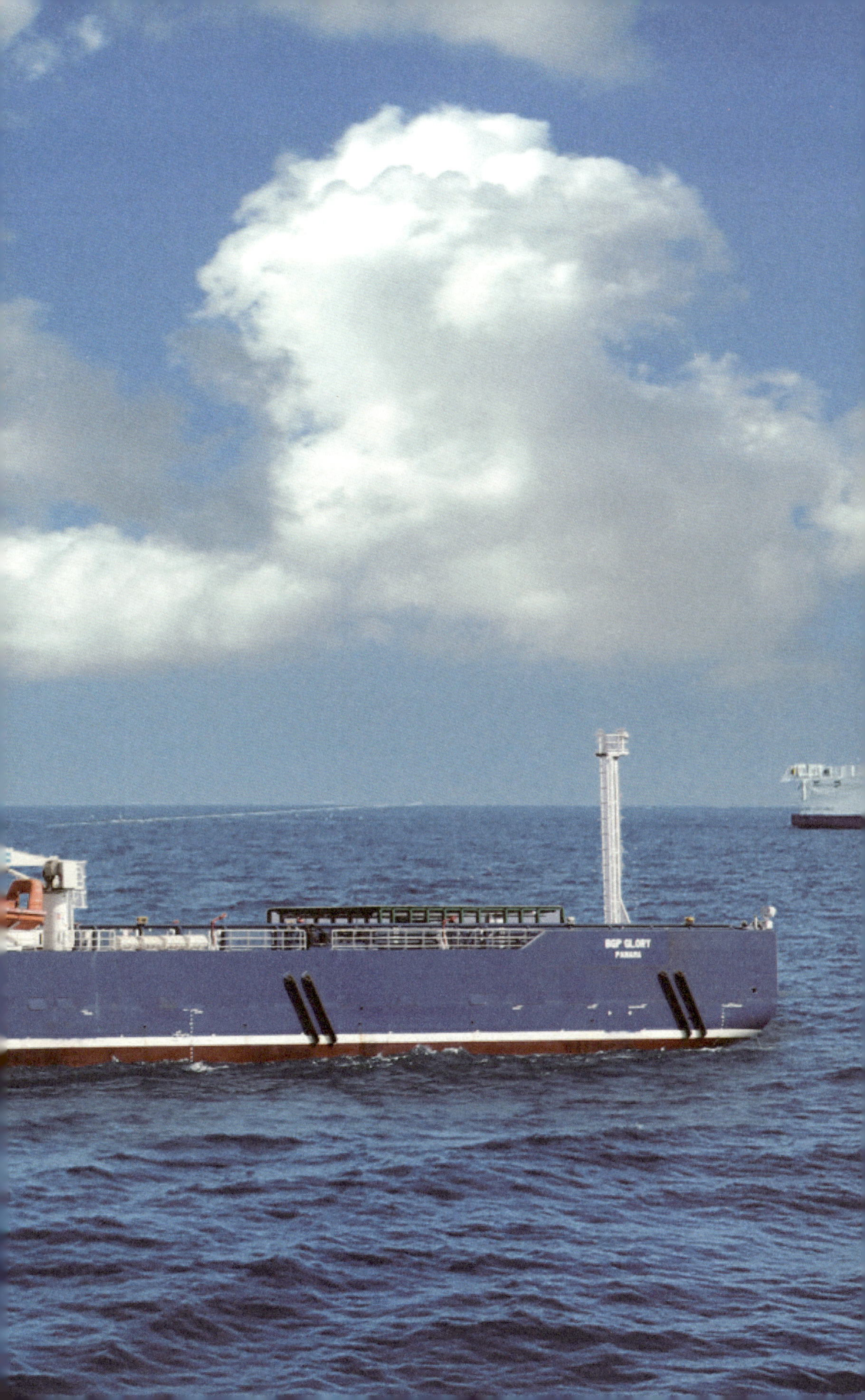
BGP GLORY
PANAMA

第 6 章

扬威海外的"中国方案"——
中国石油阿布扎比公司的重要技术贡献

科技创新，关系到中国石油的核心竞争力。中国石油董事长在题为《加快提高核心竞争力增强核心功能 奋力谱写中国式现代化建设的石油篇章》的主题讲话中指出，要着力高水平科技自立自强，增强作为科技创新"国家队"的实力。科技创新能力是企业核心竞争力的重要基石，是掌握未来发展主动权、增强核心功能的关键所在，是企业由大变强的重要标志。要深刻把握新科技革命和产业变革大势，以打造原创技术策源地为统领，加强统筹谋划和顶层设计，从"快速突破"支撑当前和"久久为功"引领未来两个层面推进科技创新，破解"卡脖子"技术难题，加快布局发展战略性新兴产业和未来产业的技术，通过持续完善科技项目管理机制、构建开放合作创新生态等方式，激发科技创新动力活力，全力建设国家战略科技力量和能源与化工创新高地，为建设世界科技强国贡献石油力量。

2023 年 5 月，中国石油首次进入"全球最具创新力公司 50 强"。

加快实现高水平科技自立自强，是推动高质量发展的必由之路。中国石油坚持把科技创新摆在公司发展全局的核心位置，不断健全完善体制机制和配套政策措施，着力在提升科技创新实力上下功夫，在关键领域、"卡脖子"的地方下功夫，全力打造原创技术策源地，当好现代产业链链长，推动自主创新能力从跟跑为主、局部领先向部分领跑、整体提升深刻转变，勇当国家战略科技力量。瞄准基础应用技术、行业共性技术、前沿领先技术，明确各业务板块技术研究领域和主攻方向。

"一带一路"倡议提出并拥抱世界的十年，是中国石油海外业务发展最为迅速、质量和层次再上新台阶的十年。油气合作项目从最初的传统陆上油气项目延伸到非常规、极地、海上等前沿领域，上下游一体化的完整油气产业链成为中国石油特有的竞争优势。合作伙伴从资源国政府、国家石油公司，拓展到壳牌、埃克森美孚、道达尔等国际大石油公司，中国石油在国际油气市场的竞争力和影响力持续提升。中国石油的海外油气合作有力带动了"一带一路"油气合作规模和领域不断扩大，其中科技创新成为推动海外业务高质量发展的强劲引擎。

光荣出海，让中国石油的一流品牌走向世界，而中国石油一流品牌的背后，是中国石油的一流技术。中国石油科技经过大半个世纪发展，形成了具有自己特色的石油科技理论与先进适用的石油工程技术，具备开发石油上下游大型项目的综合配套、先进实用的技术和能力；在油气勘探、开发生产，特别是在开发低渗透油田和油田开发后期提高采收率方面，具有很强的技术实力。在中国行之有效的石油理论和应用技术，多数可以运用到国外。中国石油企业有能力为资源国提供技术人才支持，共同开拓更广阔的合作空间。

阿布扎比公司，作为中国石油海外权益产量最高的项目之一，是中东地区的旗舰项目，搭建了CNPC先进技术走进海外高端市场的平台、上下游一体化协同发展的平台、向国际油公司学习勘探开发管理经验的平台，创造了"三位一体"技术支持体系，充分发挥了CNPC综合一体化优势，拓展了CNPC在阿油田服务市场范围，实现了中方利益的最大化。通过核心技术攻关和工程科技创新上的突破，实现了中国石油科技在海外高端市场上的"亮剑"，让"中国方案"扬威阿布扎比。

深探：特色技术赋能勘探开发，助力阿布扎比获得重要潜在商业性发现

中东地区是全球油气资源的富集区，原油可采储量和产量分别占全球的 47% 和 34.5%。巨大的资源优势、较低的开采成本使得中东地区成为国际石油公司必争的高端油气市场，是我国深入推进"一带一路"能源合作的重点领域，也是中国石油重点打造的海外高端油气合作区。

值得注意的是，中东地区优质海相砂岩油藏及均质碳酸盐油藏等优质资源经过多年开发，面临采出程度高、含水持续上升、产量不断降低的严峻形势，整体处于开发中后期。而巨厚碳酸盐岩油藏的复杂特性导致该类油藏在开发中面临诸多现实的挑战：储层非均质性极强，内幕结构及成因机理不清；衰竭式开发压力下降快、产量递减大，注水后容易产生快速水淹，全面均衡开采面临巨大挑战；钻井易卡易漏，高盐高酸性环境腐蚀结垢，井下及地面设施防腐控制等关键工程技术制约油田快速建产和稳产。这些系统性的世界级难题，国内外没有成熟的技术和经验可以借鉴。

中国石油摒弃西方石油公司对巨厚碳酸盐岩油藏的已有观点，大胆探索，创新多项油田开发理论认识，创新建立缓坡台地碳酸盐储层迁移叠置模式，创新"隐蔽"隔夹层、"贼层"成因机理认识，创新孔喉结构多模态、多模态储层差异渗流场水驱油理论认识，在国际上首次建立了"贼层"定量识别标准和空间刻画技术，提出了利用和规避"贼层"的注水开发策略，建立了不同类型碳酸盐岩油藏高效注水开发模式，填补了国内外该领域的技术空白。在理论、技术创新的基础上，建立了两类规模上产开发模式，应用于巨厚碳酸盐岩油藏开发实践，显著提升了油田开发水平，支撑中东地区作业产量由 2009 年的 107 万吨增至 2019 年的 1 亿吨。"中东巨厚复杂碳酸盐岩油藏亿吨级产能工程及高效开发"成果荣获 2019 年度国家科技进步奖一等奖。

专家团队赴阿联酋开展野外露头考察

第6章 扬威海外的"中国方案"——中国石油阿布扎比公司的重要技术贡献

科技创新助力中东建成我国海外首个原油亿吨级产能合作区，同时也在阿布扎比这个中东高端市场充分展示了中国石油雄厚的技术实力。

中国石油勘探技术助力阿布扎比陆海项目实现20世纪60年代以来首次获得潜在商业性发现。

20世纪50年代开始，国外石油公司勘探陆海项目一区块60余年、钻探11口井未获规模商业发现而退出。中方取得陆海项目权益后，阿布扎比公司按照"加强研究、整体部署、分批实施、效益勘探、滚动发展"的勘探策略，发挥中国石油一体化优势，组建由勘探院、BGP等单位组成的技术支持团队，进驻陆海作业公司开展地质、地球物理综合研究，针对"烃源岩生烃潜力认识不清楚""低幅度构造和岩性圈闭刻画不准确"和"油气成藏主控因素不明确"等众多关键地质问题开展攻关。通过中方主导的综合地质研究工作的开展，在烃源岩生烃潜力、低幅度构造和岩性圈闭刻画精准刻画、非构造油藏成藏模式及主控因素等关键地质问题上均获突破性认识，提出了基于构造背景下的岩性目标勘探新思路。2017—2018年部署实施的XN004和NN005井喜获油流，首次在该区域获得潜在商业性发现，更是中白垩统岩性地层油气藏重大发现，两口井预计新增石油地质储量1960万吨。经过圈闭筛选和排查，明确一区块剩余圈闭36个，地质资源量2.45亿吨油当量。陆地广泛发育类似Nahaidiin三维区Mishrif油藏的构造岩性目标，剩余未钻圈闭23个。

陆海项目作为边际项目，地质上存在距离主力生油凹陷较远，圈闭类型多样，成藏规律复杂等特点。在多家石油公司接连失利的背景下，阿布扎比公司发挥一体化优势，稳步推进三维地震采集，让中国技术在阿布扎比的石油地质勘探中大显神威，NN005井一举发现中白垩统Mishrif组盆缘缓坡高能滩相油藏勘探潜力，并证实了Shilaif源岩生烃潜力及东南部构造岩性圈闭的勘探潜力。XN004井发现了一个中白垩统Tuwayil薄层砂岩油藏，证实了Tuwayil砂岩具备大面积含油的广泛勘探前景。两口井成功是阿联酋西部近60年来首次获得潜在商业性发现，成功开辟了阿联酋西部陆上中白垩统礁滩岩性圈闭勘探新领域，让阿布扎比这个油气高

2023年海上自升式平台钻机 Al Qarine 开钻前现场股东验收

端市场，见证了中国石油的技术实力，也让西方公司解决不了的难题，通过中国方案得以解决，赢得了资源国的信任和陆海项目勘探部署主导权，为 2017 年中国石油顺利中标阿布扎比陆上项目和 2017 年顺利中标海上项目，起到了重要的积极作用。此外，在两口井获得突破的基础上，进一步识别出一区块东部及东南部为 Mishrif 优质滩体储层发育带，剩余未钻（经济）目标 18 个，预测风险后资源量约 1.9 亿吨；Nahaidiin 三维区 Tuwayil 油藏预测区带地质资源量 927 万吨。展示了一区块较大的勘探潜力。为中国石油继续拓展阿联酋后续项目、继续做大中东地区油气业务奠定了重要基础。

在陆上项目，阿布扎比公司认真贯彻落实集团公司对海外油气勘探工作的整体部署和工作思路，践行新理念、展现新作为，重新梳理油气资源潜力，科学优化勘探部署策略，新增 5 亿桶地质储量重大发现，该新发现是中国石油参股 ADNOC 陆上项目以来最大的勘探发现。

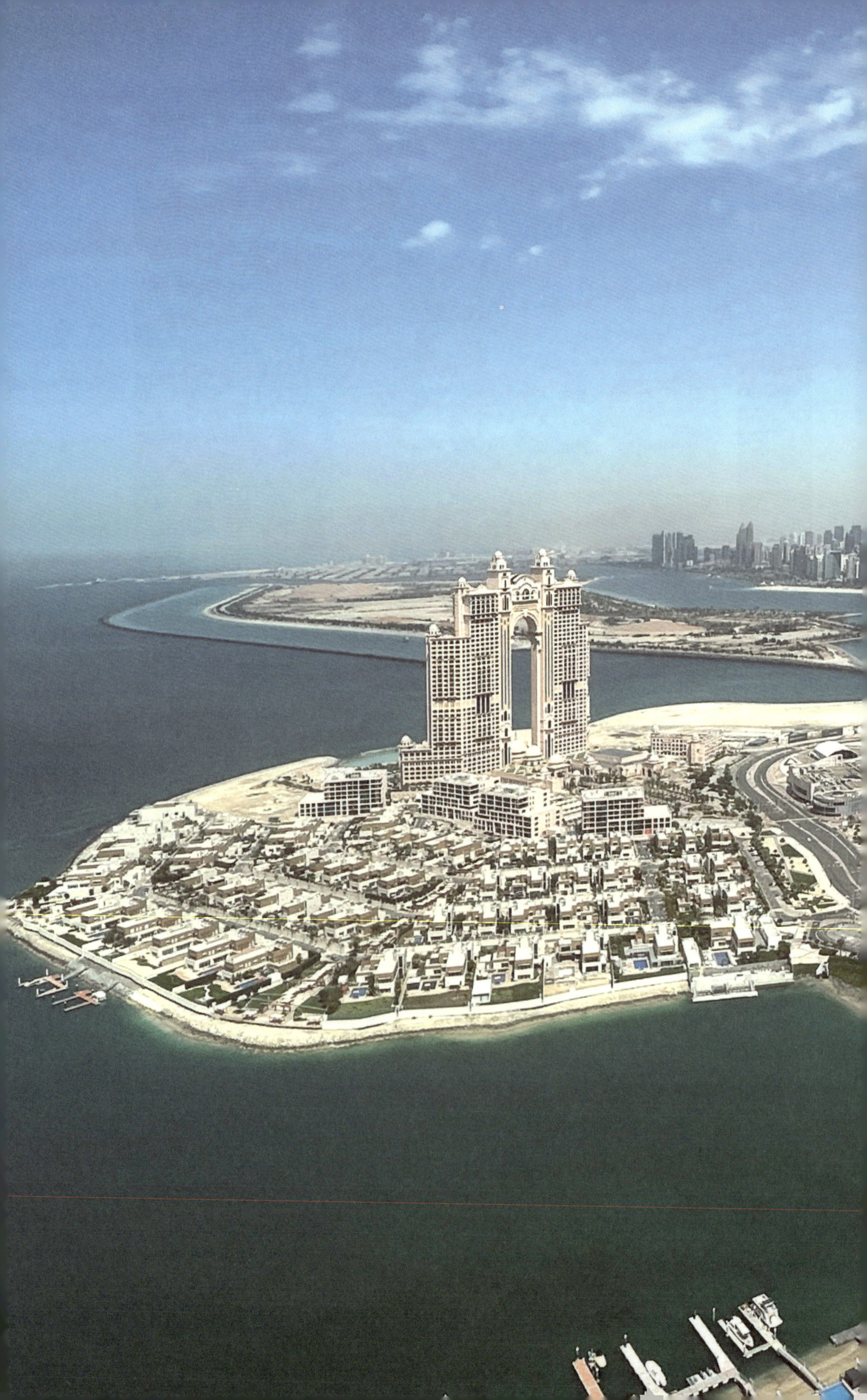

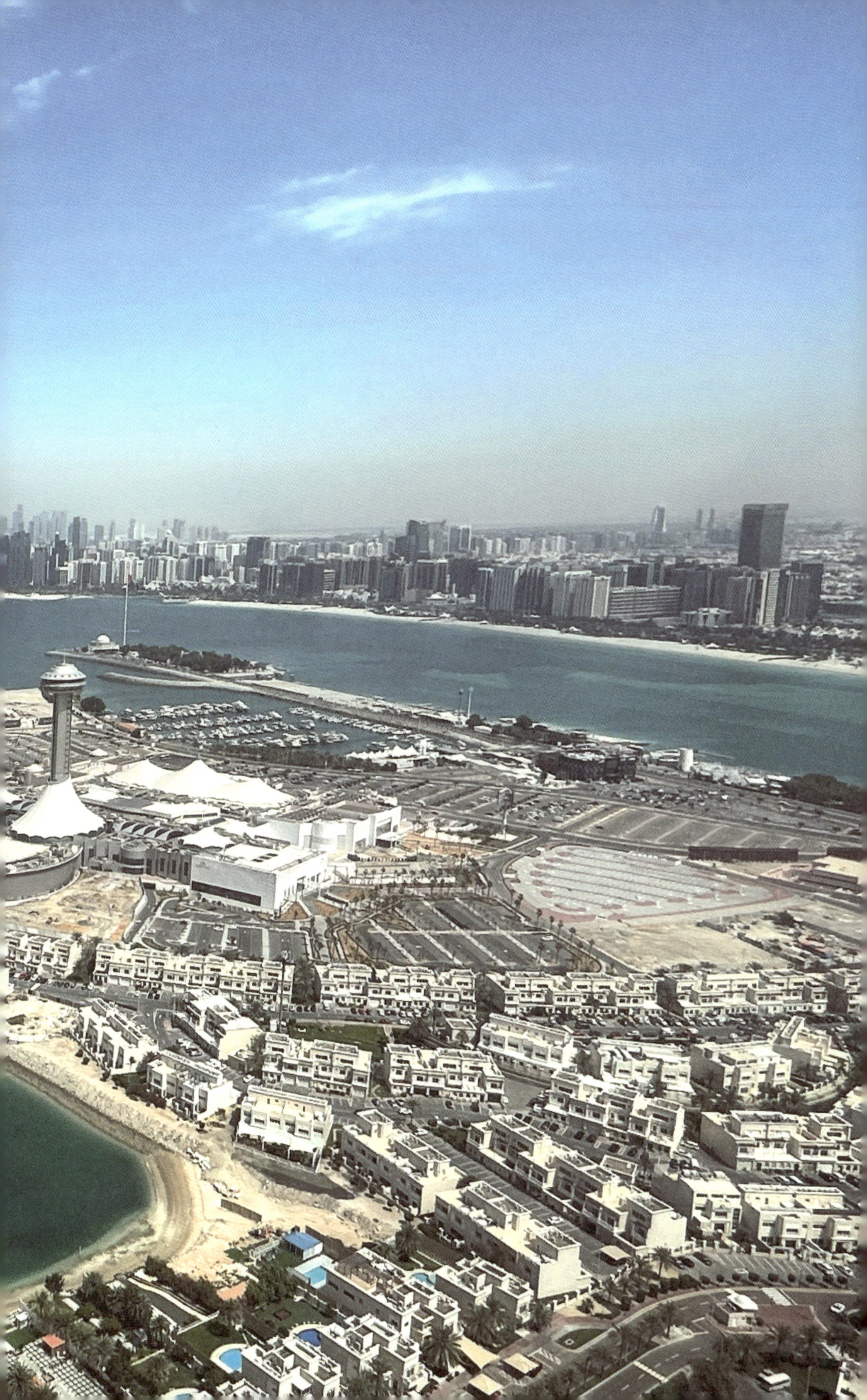

第 7 章

同台竞合的广阔舞台 ——
中国石油阿布扎比公司的国际合作经验

1993 年以来,在国家"走出去"战略方针的指导下,中国石油坚定走出国门、实施国际化经营,取得了重大历史性成就。2022 年年底出版发行的《央企与全球化》讲述和总结了中国石油海外业务发展的成功实践,并对中国能源央企"走出去"和国际化经营能力提升进行了深度思考。书中曾这样总结中国石油三十年海外发展成就:

首先,体现为保障国家能源安全的主力军。经过近 30 年的海外开拓,中国石油充分发挥上下游一体化和国内外一体化优势,利用"两种资源、两个市场",撬动与资源国政府和国际油公司的上游油气合作。目前,中国石油在全球 30 多个国家运营管理着约 90 个油气投资项目,在近 70 个国家运作着 1200 多支工程服务队伍,以及遍布全球的油气贸易网络,形成了"5435"的海外业务发展格局,即建成了中亚 — 俄罗斯、中东、非洲、美洲和亚太"5 大油气合作区",横跨我国西北、东北、西南和东部海上的"4大油气运输通道",以及根植于亚洲的新加坡、欧洲的伦敦和北美洲的休斯敦的全球"3大油气运营中心",培育发展了实力雄厚的工程技术服务、工程建设、装备制造、金融保障和后勤服务"5大业务体系"。通过"4大油气运输通道",中国石油每年进口原油逾6000万吨,占全国进口量的12%;进口天然气超千亿立方米,占全国进口量的60%,有效保障了国家能源安全。

其次,加快了中国石油国际化进程。经过近30年的海外拓展,中国石油形成了8934亿元的海外资产、1亿吨的海外油气权益产量以及11万海外员工的"家底",其跨国指数达到25.54%,连续11年蝉联"中国跨国公司100大及跨国指数"榜首,国际影响力持续上升,是中国企业"走出去"的"领头羊"。中国石油在"走出去"的过程中,帮助苏丹、尼日尔等发展中国家快速实现本地工业化,进一步扩大了中国经济的全球化影响力。

最后,为"一带一路"建设注入强劲动力和新鲜活力。经过30年的海外拓展,中国石油基本完成了在全球的业务布局,其核心资产大部分位于"一带一路"区域内,成为拥有"一带一路"建设先发优势的中国企业。自1997年起,中国石油就在中亚、俄罗斯地区和中东地区等"一带一路"重要节点国家开展油气投资合作,分别在伊拉克、哈萨克斯坦、俄罗斯、土库曼斯坦、乌兹别克斯坦等"一带一路"共建国家建成投产了一批重大油气基础设施项目,并通过实施中哈、中亚、中俄和中缅等跨国油气通道互联互通工程,带动了当地油气资源的开发和输出,促进了当地经济社会发展。同时,充分考虑当地政府和社区的合理关切,帮助改善当地民生设施,造福当地人民,构建和谐友好的外部可持续发展氛围。在国务院国资委评选的十大"一带一路"经典案例中,中国石油占据3席。

当前,中国正在日益走近世界舞台中心,其背后是一批中国跨国公司成为世界经济发展的"领头雁",中国石油正是中国能源企业"走出去"的佼佼者,而阿布扎比公司作为"一带一路"上的国际油气合作的"丝路明珠",国际合作与交流的成果亮眼,带来的经验和启示弥足珍贵。无数专家学者对中国石油海外业务经验的总结，也可以在阿布扎比公司这个"观测样板"中找到答案。

铁律：遵循中国石油海外业务拓展的成熟经验

回首十年来，中国石油阿布扎比公司走过的海外合作之路，大体遵循了中国石油海外业务的成熟经验。

一是恪守国际惯例，敬畏国际规则。这是中国石油长期积累的最佳实践。阿布扎比公司在项目开发上，建立严格的项目筛选和决策体系；在项目建设上，采取国际通用的项目管理模式；在项目运营上，采取完全国际化的方式；在项目经营过程中，充分贯彻"合同为宪法"的原则，严格遵守阿布扎比的"矿税制"合同，并在资源国的规则之下灵活拓展自己的价值空间。

二是在海外业务发展上，抓好以项目为核心的业务线和以人才为核心的管理线。中国石油长期坚持"项目化"运营，坚持"一切为了项目，从项目中来、到项目中去"的理念，坚持"项目是核心"的原则不动摇。阿布扎比公司，高度重视石油合作项目合同，坚持"项目合同是宪法"，项目合同条款的好坏决定了项目的先天基因，否则后天再努力，其效果也将是事倍功半。

三是在项目管理上，以"抓大放小"，逐步构建"卓越全球化、卓越本地化"的运营管理模式，实现管控模式升级。一方面，阿布扎比公司放眼全球，系统深入地对标国际大石油公司（IOC）和国际化国家石油公司（INOC）的实践，充分借鉴国际同行们在上百年的发展中积累的"卓越全球化、卓越本地化"管控经验，提升专业化管理能力，提高本地化运营效率，实施"拿来主义"；另一方面，阿布扎比公司继承并发扬多年来"走出去"取得的比较优势，不妄自菲薄，并坚持问题导向，结合自身的管理特点与业务实际，构建起与发展规模、业务能力和发展阶段相适应的管控模式。

四是坚持市场化运作，把生产经营放在第一位。阿布扎比公司，始终突出"油气生产经营"这一核心，把经营放在第一位，管理工作和管理者找准定位，即管理就是为经营服务。阿布扎比公司围绕石油和天然气的上下游产业链来运营，采取"运营控制型"或"运营控制+战略控制"的混合型运营管理模式，始终把企业的生产经营是第一位，要把成本管理、战略管理放在重中之重的位置。

融合：让中国石油的"一体化"对接海外业务的"国际化"

长期以来，中国石油坚持"全球化思维、差异化定位、专业化管理、一体化运作、本地化立足"，带来了高效率和高效益，创造性地将遵循国际惯例与发挥自身综合一体化特长相结合，带动了行业的整体发展。中国石油阿布扎比公司正是得益于理念创新，并充分发挥比较优势，通过融合创新，让中国石油的"一体化"有效对接海外业务的"国际化"。

综合一体化和举全集团之力发展海外。综合一体化是中国石油的独特优势，也是"国家石油公司"这个群体的独特业务模式。这种"上下游、甲乙方"一体化的模式用好了，其效用是那些国际大石油公司难以比拟的。这种模式最大的好处一方面可以降低交易成本，另一方面可以进行全价值链的投资与建设运营，为资源国提供"整体解决方案"。而整体解决方案是资源国青睐的。中国石油的综合一体化优势，对接阿布扎比这个高端油气市场的"国际化"，产生了融合叠加效应。

一是争当作业者策略。这一策略的背后构建了一套倒逼中方能力提升、在作业公司中当"领头羊"的机制；造就了合并报表的机制，海外大部分项目的财务指标可以并表，快速提升了海外业务的硬实力；奠定了快速高效建成大型项目的能力，中国石油主导作业的项目往往能够提前投产，其时间价值效应十分明显。

二是实践跟随策略。具体到中国石油海外业务而言，主要是跟随国际大石油公司的先进、成熟做法，恪守国际规范，实现海外业务的优质高效发展。阿布扎比公司，始终恪守国际规范，就是严守国际惯例，遵循市场规范，强化科学管理，在竞争中成长，在合作中超越。特别是在同道达尔、BP这样的国际高手"过招"，让中国石油快速积累在阿联酋这个高端市场立足发展的经验，阿布扎比公司，能够两次担任陆上项目资产领导者，正是在"一体化"优势中，实践跟随"国际化"示范的结果。

三是母市场优势驱动策略。美国经济学家保罗·克鲁格曼（2008年诺贝尔经济学奖获得者）于1980年提出"母市场效应理论"。即企业为了降低投资与贸易成本，追求规模效益，在存在收益递增和贸易成本的情况下，更加愿意在具有较大需求的国家生产产品，并出口到其他国家。具体到中国石油而言，在中国市场培育起来的技术、人力资源、工程技术服务能力几乎可以"无偿"反哺到海外业务上，而无需产生技术研发和转让成本、高端人才转让和高薪酬成本，这才是中国石油一体化发展的比较优势所在。可以说，中国石油在国内强大的综合实力是阿布扎比公司在阿联酋得以施展拳脚的核心支撑。特别是在人才与技术的支持下，中国石油在阿布扎比的成功，是可谓举全集团之力，拿下的发展成就。

四是国家竞争优势驱动策略。战略大师迈克尔·波特率先提出了"国家竞争优势理论"，即一国的国内经济环境对企业开发其自身的竞争能力产生重要影响，其中影响最大、最直接的"四要素"包括要素条件，需求条件，相关及支持产业，公司的战略、组织以及竞争。在一国的许多行业中，最有可能在国际竞争中取胜的是国内"四要素"环境对其特别有利的行业。"四要素"环境是产业国际竞争力的重要来源。具体到阿布扎比公司而言，是公司内部的生产要素的低价格造就了跨国经营的低成本优势；需求要素（广阔的国内市场）促进了海外业务的加速发展；相关和支持产业的发达造就了综合一体化的比较优势。

五是专业化发展（目标聚集）策略。这一策略的核心就是专业专注。具体到中国石油而言，专业化子公司管理模式，专注于上游勘探开发，专注发展海外业务也是跨国经营相对成功的重要原因。专业专注，就是以专业化的方式合作，以职业化的行为干事业，聚精会神、扎扎实实，不浮夸、不浮躁、耐得住寂寞。

探索：逐步探索完善"三位一体"行权管控模式

十年来，阿布扎比公司完善"技术方案把关、股东会议决策、派员推动落实"的"三位一体"行权管控模式。阿布扎比公司发挥中国石油综合优势，探索建立了由中方技术支持团队负责把关优化作业公司作业方案、各层级股东会议负责决策部署、作业公司中方派员负责推动落实的"三位一体"行权管控模式。三者相互配合、相互作用，确保中方策略得以实施。坚决实施降本控费，最大限度控减项目运营成本。牢固树立过"紧日子""苦日子"的思想，履行节约、落实"一切成本均可降"理念，严格控制项目运营管理成本，努力实现项目全年控减管理费用20%以上。不仅要节流，还要开源，除了"再拧毛巾"，还要寻找新的增长点，推动中方支持团队参与联合公司研究支持。

极力实施共享策略，把"资源优化配置、项目建设降本、生产经营增效"贯穿于项目运作的全过程。陆海项目一期工程通过推动处理设施共享，极大提升了项目内部收益率。在陆海项目二期工程建设中，推动落实了设施进一步共享，有效降低项目建设预算。当前，在陆海项目海上区块老油田开发方案编制、陆上区块勘探评价建产、陆上项目上产和海上项目工程建设中，毫不犹疑推动设施共享，实现降本增效。

着力突出技术引领，以创新技术应用和方案优化保障增储上产和降本增效。高度重视技术创新应用在提质增效中的基础性作用。深化碳酸盐岩岩性地层圈闭勘探研究，不断丰富和完善"构造控势、滩礁控藏"理论认识和技术方法，降低勘探风险，提升探井成功率。落实"效益勘探"要求，深化勘探潜力分析和目标风险排队，优先部署风险低、投资小的目标，暂缓实施风险高、投资大的探井钻探，策略性延迟中方独资的海上深层天然气探井。

不断优化开发方案，强化"复杂碳酸盐岩开发技术"应用，优化开发井井数，实现以最少井达到稳产和上产目的。优化钻井设计和作业程序，推动鱼骨刺井、最大储层接触面积井增产措施等新技术应用，降低钻井和完井成本。推进数字化转型，联合 ADNOC、合作伙伴推动人工智能、大数据、物联网等信息技术应用。

毫不松懈抓好新冠肺炎疫情防控和安全环保工作，筑牢项目生产营运的防护墙。坚持按照集团公司疫情防控的方针和部署，严格落实疫情防控举措，细化防控管理网格，确保不发生感染病例，切实保护员工健康安全。持续深化安全教育，排查安全隐患，杜绝产生安全环保事故。以"零疫情、零事故"筑牢项目提质增效的防护墙。

持续加大员工素质培训，锻炼一支敢打胜仗、能打胜仗的石油队伍。当前项目人员配置与当地高端油气市场的要求仍然还存在一些差距。加大对员工的素质培训，最大限度发挥现有人员的作用。通过"传帮带""师带徒"方式，培养和锻炼年轻员工。开展"专家讲堂"等活动，强化商务、外语、专业全方位培训，坚定理想信念，提升综合素质。锤炼一支忠诚担当，敢打胜仗、能打胜仗的石油队伍，是取得疫情防控和效益实现"双胜利"的有力保障。

分享：稳步推进中国石油特色先进实用技术与合作伙伴的共享推介

分享是合作的真谛。ADNOC 高层始终对新技术推进极为重视，呼吁国际股东在推进创效新技术应用领域分享经验，以加快新技术应用和创效的节奏。在集团公司相关部门的指导和支持下，阿布扎比公司按照主技术协议（Master Technology Agreement）开展了成熟技术推介工作，在生产优化、钻井提效、油藏模拟、资产完整性、环境与可持续发展等方向推荐了相关成熟技术。

一是通过阿布扎比国际石油展和圆桌会议等综合推介。2023 年 10 月 2 日至 5 日，第 39 届阿布扎比国际石油展（ADIPEC 2023）在阿联酋阿布扎比国际会展中心成功举行。本届展会主题是"携手、更快、减碳"。

展会特设四大专题展区，内容广泛涉及能源相关的技术、创新、合作和数字化转型等领域，为促进行业间的合作和创新提供了平台，吸引了来自 30 个国家的 2200 多家企业、超 16 万名能源专业人士参加，为历届展会规模之最。

从 2014 年至 2023 年，中国石油作为展商，共参加了 10 届 ADIPEC，通过 ADIPEC 积极扩大海外朋友圈，在国际舞台上彰显中国石油品牌形象。在此次展会上，中国石油全方位展示了在共建"一带一路"的十年间，高质量发展和国际化经营取得的成果，介绍了打造"数智中国石油"和"绿色中国石油"的智慧方案。展台吸引了包括阿布扎比王储、ADNOC 总裁、阿联酋能源和基础设施部部长、ADIPEC 委员会主席等在内的多位阿政府高层驻足参观。中国驻阿联酋大使一行也专程来到中国石油展台参观调研，了解中国石油在阿联酋的业务发展情况。

此外，中国石油还组织学术论文作者团通过主持学术会议、宣讲学术论文、开展专题讲座等方式，展现中国石油强大的科研实力。

2022 年 11 月 30 日，ADNOC 组织召开上游先进技术圆桌会议，时任 ADNOC 上游执行董事 Yaser Saeed Almazrouei 先生主持会议，

中国石油参加 ADIPEC（阿布扎比国际石油展）会议

ADNOC 6 家集团子公司和 9 家国际股东代表共 80 余人参会，中国石油代表在发言时表示，关于先进技术的引入阿联酋，一是应用先进实用技术以提高效率并降低成本的重要性，以 NEB Al Nouf 油田从水气交替注入转加密水驱，矿场试验表明油藏压力回升，气油比下降，同时降低了注气费，提质增效效果明显，为 NEB 油田开发创造了价值；二是致力于以低成本先进新技术提升效率，以陆海项目 Arab D 致密油藏开发为例，经过中国石油团队的努力，通过将原酸压方案调整为鱼骨刺完井方案，单井节约了近 1350 万美元投资，初产为原方案的 3 倍以上，目前仍持续稳定生产。Yaser 先生对此观点表示赞赏并进一步沟通。

2022 年 11 月 28 日，阿布扎比陆上项目组织召开首届技术之路展会，中国石油代表与陆上项目技术中心技术责任人深度交流，仔细询问了技术细节和实施情况，并与 ADNOC 生产局局长、ADNOC 陆上作业公司 CEO 及 ADNOC 酸气作业公司 CEO 交流中国石油先进实用技术，展示中国石油技术理念，就陆上项目进一步技术推介提出建议。通过中国石油团队与技术中心的进一步交流，建立了定期沟通机制并将定期展开中国石油专场技术推介研讨会。

二是通过陆上项目股东技术研讨会具体技术推介。作为负责任的股东和资产领导者，在完成业绩合同要求的前提下，为贯彻集团公司科技大会精神，发挥科技支撑当前、引领未来作用，推动数字化转型、智能化发展，通过精心组织和不懈努力，与 ADNOC 及其子集团公司和相关资产组建立沟通机制，多层次推进中国石油特色的先进成熟技术在中东高端市场应用。

2022 年 11 月 24 日，阿布扎比陆上项目召开第三届股东技术研讨会，ADNOC 所属子公司和陆上项目 6 家国际股东 300 余人在 9 个专业分会场参会，阿布扎比公司各专业部门、技术分中心和推介团队积极参会，并与国际同行深入交流技术内涵、适用性和经济合理性，会议取得圆满成功。经过 ADNOC 技术团队的层层筛选，29 项国际股东技术被选为本次技术推介会展示技术，其中中国石油 7 项技术，推介数量位居 6 家国际股东的

阿布扎比陆上项目股东技术研讨会

第二位，其中无线腐蚀检测、不确定性软件、数字岩心、钻机自动化改造等4项技术开展深入推介，钻机自动化改造技术已经通过技术委员会审核并将开展矿场先导试验商务流程。

按照集团公司工作部署，阿布扎比公司坚定信念，继续有序将中国石油先进成熟技术推向中东高端石油市场，推进与ADNOC高级专家团队的进一步交流。

2023年10月18日，ADNOC陆上项目组织召开第四届国际股东技术研讨会，ADNOC所属子公司和陆上项目6家国际股东500余人在12个专业分会场参会。在本次技术研讨会上，阿布扎比公司从ADNOC所属子公司和陆上项目6家国际股东中脱颖而出，技术宣讲数量和种类位居国际股东之首，本次宣讲的技术涵盖钻完井、能源效率与环境、地球物理新技术、井完整性、设施完整性、生产保障、油藏监测与管理、数字化与人工智能这8个专业领域。其中，井完整性实时监测技术和大规模水力压裂技术得到了国际同行的高度关注和积极评价。

根据前三次技术推介会积累的经验，阿布扎比公司会前提高站位，认真部署，精雕细刻推介先进实用技术。会中精心组织，多方努力，与国际股东同台竞技和探讨。会后紧扣时机，总结提升，助力科技引领和高质量发展。在本次技术研讨会上，阿布扎比公司抓住 ADNOC 要求国际股东分享成熟技术的契机，充分发挥一体化优势，携手迪拜研究院和技术开发公司，在勘探院、工程院等科研单位及宝石机械等装备制造企业的大力支持下，提前着手组织分析 ADNOC 陆上项目 180 项技术挑战，结合股东技术会掌握的技术重点，精心组织修订完善技术方案，精雕细刻先进成熟技术推介交流材料，多次组织开展模拟演练，并结合历年经验完善演练细节，成功在国际舞台上擦亮了中国石油科技创新的"金名片"，为有序推进中国石油先进成熟技术走向中东高端油气市场打下了坚实基础，也为持续提升中国石油的国际市场竞争力贡献了力量。

股东技术推介会提供了国际先进成熟技术的交流平台，与会专家反响强烈并就技术细节进行探讨，取得了预期效果。根据 ADNOC 反馈，2023 年推荐 16 项技术中 3 项已经被采纳并将进入深度推介阶段，5 项技术临时采纳并将进一步交流，3 项技术将根据审核部门反馈后开展下一步工作。

阿布扎比公司锚定高质量发展目标不放松，继续有序将中国石油先进成熟技术推向中东高端石油市场，力争在集团公司加快建设基业长青的世界一流综合性国际能源公司的道路上走在前、做示范，聚焦提高核心竞争力，增强核心功能，全面接轨国际化管理，提升与 ADNOC 的合作水平，为助力公司高质量发展和保障国家能源安全贡献科技力量。

吸收：坚持打造国际化学习型团队

在海外业务中学习提高，打造国际化学习型团队，也是阿布扎比公司积极拓展海外合作、提升海外业务能力的重点。阿布扎比公司始终将青年员工的培养锻炼作为重要任务，充分利用好阿布扎比高端油气市场平台，强化专业技术培训，持续推进技术和商务研讨与融合，努力打造学习型团队，为海外业务的优质高效发展奠定高质量人才队伍基础。

一是开展生产作业团队井控培训研讨与海外业务钻采技术培训。阿布扎比公司作为小股东,努力打造学习型团队,十分重视井控安全学习和经验分享。为贯彻落实集团公司和本部井控工作部署,2022 年 2 月,阿布扎比公司生产作业团队开展了井控专题学习研讨会,着重剖析了陆海项目井控管理制度、装备管理、风险管控和过程管理。工程院专家介绍了陆上项目井控管理原则、压井程序、井控装备、防喷器试压要求、作业过程中的井控要求和井喷失控处理,并结合现场工作分享了与井控有关的案例和认识。CPOE 专家介绍了海上项目井控管理实例,分析了直接原因和根本原因,并提出了改进井控管理的建议。2022 年 8 月,阿布扎比公司相关人员和技术支持专家 14 人参加海外钻采工程技术研讨会,与中油技服同行探讨海外安全高效钻完井技术、优快钻完井一体化保障技术与海外项目钻完井难点及技术对策、海外复杂地层钻完井技术一体化解决方案、海外项目低产低效开发技术、注堵水技术和井筒治理与储层改造技术等钻采最新技术进展,结合项目钻采方面挑战和目前对策,与同行商讨技术先进实用性及经济可行性,持续推进中国石油先进实用技术在高端市场的应用。2022 年 9 月中旬,阿布扎比公司组织

阿布扎比公司 2023 年知识产权宣传周活动会议

专家参加海外业务措施运行及效果培训，对已投产的油气水井采取补孔、压裂、酸化、防砂、分注和调剖等一系列技术措施进行讨论，进一步规范海外油气水井措施分类、准确评价措施效果，为油气田开发科学决策提供依据。通过系列培训、学习和实践，助力公司持续建设高端市场学习型团队和健康持续高质量发展。

二是积极开展促进学习型团队建设的相关活动。2020年以来，阿布扎比公司严格遵守国家和阿联酋知识产权相关规定及合同相关要求，积极推进中国石油特色先进实用技术在作业公司的应用，中阿合作日益密切，提升了中国石油技术引领实力，为公司实现海外油气权益产量1亿吨发挥积极作用。2023年4月20日至26日，阿布扎比公司根据集团公司和中油国际的部署，开展了知识产权宣传周活动。通过公司领导带头学习、专题讲座、集中学习《中国石油知识产权相关文件》以及各部门的培训和研讨会，提升了全员的知识产权保护意识。活动涵盖了知识产权基础、纠纷应对、高价值专利的筛选与管理等内容，推动了知识产权转化与应用，并增强了公司与ADNOC及国际股东的技术交流合作。

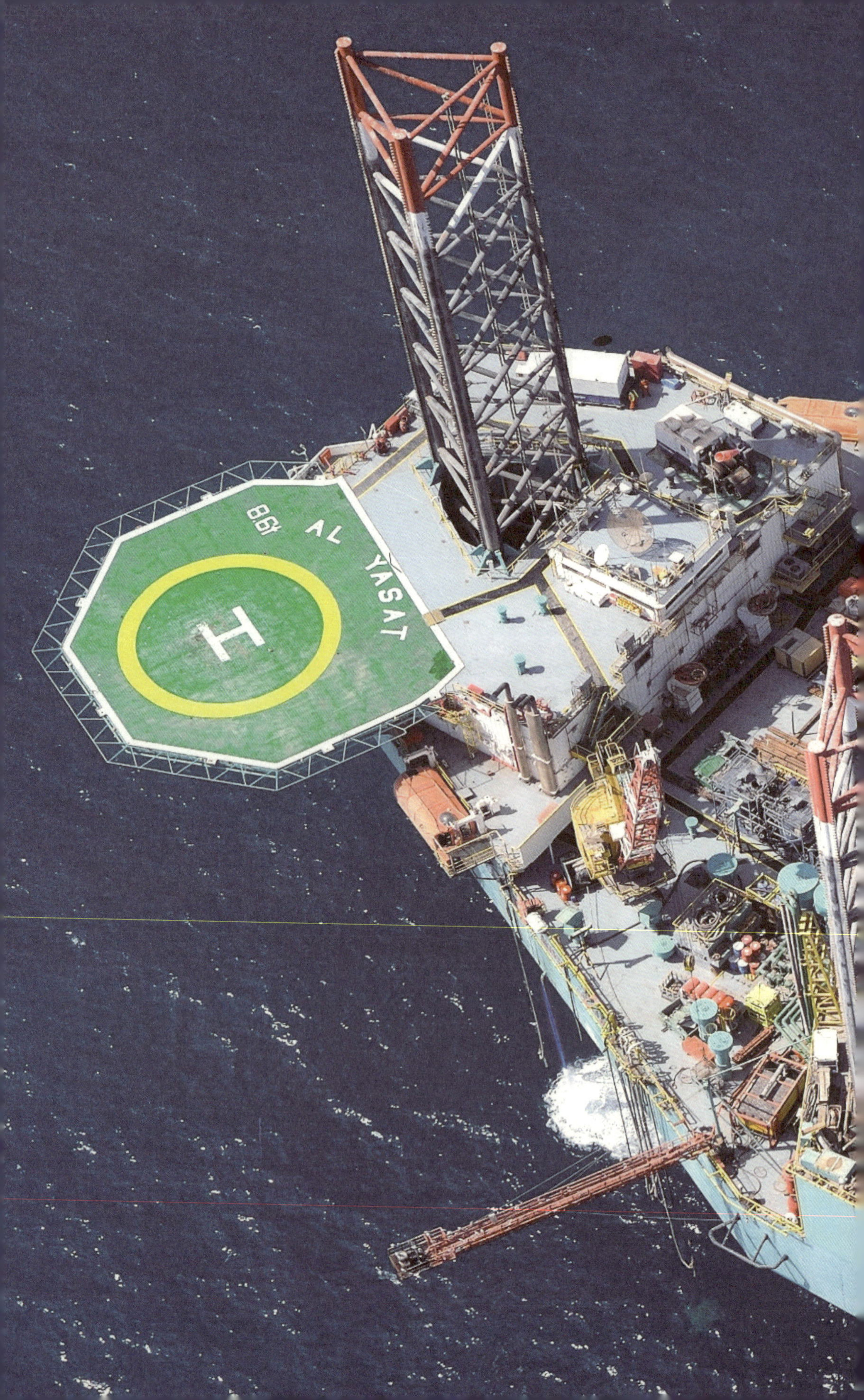
AL YASAT
H

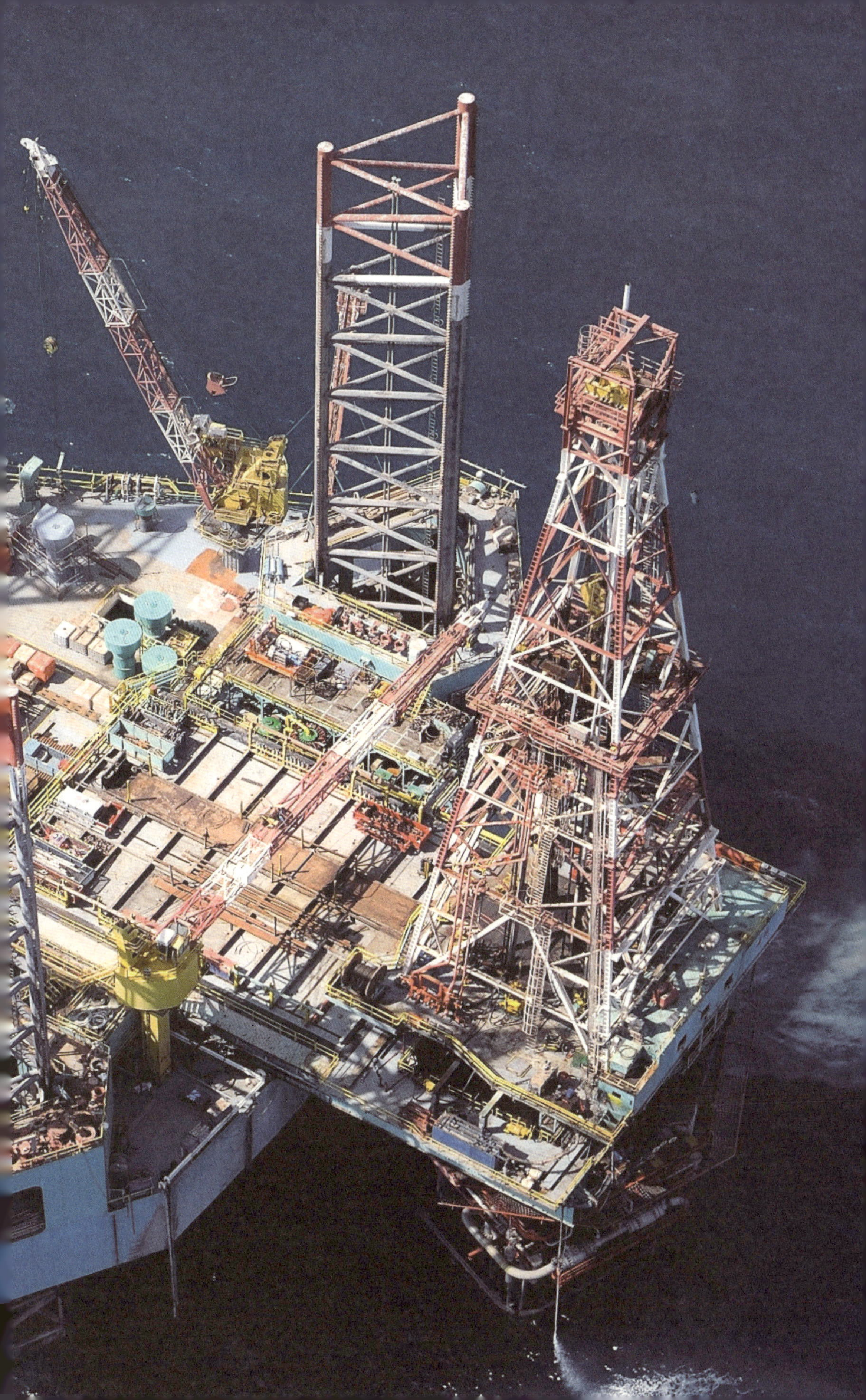

第 8 章

中阿友谊的石油纽带 ——
中国石油阿布扎比公司的海外形象树立

朗朗神州，传祚千载；漫漫丝路，泽遗百代。两千多年前，中国汉代的张骞两次出使中亚，开启了中国同中亚各国友好交往的大门，开辟出一条横贯东西、连接欧亚的丝绸之路。千百年来，在这条古老的丝绸之路上，各国人民共同谱写出千古传诵的友好篇章。

"风是永恒的旅行，它不会抵达，它的路途没有终点。"这句阿拉伯诗人阿多尼斯在诗集《风的作品之目录》中的诗句让很多中国读者领略到阿拉伯文化之美。"文明因多样而交流，因交流而互鉴，因互鉴而发展。"中国是文明古国，阿拉伯地区是人类古老文明的交会之地。在中阿友好交往的历史长河中，两大文明互学互鉴在人类文明交往史上写下了浓墨重彩的一笔。

历史上，通过丝绸之路，中国的瓷器、造纸术、印刷术一路西行，阿拉伯的天文、历法、医药万里东来，中阿人民把文明交流的成果传播四海，为推动人类发展进步作出了重要贡献。

今天，"一带一路"赋予古丝绸之路新的时代内涵。中阿人民在维护民族尊严、捍卫国家主权的斗争中相互支持，在探索发展道路、实现民族振兴的道路上相互帮助，在深化人文交流、繁荣民族文化的事业中相互借鉴，为世界文明交流互鉴提供了生动范例。

"我们不仅要做生意，更要交朋友！"这句话越来越成为中央企业在海外的真实写照。

伴随"一带一路"合作加深、中国企业"走出去"步伐加快，中央企业已成为践行人类命运共同体理念的"排头兵"。许多国家民众在现实中接触的第一批中国人，就是中央企业在海外的工作人员。可以说，中央企业就是一张日益亮丽的中国名片。

做生意讲求互利共赢，交朋友讲求真心换真心。只有积极履行社会责任，才能助力民心相通，对所有"走出去"的中央企业来说，这都是一个重要课题。那么，该怎么做才能在当地留下好口碑，扩大我们的"朋友圈"，展现中国的负责任大国形象？

2013年，中国国家主席习近平宣布打造"丝绸之路经济带"和"21世纪海上丝绸之路"的计划，通称为"一带一路"倡议。"一带一路"倡议借用古代"丝绸之路"的历史符号，致力于共同打造贸易路线，促进亚洲、欧洲和非洲之间的政策协调、基础设施连通、投资与贸易合作、金融一体化、文化交流和区域合作。

世界文明交流互鉴是增进各国人民友谊的桥梁，也是推动人类社会进步的动力。处在国际经济贸易合作交流第一线的中国企业，正是文明交流和文化融合的见证者、参与者和推动者。

而阿布扎比公司以自身的生动实践证明，文化融合不仅是企业跨国经营成功的重要因素，更是企业创新发展的强大动力。

阿拉伯谚语说："语言是叶子，行动才是果实。"十年来，在"一带一路"背景下,阿布扎比公司以实际行动,努力塑造中国企业的良好国际形象、努力讲好中国企业故事、努力传播中国声音。

在相关项目中,阿布扎比公司以股东行权方式参与项目管理,派驻中方人员和专家组在作业公司工作,在提高工作成效的同时接触了多种文化理念,同时输出了中国传统文化和现代企业经营理念。具体举措包括:以员工作为文化使者,通过工作建立密切关系,在日常生活中潜移默化地施加影响;积极参与当地的节日庆典,赠送具有中国文化内涵的纪念品;积极参与社会公益事业,彰显企业形象、国家风范。

当前是中阿两国交往的历史最好时期,经济合作广泛,文化交流繁荣。阿布扎比公司充分利用这一时机,加大企业宣传力度和投入力度,积极举办各种节日庆典和文体活动,不断扩大企业影响,推动中华文化走向世界。具体做法涵盖:以庆祝中国传统节日、重大庆典为契机,与作业公司携手举办活动,宣扬中国文化;参与社会公益事业,树立中国企业形象,构筑中国文化桥梁,促进文化交流;关爱国际雇员,展示大国风度,传递中国能量。

积极践行社会责任　展现中国企业的负责与担当

目前,中国企业正日益成为推动全球共同发展的重要力量和促进文明交流互鉴、增进民心相融相通的桥梁纽带。其中,中央企业主动担责,以过硬的技术为所在国经济社会发展作出贡献。接下来,中央企业也将坚持以高质量发展为引领,携手各方力量,共塑新时代中国企业全球形象。

在推进国际化经营过程中,中央企业始终把高质量发展作为一贯宗旨、把可持续发展作为不懈追求、把共同发展作为目标方向,不仅让中国产品、中国技术、中国标准走向世界,也推动了中国文化、中国精神、中国效率融入人心。

十年来,阿布扎比公司在与当地合作伙伴加强能源合作的同时,也积

向外籍员工介绍中国文化，探寻中华魅力

极践行企业社会责任，充分弘扬中国石油文化理念，树立了"负责任、有担当"的国际大公司良好形象。

在专注石油事业的同时，阿布扎比公司积极推进当地人才培养，因地制宜、因材施教制订员工培养发展计划，先后开展了 20 多门课程、40 余次建模数模培训，培训外方员工 1600 余人次。通过多层次、多形式技能培训，促进当地员工成长成才，加深当地员工对中国石油特色技术与理念的认同。

同时，为适应新形势、新要求，阿布扎比公司大力推进人才强企工程，加大国际化人才培养力度，发挥青年员工的积极性，不定期与 ADNOC 开展技术理论分享及成熟技术推介，培养出了一支专业精、敢担当、通晓国际商务经营的国际化人才队伍。

通过 ADNOC 组织的"青年委员会"活动，阿布扎比公司为阿联酋国民提供培训，宣传中国石油的理念文化。通过国际伙伴之间开展的交流活动，向国际股东展示中国石油的优秀技术。

现在，阿布扎比公司已逐步成为中国石油先进成熟技术走进高端市场的平台，成为中国石油与国际一流石油公司同台竞合的平台，成为促进中国同阿联酋文化交流的平台，成为积极参与全球能源治理的平台。

打造绿色丝绸之路　推进海外业务绿色低碳发展

当今世界正面临应对气候变化的紧迫挑战，推动绿色低碳发展已成为全球趋势。作为"一带一路"建设的先行者、主力军，阿布扎比公司认真落实习近平主席关于打造"绿色丝绸之路"的要求，厚植能源合作绿色低碳发展的底色，坚持绿色生产，加快布局新能源，积极参与全球气候治理，为建设繁荣、清洁、美丽的世界贡献石油力量。

阿布扎比公司始终坚持"在保护中开发、在开发中保护、环保优先"的原则，在能源合作项目中创新工艺技术、升级改造设备，运用多种绿色技术减少环境污染，使用清洁能源促进油田节能减排，致力于推动能源绿色低碳发展，促进生产与自然生态和谐共融。

十年来，阿布扎比公司始终贯彻集团公司的绿色发展理念，在国际化经营中注重环保合规、生态治理和生物多样性保护工作。积极完成环保风险识别自查、环保法规学习、环保知识培训等工作，严格遵守当地法规，未发生环境污染事件。

在帮助资源国实现油气产量目标的同时，阿布扎比公司积极推进清洁生产，为资源国"碳减排"目标的实现贡献力量，得到资源国政府的充分肯定，使中方话语权和影响力不断增强。

阿布扎比公司积极参与股东行权，在各层级的股东会议中积极宣传中国石油减碳排、降能耗的绿色发展理念，推广碳捕集存储与利用等先进技术应用经验，协助 ADNOC 制定减少温室气体排放的战略方案和实施路线图，促进当地经济发展绿色转型。

阿布扎比公司高度重视新一代绿色技术在传统业务领域的融合应用。陆海项目加快推进清洁能源和电气化等减排项目，开展鱼骨刺完井、智能泥浆等增产减排技术先导试验。陆上项目通过 NEB 资产领导者向资源国碳减排目标提供技术支持，编制包括网电代油、提高设备效率、碳埋存等

在内的碳减排方案，助力 NEB 资产组实现碳减排目标。海上乌纳项目计划实施提高能源效率和减少排放的 Das 岛氮气净化项目，并从国家电网全面进口绿色电力。海上下扎项目开展新型机器人技术试验，用于检测排放、监控设备，提高现场 HSE 管理水平和资产完整性。

阿布扎比公司还支持并完成了陆上项目 R/S 油田三期和 Al Nouf 油田北部过渡带转二氧化碳开发方案，通过初步审查，实施后年注二氧化碳规模将达到 400 万吨。

面向未来，阿布扎比公司将把绿色低碳发展融入能源合作全方位、全过程，深化与资源国和合作伙伴在绿色技术、绿色装备、绿色金融、绿色基础设施等方面的合作，奋力书写打造"绿色丝绸之路"的石油答卷，助力世界迈向"净零"未来。

以节日庆典为契机　　不断展示中国优秀文化底蕴

文化兴则国运兴，文化强则民族强。没有先进文化的积极引领，没有人民精神世界的极大丰富，没有民族精神力量的不断增强，一个国家、一个民族不可能屹立于世界民族之林。同理，一家企业如果没有深厚的文化底蕴，难免复刻国际市场对中国品牌的刻板印象。

在开展国际化经营的过程中，阿布扎比公司充分汲取塑造中华民族精神内核的文化养分，将其转化为企业形象特点、特质和发展优势，使中华文化成为中国品牌的精神内涵，使当代中国价值观贯穿于企业全球经营和国际交往的方方面面。同时，公司还将中华文化与企业治理深度融合，在实现自身高质量发展与世界深度互动中，将中华文化价值通过中国品牌的传承与创新释放出去，提升中国企业影响力。

2021年10月4日，为庆祝中华人民共和国成立72周年，陆海作业公司组织线上国庆庆典活动。公司精心策划了文艺表演、中国文化展示和答题环节。

活动中，中国石油派员家属许蓝心一首钢琴曲《莲花坞随想曲》宛如一幅中国山水画卷徐徐展开，引人入胜；

李荣、胡广成博士以丰富多彩的形式全方位展示了中国历史、地理、科技、服装、美食、风俗、风景等诸多文化内容，令人大开眼界；

在"跟我学中文"的在线互动环节，公司员工踊跃参与，轻松欢快；

紧张激烈的中国文化知识在线答题竞赛则将整个活动推向了高潮，中国石油和作业公司人员同场竞技，气氛热烈……

参与活动的阿方同事纷纷表示，本次活动加深了自己对中国文化的了解，对未来亲自去中国旅游、亲身感受中华魅力更加向往。

2022年9月8日，阿布扎比公司与陆海作业公司通过视频连线方式联合举办了中国中秋节庆祝活动。陆海作业公司全体在岗管理层及员工、ADNOC管理层及其他子公司代表、阿布扎比公司全体在岗人员悉数出席庆祝活动。活动中，中国石油员工子女以中阿两种语言朗诵经典古诗词并展示了中国书法。同时，员工介绍了中秋节的来历、风俗和神话故事，并与国际雇员进行趣味互动，共同体验中国文化。整个活动气氛温馨祥和，笑声和掌声久久不能停息。当时，在地缘政治加剧和新冠肺炎疫情持续蔓

与ADNOC公司员工共庆中国春节

延的形势下，此次活动组织意义重大，展现了中阿两国对持续深入双边合作的美好期盼。

春节是中华儿女最隆重的节日，是家人团圆相聚的欢乐时光。然而为了油气生产平稳进行，为了新冠肺炎疫情防控大局，2023年春节期间，阿布扎比公司的广大员工仍坚守在生产一线。为凝心聚力，振奋精神，促进文化交流融合，提升文化品牌影响力，2023年春节前夕，阿布扎比公司以"美好中国年"为主题，开展了一系列春节宣传活动——

春节来临，公司驻地张灯结彩，大红灯笼高高挂起，喜庆的福字和对联贴上。火红的中国结和窗花将室内装扮得喜气洋洋，让身处海外的员工感到了浓浓的年味；

大年三十，不变的主角永远是饺子。公司员工、家属一齐上阵，制作出形状各异、内含"惊喜"的饺子,这也代表着来自五湖四海的文化融合。外籍员工们兴致勃勃参与其中,亲身感受中国的年文化。

除夕之夜,公司员工及家属共同观看了央视春节联欢晚会,外籍雇员们对春晚的绚丽舞台效果惊叹不已,表示将来一定找机会去中国旅游。

节庆是人类文明的重要标志之一,是一个民族从民间到官方、从传统到现代历史链条中的文化载体,积淀着民族的精神与情感,沉淀着民族的历史与进程,是优秀传统文化的典型代表。在人类相互交流、文明互鉴的历史长河中,传统节日始终发挥着特殊作用,在不同层面、以各种形式传递着跨越国界、跨越文化的情感。

阿布扎比公司认为,中国传统节日在传播中华文化、提升国家形象和增进文化认同方面发挥着不可替代的作用。清明踏青、端午食粽、九九登高、除夕守岁……只有让外国朋友参与到中国传统节日的仪式中,以一种潜移默化、润物无声的中国文化体验,以一种身临其境、形象可感的文化交流方式,才能让参与其中的外国人触摸到真正的中国文化,才能更加有效地增进他们对中国历史和现实的了解,从而增进友谊、提高认同。

参与社会公益事业　促进中阿两国文化交融生彩

"一带一路"能源合作的顺利开展,与当地人民民心相通、文化相融的深厚基础密不可分。开展文化交流,语言是最直接的纽带,随着中国与阿联酋战略合作伙伴关系的愈加紧密,中文推广和普及也成为两国文化交流的重要途径。阿布扎比公司在能源合作的同时,不遗余力地推动中阿两国人民文化交流,通过支持当地孩子们学习中文,促进两国青年一代相互了解,建立深厚友谊。

2019年10月17日,阿布扎比公司与阿布扎比公立学校 Yas School 共同举办新中国成立70周年庆祝演出活动暨赠书仪式。仪式上,学生们身着中国传统服装,表演了舞龙、伞舞、唱中文歌等节目,精彩的

参加 Yas 学校欢度国庆舞龙表演

表演赢得观众阵阵掌声。随后的赠书环节中，阿布扎比公司向 Yas 学校赠送了 1100 本汉语学习书籍和教材。仪式完成后，公司还组织了当地学生品尝中国美食的活动。

在"一带一路"倡议提出十周年之际，作为中国文化对外传播的一个新渠道和新品牌，"中国书架"通过书籍连接中外，为世界讲述古老而崭新的"中国故事"，这些书架承载着博大精深的中华文明，成为中国向世界展示文化传统、国家形象和发展现状的窗口。阿布扎比公司以中国传统文化为元素，把文化传播融入合作服务，丰富中国石油的品牌内涵，促进两国文化的融合与互通。

2023 年 2 月 8 日，"中国书架"揭牌仪式在阿布扎比公司办公楼举行。作为贯彻落实集团公司文化引领战略，推动高质量发展的重要举措，本次活动共精选了 400 余本图书，包括阿语版《习近平谈治国理政》《人文中国》等系列图书，既有唐诗宋词等古典文学译作，也有解读"一带一路"倡议的文本，还有实用性极强的中国生活指南。从各角度全面展示了中国文化，为外籍同事和国际同行们开辟了了解中国的新视角。

此外，为深入贯彻习近平主席关于加强中国国际传播能力建设的重要指示精神，阿布扎比公司作为"中国书架"海外试点项目，于2023年6月13日举办了"探寻中华魅力"交流会，吸引了来自5个国家的外籍雇员参加了此次活动。

交流会上，公司以读书会、短视频等形式着重介绍了中国的传统服饰、节日习俗以及建筑风格等文化元素。外籍雇员们对汉服、旗袍等传统服饰的精美和华丽赞叹不已，认为这些服饰展示了端庄、高雅的古典美，是中国传统文化和历史的体现。在谈到中国传统节日时，外籍雇员还对端午节的来历和习俗表现出极大兴趣，表达了对中华民族爱国精神的景仰。

十年来，作为国际油气高端市场的重点项目，阿布扎比公司始终致力于传播中华传统文化，促进民族融合，通过联欢联庆、知识竞赛、文艺汇演等多种形式的交流活动，展示了真实立体的中国。公司还将继续推动与国际股东、当地机构的合作，提供更多了解中国文化的机会，全方位展示中国。

23年2月8日"中国书架"揭牌仪式

积极参与国际性展会　广泛传播中国石油企业文化

只有坚守中华文化立场，提炼展示中华文明的精神标识和文化精髓，加快构建中国话语和中国叙事体系，才能讲好中国故事，传播好中国声音。企业是传播中华文明价值的重要载体，十年来，阿布扎比公司在更加积极走向世界的同时，努力以各种形式生动塑造着中国形象。

2023年10月2日至5日，第39届阿布扎比国际石油展（ADIPEC 2023）在阿联酋阿布扎比国际会展中心圆满落幕。本届展会吸引了来自30个国家的2200多家企业、超16万名能源专业人士参加，为历届展会规模之最。

本届展会上，中国企业展示了多项先进技术、产品和服务，吸引广泛关注。

此次展会期间，中国石油全方位展示了在共建"一带一路"十年间所取得的高质量发展和国际化经营的丰硕成果，介绍了构建"数智中国石油"和"绿色中国石油"的智慧方案。此外，中国石油还组织学术论文作者团通过主持学术会议、宣讲学术论文、开展专题讲座等方式，展现中国石油强大的科研实力。

在展会期间，来自集团公司各级单位的技术专家们与国际同行和访客进行了广泛的交流和对话，在国际舞台上充分展示了中国石油人的专业风采，充分展示了中国品牌在石油领域的实力。

企业是促进全球发展的重要力量。中国企业以多种方式走出国门，不仅有利于实现自身高质量发展，也在推动构建新发展格局中发挥积极作用，同时也为世界经济的复苏和促进各国人民之间的相互理解与友好交流作出了重要贡献。

据《中国企业形象全球调查报告2022》显示，总体来看，全球受访者肯定中国经济发展对全球及区域经济发展的贡献，超过七成全球受访者对中国企业的整体印象良好；全球受访者普遍认可中国企业在"成功"维度上的表现，未来更期待与中国企业在科技、能源资源、基础设施等

第 8 章 中阿友谊的石油纽带 —— 中国石油阿布扎比公司的海外形象树立

中国石油参加 2023 年 ADIPEC（阿布扎比国际石油展）：展示中国石油各领域科技成果

2023 年 ADIPEC 中国石油展台

方面开展合作。

如今，阿布扎比公司正日益成为中国推动全球共同发展的重要力量和促进文明交流互鉴、增进民心相融相通的桥梁纽带，成为拥有强大实力的战略合作伙伴，成为对外展示中华文化的重要窗口。

塑造良好企业形象　展现可信、可爱、可敬的中国形象

十年来，中国企业认真贯彻落实习近平主席提出的全球发展倡议，把中华文化的精髓融入自身品牌建设中，通过一个又一个精彩的文化传播设计，呈现出无数个"讲好中国故事"的感人案例。目前，包括中国石油在内的越来越多的中国品牌正在以文化赋能为内核，从中华文化底蕴中汲取品牌发展动力，在传承中焕发出新生命，在全球市场上实现品牌的提质升级。实践证明，文化自信是品牌建设更基本、更深沉、更持久的力量。中国企业走出国门、走向世界，不仅仅是经济贸易合作共赢的参与者、推动者，也是中国形象的塑造者、中华文化的传播者。

十年来，放眼全球，世界之变、时代之变、历史之变正以前所未有的方式逐步展开。而在推进中国式现代化进程中，以坚定的文化企业软实力，既是中国企业的时代责任，也是提升企业品牌国际影响力、塑造良好企业形象、促进和谐发展、建立现代企业文化制度的必然选择。

十年来，阿布扎比公司在助力中华文化国际传播方面作出了突出贡献，这背后不仅是中国制造、中国品牌的崛起，更是中国情怀和中华文化自信的彰显。

十年来，阿布扎比公司抓住战略机遇，加快高水平开放发展步伐；坚持创新引领，展现中国式现代化的鲜活实践；践行社会责任，积极为全球发展作出贡献。

十年来，阿布扎比公司不断推动互学互鉴，当好文明交流的友好使者，在发展中增强国际社会对中国与世界未来发展信心，以良好的企业形象向世界展现可信、可爱、可敬的中国形象。

第 8 章　中阿友谊的石油纽带 —— 中国石油阿布扎比公司的海外形象树立　　　　/ 125 /

　　站在新起点，奋进新征程。阿布扎比公司将进一步贯彻落实习近平新时代中国特色社会主义思想，深化文明交流互鉴，将中国企业品牌建设与中华文化有机结合，增强建设高质量企业文化的自觉性，塑造有精神内核、有文化底蕴、有价值追求、有人文情怀、有社会责任的中国企业形象，用中国企业、中国品牌讲好中国故事，推动中华文化更好走向世界，以互利共赢之笔，为中国 —— 中东能源合作添彩，擘画发展新蓝图。

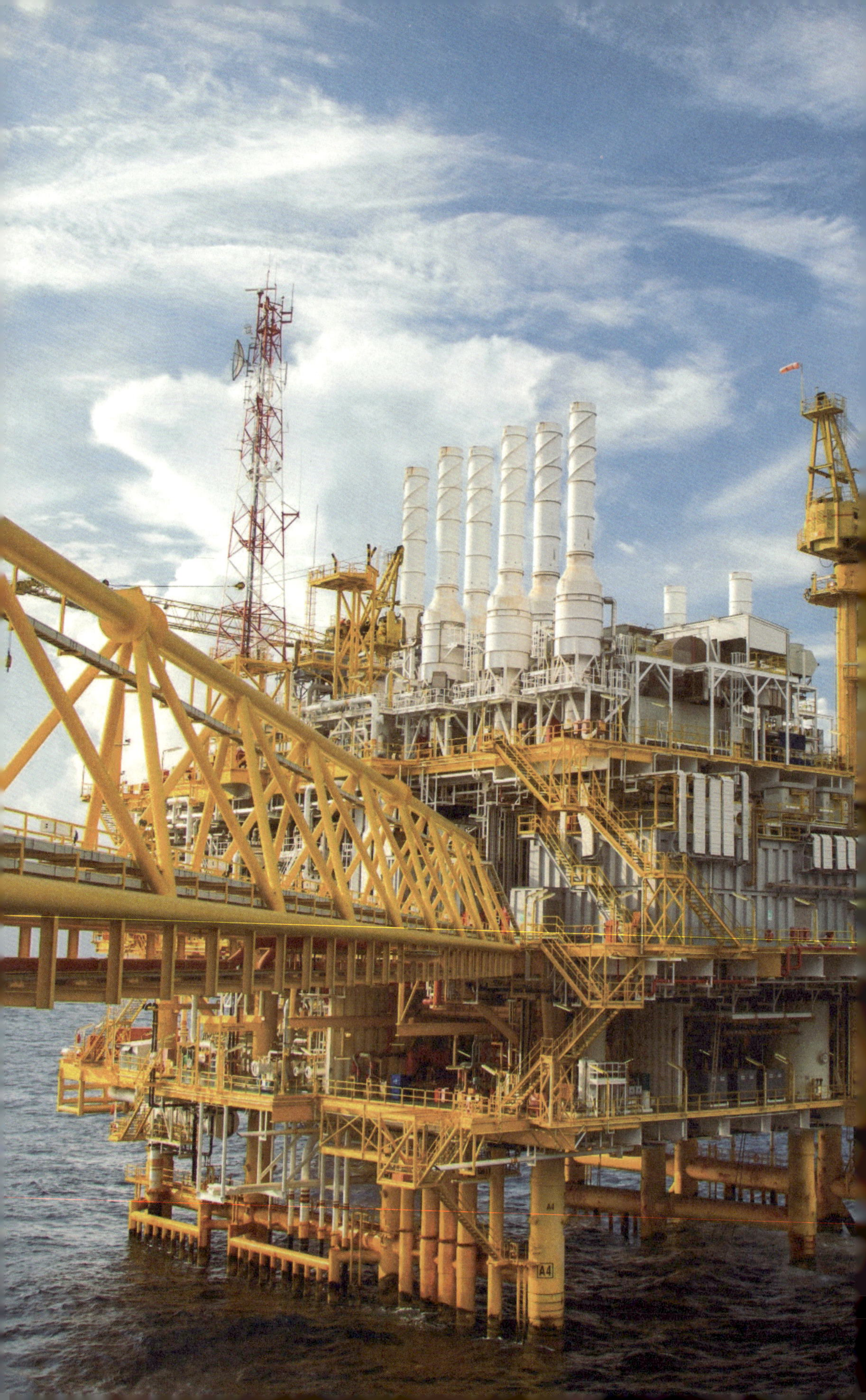

第三编

"十年初心":
中国石油阿布扎比公司十年精神积淀

编前语

横跨万里时空，精神坐标永恒。无论走到哪里，中国石油奋斗者的血管里，始终激荡着澎湃的精神热血，并将热血洒向每一寸奋斗的土地。

百川归入大海，忠诚献给家国。中国石油在三十年的海外奋斗实践中，积累了丰富的精神财富，阿布扎比公司，作为石油精神基因的传承者，也在阿布扎比的土地上，实践着自己的精神家园。

在国际油气的梦想舞台上，阿布扎比公司的奋斗者留下拓荒的足迹，在赓续石油精神血脉的奋进历程中，不断丰富着石油精神的当代注脚，为新时代石油精神的创新发展注入了强大的活力。

十年，阿布扎比公司忠于家国、一心为国，为祖国奉献坚守；

十年，阿布扎比公司传承大庆精神铁人精神，始终传承精神薪火；

十年，阿布扎比公司勇于创新超越、坚持自主创新，锤炼中国石油的志气、骨气、底气；

十年，阿布扎比公司树立博大胸怀，放眼世界全球，做好世界企业公民；

十年，阿布扎比公司熔铸"三有一敢"企业文化，磨砺迈向海外的石油铁军。

新时代新征程，在以中国式现代化全面推进中华民族伟大复兴的历史进程中，伴随着中国石油工业的历史性跨越，中国石油阿布扎比的精神华章，必将转化为推动高质量发展、创造新的历史伟业的强大力量。

第 9 章

家国 —— 强大祖国的精神激励

"仰望历史的天空，家国情怀熠熠生辉；跨越时间的长河，家国情怀绵绵不断。"

千百年来，家国情怀作为一种文化传统和价值追求，早已深深融入中华儿女的精神血脉之中，成为中华文明世代相传的文化基因，汇聚成中华民族历经磨难而不衰、饱尝艰辛而不屈的不竭力量源泉。

在阿联酋，家国情怀是阿布扎比公司的思想信仰和精神旗帜。在全面践行"走出去"战略和积极响应国家"一带一路"倡议下，在中国石油的正确领导下，阿布扎比公司全体同仁以对国家和人民的无限忠诚，不畏艰难险阻，自觉将对公司的热情、对家人的情感升华成对国家、对人民的大爱担当，把家庭的命运融入国家和民族的命运之中，用实际行动践行初心使命，书写出温暖人心的家国故事，生动诠释了家国情怀，谱写了一曲曲感人至深的灿烂乐章。正是阿布扎比公司奋斗者们这种无私的精神境界与强大的人格力量，让公司始终保持持久的向心力，让鲜红的旗帜始终能凝聚起各种力量，在海外，依然可以借助中华民族的优良传统，让公司与其战略伙伴形成了坚强的命运共同体。

家国情怀：梦想的召唤

10年间，在家国情怀的感召下，中国石油的海外油气投资业务覆盖了全球32个国家，管理和运营着90个油气合作项目，2021年海外油气权益产量当量1.0139亿吨，连续3年保持1亿吨以上。其中，阿布扎比公司在2022年的权益原油产量突破1000万吨，累计权益产量突破5000万吨，年度权益产量和份额油销售额双双创下历史新高。2023年10月，阿布扎比公司累计权益产量突破6000万吨，成为继2018年3月21日阿布扎比陆海项目首次提油、2019年权益产量超1000万吨后，实现的又一里程碑式跨越。

作为海外亿吨权益产量贡献的主力，面对国际油价巨幅波动、"欧佩克+"限产等多重挑战，阿布扎比公司认真贯彻落实集团公司决策部署和中油国际工作要求，全力抓好生产经营管理，稳步推进产能建设，围绕亿吨油气权益产量"一项目一策"工作部署下达的生产经营指标，建立多部门联动机制，紧密跟踪生产运行，发挥技术引领作用，在油藏开发策略、产量保障、注水注气等技术方案实施、关停井和钻修井方案优化等方面主动作为，为实现全年产量目标夯实基础。

成绩背后，是每一位阿布扎比公司员工的辛勤付出。每当谈起这些，李荣就有说不完的话，一个个骄人成绩、一项项惊人成果历历在目，回味无穷。2018年，李荣作为工程院的派遣专家，选择加入阿布扎比公司并参与NEB资产领导者的科研课题。他的初衷是为了推动中国钻井走向世界，希望通过深入参与实际项目工作，解决阿布扎比钻井领域的技术难题，为中国石油在国际舞台上展示实力和技术水平作出贡献。

在阿布扎比公司，李荣作为唯一的钻井派员参与了ADNOC陆海作业公司的工作。在这个跨文化、跨国家的工作环境中，他面临着诸多挑战，包括语言沟通、文化差异等方面的困难。

为了克服这些困难，李荣主动与外国同事建立了密切的联系，他积极学习，提高英语沟通能力，努力理解并尊重不同文化背景下的工作方式和价值观，同时也分享了自己的专业知识和经验，与团队成员共同解决问题。

李荣的努力得到了陆海作业公司的认可和高度赞赏。但李荣觉得，这种认可不仅是对其个人职业生涯的肯定，也是对阿布扎比公司的声誉和实力的认可。

阿布扎比公司的干部职工，大力弘扬石油精神、大庆精神铁人精神，以公司为家，克服各种困难和挑战，不畏强手、不畏艰难，舍小家顾大家，远离祖国、远离亲人，经受住了高温、风沙等恶劣环境的考验。阿布扎比公司计划部经理宋晓威就是其中之一。在家庭和事业的冲突和抉择中，宋晓威远赴阿布扎比，他决心发挥自己的专业特长，为公司、为祖国的石油事业贡献力量。

2023年11月3日，在阿联酋阿布扎比扎耶德港，中阿两国国旗迎风飘扬。在中华人民共和国驻阿联酋大使馆的带领下，阿布扎比公司青年员工为中国海军第44批护航编队淄博舰举行欢送仪式。在淄博舰甲板上，全体官兵整装列队，精神抖擞，淄博舰在欢送队伍的致意和欢送声中缓缓离开码头，继续履行海上护航任务。

中国海军护航编队欢送仪式

在欢送仪式中，阿布扎比公司员工代表们深刻体会到中国人民海军忠诚于祖国和人民，保卫主权、守护和平的精神，深受鼓舞，倍感振奋，激发出强烈的民族自豪感——祖国的强大不仅给海外员工们带来安全和自信，也为中东地区的和平稳定增加了保障，阿布扎比公司员工代表们真切感受到了中国力量。

在阿布扎比工作的无数个日日夜夜里，他们对祖国的热爱与日俱增，每当听到祖国取得新的成就，他们的心中都充满了骄傲和自豪。为了响应祖国的召唤，为了共同的梦想，他们愿意在这片沙漠中，付出自己的青春和汗水。

十年来，阿布扎比公司的员工们都在与沙尘、高温、疲劳进行斗争，但他们从未退缩。他们知道，自己的每一滴汗水，都是在为祖国的繁荣和强大而流淌。他们的努力，是对家国的最深情的告白，是对梦想最真挚的追求。在阿布扎比，他们用自己的行动，书写着对家国的无尽忠诚和热爱。

在阿布扎比的沙漠，星空不仅是夜的背景，更是中国石油员工与家国的桥梁。每颗星星都似乎在述说家国的故事，唤起人们深藏于心的家国情怀。阿布扎比公司的每一位员工，时常会仰望这片星空，寻找家乡的影子，那是他们的"根"与"魂"。他们深知，自己的努力不仅是为了工作，更是为了祖国，为了中华民族的伟大复兴而拼搏。他们的"根"深植沙漠，而"魂"则飞翔在星空之下，共同为阿布扎比公司的辉煌而努力。

家国荣誉：使命与光荣

2019年以来，中国石油在"一带一路"沿线的油气权益产量连续4年保持8000万吨以上，约占公司海外油气权益产量的83%；与沿线50多个国家的油气贸易量年均近3亿吨，工程服务在阿联酋、伊拉克、沙特阿拉伯等20多个国家形成合同额超亿美元的规模市场……通过广泛的油气贸易、工程服务与石油装备产能合作，中国石油帮助资源国加快将资源优势转化为经济优势，让油气资源更好地造福人类。

每一位在阿布扎比公司工作的中国员工，在第一次踏上这片遥远的沙漠之地，心中都充满了对未知的好奇和期待，对这里的工作和生活充满了憧憬。但心中想到的更多的是：自己的每一步，都与家国的荣誉紧密相连。

2017年，阿布扎比公司（原中国石油中东公司阿布扎比项目）获得中国石油海外先进集体称号；2018年，公司综合办公室获得中国石油海外油气业务先进集体称号；2020年，公司计划财务部获得中国石油海外油气业务先进集体称号；2021年，公司本部骨干团队获得中国石油国际勘探开发有限公司年度"两优一先"先进骨干团队称号；2021年，公司工会获得年度中国石油海外油气业务先进工会组织称号；2021年，公司开发工程部获得年度中国石油海外油气业务先进集体称号……这些荣誉，代表着智慧、勤奋和责任。在阿布扎比公司员工的心中，家国情怀不仅仅是一种情感，更是一份责任。自己的每一个决策，每一个行动，都直接关系到祖国的能源安全和国家的荣誉。这种深沉的家国情怀，成为了他们工作中最大的动力。

阿布扎比公司副总经理、HSE总监纪迎章回忆，当年刚来到阿布扎比时，就时刻感受到来自西方的高端管理人才的压力，想迅速达到西方国家同样的高度，需要丰富的经验、足够的学识，更需要出色的国际市场运算法则，以及出类拔萃的技术能力。

纪迎章主持建立了阿布扎比公司勘探一路的技术知识体系，综合了勘探院、BGP和华北研究院的研究力量，以支持阿布扎比的综合地质研究，并搞清了阿布扎比西部成藏规律。

在此基础之上，公司在阿布扎比西部成功打下NN004井，取得了60年以来的历史性突破，这次突破也是阿布扎比在砂岩勘探（岩性勘探）的第一次突破，充分展现了中国石油的实力，赢得了资源国信任和陆海项目勘探部署主导权，为2014陆上项目和2018海上开发项目的顺利中标起到积极作用。纪迎章表示，我们中国人自古以来就有集体主义、团队精神、协作精神，有中国石油乃至整个中国作为我们的强大后盾，这也是为什么中国人到了阿布扎比以后，能迅速站得住脚，并取得成果的重要原因之一。就这样，在个人的努力下，在领导同事、集团公司的支持下，纪迎章不断在本职岗位上发挥着作用,并通过一系列创新举措解决、克服了无数问题与瓶颈,取得了出色的工作业绩。

不断拼搏奋斗,发扬石油精神,是每个中国石油人的信念,是对祖国母亲的最好回馈,也是每一位阿布扎比公司员工的最大梦想。他们用自己的实际行动,向世界证明了中国人的智慧和能力。每一位阿布扎比公司的中国石油人身上,都凝聚着家国情怀的力量,诠释着家国情怀对一个人的影响和激励。

家国责任:奉献与坚守

随着在国际舞台上的崛起,中国的形象已经不再是过去那个封闭、落后的印象,而是一个充满活力、创新和进步的大国。在这样的背景下,每一个中国人都深感自己肩上的责任和使命,尤其是那些在海外为国家做出贡献的员工们。

在阿布扎比公司,每一个中国石油员工都深知,自己的每一次努力,不仅仅是为了个人的生计,更是为了祖国的荣誉和中华民族的伟大复兴。他们在异国他乡,用自己的汗水和智慧,为祖国的能源安全和发展做出了巨大的贡献。

这种家国情怀,已经成为了每一个中国石油员工的共同信仰。

春节是阖家团圆的时刻。但对海外建设者来说,过年却意味着坚守。在异国他乡,海外石油工作者们经常奋战在第一线:为了保障国家能源安全的职责,他们用奔波忙碌的身影践行着共建"一带一路"的责任与承诺。阿布扎比公司的员工们最怕的不是苦和累,而是当工作无法抽身时,对家人的担心与挂念,"但肩上的责任又令我们一定要坚持下去"。

2018 年,助力 BGP 拿下了全球物探行业最大地震勘探项目——阿联酋 ADNOC 陆海勘探项目,合同额达 16 亿美元。项目开工后,所有工作人立即全身心投入到工作中。大漠之上,稍有点风就黄沙飞扬,鼻子、眼睛、嘴里全是沙;夏天地面温度 50 多摄氏度,脱水中暑常常发生……工作条件恶劣,但没有一个人掉队。

稳定高效的生产，引起了国外同行们的高度关注。他们对中方石油公司的生产作业方式很感兴趣，多次到施工现场参观考察，并对施工进度和员工的敬业精神大加赞赏，对中国石油人的敬业和坚守深表钦佩，更对中国石油勘探技术的飞速发展赞叹不已。

在各项施工难度极高的工作中，在无数艰难困苦中，家国责任让阿布扎比公司员工们始终斗志昂扬。这份深沉的家国情怀，已经深深融入他们的血脉之中。他们用实际行动，展现了中国人的智慧和不屈的勇气，也为祖国的明天铺设了更加宽广的道路。

在这片沙漠中，阿布扎比公司的员工们不只是在工作，更是在为中华民族的伟大复兴而默默付出，为了深沉的责任使命努力前行，为了共同的信仰贡献力量。他们的每一次努力，都是对祖国的深情告白，都是对梦想的真挚追求。

家国力量：自信的提升

每当公司面临困难，祖国都会伸出援手，提供技术、资金和人才支持。这种全方位的支持，让阿布扎比公司员工拥有着无比自信，这来源于祖国的强大。中国的崛起不仅是经济和科技的飞跃，更是一种深深的文化自信和民族自豪感的体现，这也为阿布扎比公司带来了无尽的动力和骄傲。

在近几十年的时间里，中国经历了翻天覆地的变革。从曾经的贫困和落后，到如今的经济巨人，这是一个充满传奇色彩的崛起故事。这种崛起不仅仅是数字和数据的增长，更是一个民族的觉醒，一个国家的复兴。中国的经济增长速度震惊了全球，它不仅仅是 GDP 的持续增长，更是产业结构的优化、技术创新的突破、国际贸易的拓展。这种经济实力的增强，为中国在国际舞台上赢得了尊重和话语权。

对于阿布扎比公司来说，经济实力的增强意味着更多的机会和挑战。随着中国经济的增长，国家对能源的需求也在持续增加。这为阿布扎比公司提供了巨大的市场空间。同时，随着资金和技术的不断投入，公司在油气勘探、开采、加工和销售等各个环节都取得了显著的进步。更为重要的是，随着中国经济实力的增强，国家对外投资的策略也在不断调整。阿布扎比公司得以走出国门，与世界各国的石油公司进行合作，共同开发油气资源。这不仅仅是经济合作，更是文化交流和友好合作的体现。

在这种背景下，阿布扎比公司的员工深知，他们所做的每一件事，都与国家的命运紧密相连。他们为公司的每一次成功感到骄傲，更为祖国的强大感到自豪。这种家国情怀，成为他们工作中最大的动力和激励。

阿布扎比公司在油气勘探和开发中，始终站在技术前沿。无论是深海钻探技术，还是油气储藏评估技术，公司都在积极引进、消化和再创新，确保技术始终保持国际领先地位。

2021年，克服新冠肺炎疫情和欧佩克限产影响，利用钻完井新技术如超长水平井/多分支井，开发中后期采用加密井网，先进的钻采工艺，如超长水平井技术和流量控制装置、自动流量控制装置等技术和成熟的三采技术实现油田200万桶/日的长期稳产，并力争将采收率提高到70%。公司凭借先进的技术和方法，成功地实现了新的生产层系突破。这种技术进步不仅提高了资源的利用效率，还大大降低了开发成本，为公司创造了巨大的经济效益。

在全球气候变化和环境保护的大背景下，阿布扎比公司始终坚持绿色发展理念。无论是钻井、完井还是试油酸化，公司都采用了"零污染"的环保技术，确保生态环境得到有效保护。

作为中国石油派驻阿联酋阿布扎比的海外公司，阿布扎比公司认真履行对陆海项目、陆上项目、海上乌纳项目和海上下扎项目4个项目的管理工作。同时，公司积极发挥中国石油甲乙方一体化优势、团队优势、协同优势，稳步推动中国石油服务单位积极参与绿色低碳服务领域合作，交出了一张张亮丽的绿色合作答卷。

科技创新不仅仅是技术的应用，更是知识产权的积累。阿布扎比公司在科研攻关期间，成功申请了多项实用新型专利和软件著作权，这些知识产权为公司在国际市场上的竞争提供了有力的法律保障。

股份公司独立董事一行赴阿布扎比调研的会议

科技创新不是一个人的战斗，而是整个团队的合作。阿布扎比公司始终重视团队合作和国际交流，不仅在国内外建立了多个研发中心，还与多家国际知名石油公司进行了深入的技术合作和交流，确保技术始终保持国际领先地位。总的来说，阿布扎比公司在科技创新上的突破，充分体现了中国力量的自信和魄力。这种自信不仅仅来源于技术的领先，更来源于强大祖国的精神激励。在未来，随着中国在全球舞台上的地位不断上升，阿布扎比公司也将继续发挥科技创新的驱动力，为国家的能源安全和经济发展做出更大的贡献。

家国文化：传承与互鉴

在阿布扎比公司的发展历程中，除了经济和技术的支撑，文化自信也起到了不可或缺的作用。这种自信不仅仅是对自己文化的自豪，更是对中华文明深厚底蕴的坚定信仰。

阿布扎比公司在其日常运营中，深深地融入了中华传统文化的精髓。无论是企业管理的理念，还是员工之间的互动，都能看到儒家思想、道家哲学等传统文化的影子。这种文化的传承，为公司创造了独特的企业文化，也为员工提供了强大的精神支撑。

面对全球化的挑战,阿布扎比公司始终坚持开放的态度,积极与国际同行进行文化交流和合作。通过这种交流,公司不仅学习到了先进的管理经验,更加深了对中华文化的自信和骄傲。

阿布扎比公司在国际市场上,不仅仅是经济的代表,更是文化的使者。公司在与外国合作伙伴的交往中,积极推广中华文化,让世界更加了解中国,也让中国的声音在国际舞台上得到更好的传播。

为了培养员工的文化自信,阿布扎比公司在员工培训中,特别增加了中华文化的课程。通过这种培训,员工不仅学习到了中华文化的知识,更加深了对中华文明的认同和自豪。

阿布扎比公司始终坚持履行社会责任,积极参与各种公益活动,推广中华文化。无论是在海外的项目,还是在国内的社区,公司都积极组织各种文化活动,如春节庙会、中秋节庆祝活动等,让更多的人了解和喜爱中华文化。总体来说,文化自信是阿布扎比公司发展的重要支撑。在未来的发展中,公司将继续深化对中华文化的研究和传承,让中华文明的光辉照耀世界,为实现中华民族的伟大复兴做出更大的贡献。

家国奋斗:追赶与超越

随着中国综合国力逐步增强,其在国际舞台上的地位也得到了前所未有的提升。阿布扎比公司作为中国在海外的代表,也深受其益,成为了这一历史性变革的见证者和参与者。过去,阿布扎比公司更多是在学习国际先进技术和管理经验。但随着时间的推移,公司不仅赶上了国际先进水平,而且在某些领域甚至已经走在了前列。与国际石油巨头并肩,共同探讨和解决全球能源问题,这是阿布扎比公司的新常态。

阿布扎比公司与多个国家和地区的石油公司建立了合作关系,从技术交流到资源共享,合作的层次和深度都在不断加强。这种合作不仅仅是基于经济利益,更多的是基于互信和共赢的理念。

阿布扎比公司在许多国际石油组织和论坛中，都扮演着越来越重要的角色，公司的影响力逐年上升，为保障全球能源供应稳定做出了重要贡献。

在国际能源论坛和会议上，阿布扎比公司不仅仅是一个参与者，更是一个有力的引导者。公司代表着中国，传播着中国声音，为国际能源合作和发展提供了中国的智慧和方案，这是中国国际地位提升的一个缩影。在未来的日子里，随着中国的进一步崛起，公司将在国际舞台上发挥更大的作用，为实现中华民族的伟大复兴做出更大的贡献。

在阿布扎比公司的壮丽征程中，我们可以清晰地看到，它不仅仅是一家企业的成长史，更是中国人民团结一致、自信自强的奋斗史。阿布扎比公司的每一位员工，都是中国梦的建设者和见证者。他们共同奋斗，共同努力，为实现中华民族的伟大复兴而不懈奋斗。这种共同的目标和梦想，使公司的每一位员工都充满了信心和力量。在公司的发展历程中，我们可以看到，无论是领导还是员工，都紧紧团结在一起，共同面对各种困难和挑战。这种团结的力量，使得公司能够不断地突破困境，实现新的飞跃。

阿布扎比公司的每一项成就，都是中国人民的骄傲。它不仅代表了公司的荣耀，更代表了中国的崛起和强大。这种骄傲，是每一位员工的骄傲，也是每一个中国人的骄傲。公司在发展的过程中，不仅传承了中国的优秀文化和传统，更是不断进行创新和改革。这种传承和创新，使公司能够在国际舞台上展现出独特的魅力和力量。

阿布扎比公司不仅追求企业的利益，更承担着社会责任和使命，做出了巨大的贡献，为人民的幸福和国家的繁荣做出了积极的努力。这是中国人民团结奋斗、自信自强的生动体现，展示出中国人民的团结和骄傲，展示出中国力量的崛起和壮大。

中国人民对国家的忠诚和对祖国的骄傲，为阿布扎比公司创造了和谐、团结的工作环境。员工们深知，他们的每一次努力都是为了祖国的荣誉和民族的复兴，他们的每一滴汗水都是为了祖国的繁荣和民族的崛起。在这片广袤的沙漠之中，他们展现了中国人民脚踏实地、勤奋努力的精神风貌，这为阿布扎比公司带来了无尽的动力和自信，使其在国际市场上更加坚定和有竞争力。

十年来，他们坚守岗位，不忘初心。无论身处何方，员工们始终牢记自己是中华儿女，为祖国的能源安全和经济发展作出贡献是他们的神圣使命。他们深知，每一滴提炼出的石油，都是对祖国的最好回报。因此，他们对待工作总是充满热情，始终保持高昂的工作态度。

十年来，他们勇于创新，追求卓越。面对沙漠中的种种挑战，员工们不断研发新技术、新方法，确保石油开采的效率和质量。在管理上，公司也不断引进和创新先进的管理理念和方法，确保公司的高效运营。

十年来，他们团结协作，共克时艰。在这片充满挑战的土地上，没有哪个人可以独自完成所有的工作。员工们深知，只有团结一心，才能克服所有的困难。在工作中，员工们始终保持互助互信的团队精神，确保每一个任务都能够顺利完成。

十年来，他们绿色发展，责任为先。在项目开发的过程中，公司始终坚持绿色、环保的原则，确保对环境的影响降到最低。公司不仅仅关心自己的利益，更关心社会的利益。因此，他们在工作中始终坚持社会责任，为当地社区和环境作出贡献。

十年来，他们传承文化，弘扬精神。无论身处何地，员工们都积极传播中华优秀传统文化，让更多的人了解中国的历史和文化。公司也注重自身文化的建设，确保每一位员工都能够深刻理解公司的使命和价值观。

十年来，阿布扎比公司的员工们用自己的实际行动，展现了中国人民脚踏实地、勤奋努力的精神风貌与舍身报国、实干兴邦的家国情怀。

家国依靠：后盾与支撑

在家国情怀的影响下，阿布扎比公司的辉煌成就不仅仅是公司的荣耀，更是祖国的骄傲。这些成就背后，是公司与祖国共同成长的历程，是中华民族从屹立东方到走向世界的脚步。

在过去的几十年里，中国政府大力投资科技研发，出台一系列政策，鼓励国内企业与国际顶尖研究机构合作,引进先进技术,同时也将国内的技术推向国际支持中央企业走向海外,实现技术的双向流动,为中国企业提供了有利的创新环境。这一过程中,中国石油建立了多家研究院所和创新中心,不仅为国家培养了大量的科研人才,还孵化了许多技术创新。其中,阿布扎比公司就拥有一支强大的科研团队,他们背靠家国力量,与国内外的研究机构紧密合作,不断研发新技术、新方法,以满足生产需要。

阿布扎比的石油体系是在西方石油公司的主导下建立的,主要参照西方的一些公司体系和规范要求,面对着阿布扎比市场与国内市场不一样的规则要求和技术规范,技术人员不畏挑战、攻坚克难,老一辈中国石油人的大无畏精神、铁人王进喜等英雄模范的动人事迹给予了员工有力的精神支撑。

阿布扎比公司的创新成就,是祖国科技实力强大的缩影。得益于祖国的强大支持,阿布扎比公司能够持续地进行技术创新,每当有了新技术新成果,公司就会迅速将其推广到项目中去,确保技术的快速应用。这不仅提高了生产效率,还大大降低了生产成本。此外,为了确保技术的正确应用,阿布扎比公司定期为员工进行技术培训,确保每一位员工都能掌握并正确使用这些技术。

阿布扎比公司内部工作氛围和谐,像是一个团结协作的大家庭,这正是中华民族齐心协力、共克时艰的写照。员工们深知,背后时刻有一个强大的祖国作为坚强后盾,这种自豪感激励着他们不断前进。随着祖国的崛起,中国的国际形象日益提升,这也为阿布扎比公司在国际市场的拓展提供了有利条件。

在遥远的异国他乡,阿布扎比公司不仅是一家石油企业,更是中华文化的传播者。无论身处何地,公司都积极传播中华文化,使当地的人们能够更加深入地了解中国的历史、传统和价值观。每当谈及公司的成就,员工们都知道,这不仅仅是公司的荣耀,更是祖国的荣耀,是中华民族的荣耀。

在未来的日子里,阿布扎比公司将继续奋斗不息,继续传承中华文化,书写更多的辉煌篇章,为中华民族的繁荣和进步做出更大的贡献。

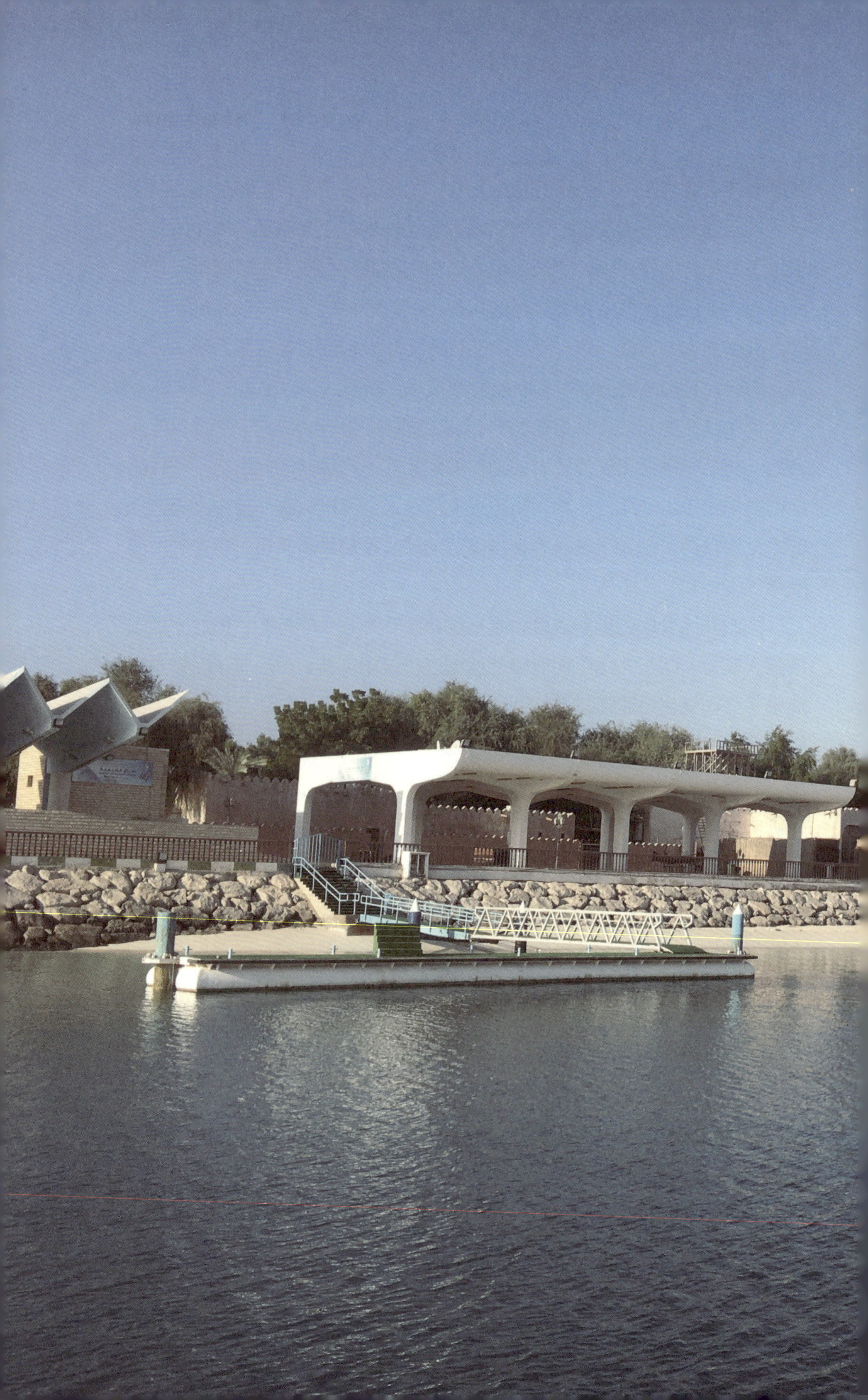

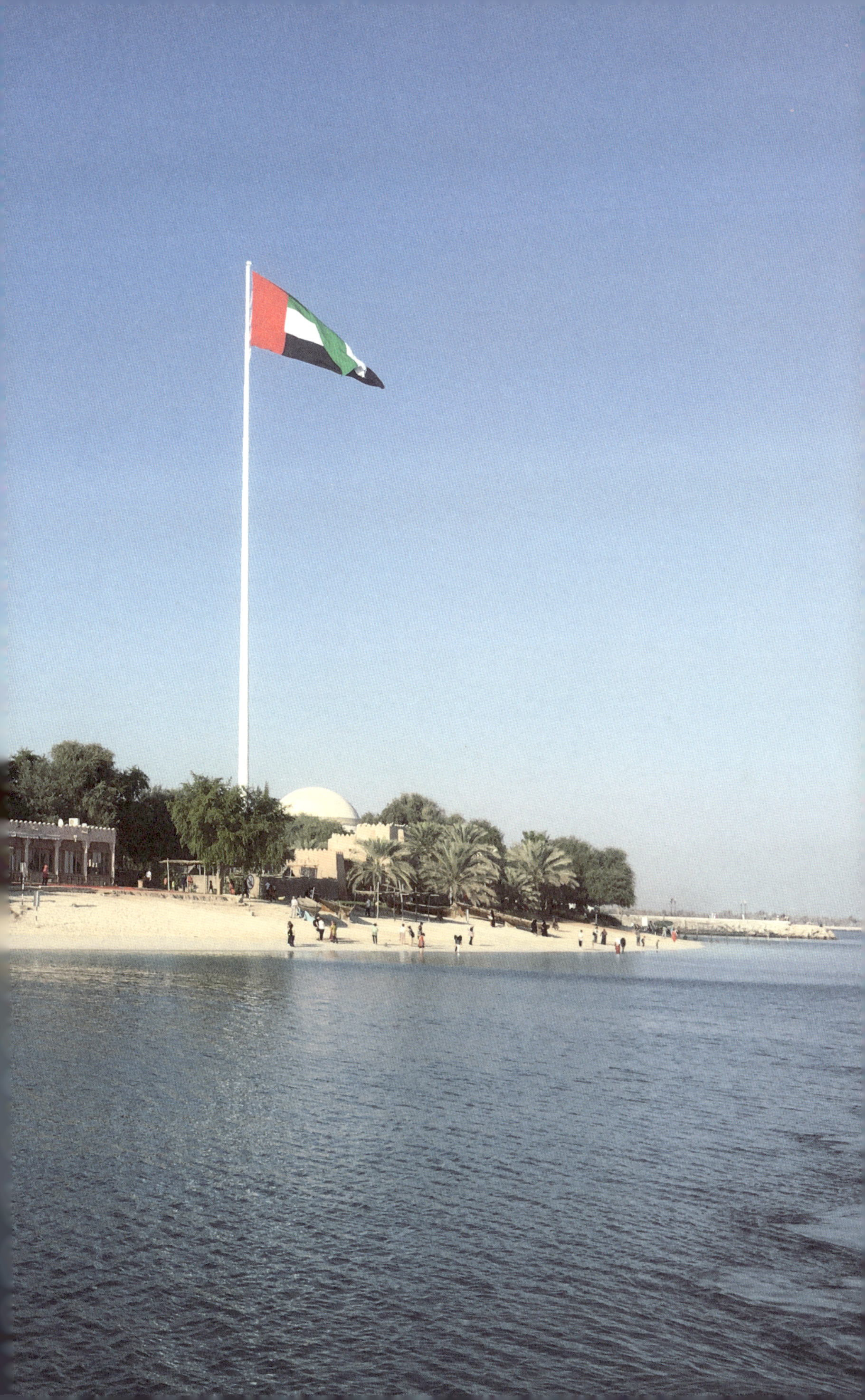

第 10 章
薪火 ——"三老四严"的血脉传承

石油是推动现代工业文明的物质基础,更是中国石油工业中蕴藏着的坚韧与担当的精神象征。在中国石油工业的发展历程中,一个个属于中国的石油传奇被见证,一代代英雄的中国石油人前仆后继、砥砺前行。在这伟大的历史进程中,"苦干实干、三老四严"的石油精神,成为流淌在每一个中国石油人心中的传承血脉,成为他们攻坚克难、勇往直前的力量源泉。

这一精神起源于新中国成立初期的石油会战,经过不断赓续和传承,逐渐形成、升华并传承至今。它不仅是我国石油工业的骄傲,更是阿布扎比公司的宝贵财富。在阿布扎比的沙漠之中,这一精神得到了新的传承和发扬,成为阿布扎比公司员工们在面对各种困难和挑战时,永远不屈、永远向前的精神支柱。

同先辈们一样,阿布扎比公司的全体员工,用自己的汗水和智慧,继续书写着"苦干实干、三老四严"的辉煌篇章。他们是中国石油精神的传承者和守护者,他们用实际行动,向世界证明了阿布扎比公司的价值和力量。

"苦干实干、三老四严"的石油精神也成为了跨越时空、连接过去与现在的纽带,成为了从大庆油田传递到阿布扎比的薪火,成为了代代相传、永不熄灭的火焰。

积淀：海外土地上的"三老四严"传承之根

"三老四严"是大庆油田职工在会战实践中形成的一种优良传统和作风："三老四严"即对待革命事业，要当老实人，说老实话，办老实事；对待工作，要有严格的要求，严密的组织，严肃的态度，严明的纪律。"三老四严"最初形成于当时的大庆油田三矿四队，是大庆油田职工过硬作风的集中体现，是大庆精神的重要组成部分。

在新中国成立之初，面对国家的能源需求和外部的封锁压迫，中国石油工业从零开始，经历了无数的困难和挑战。在这样的背景下，石油工人们凭借着"苦干实干、三老四严"的石油精神，成功地探明了大庆、辽河等一系列大油田，为国家的能源安全和经济建设做出了巨大的贡献。这种精神，不仅仅是一种工作态度，更是一种对国家、对人民的忠诚和担当。它代表了石油工人们的坚韧不拔、敢于攻坚克难的品质，代表了他们对石油事业的深沉热爱和无私奉献。

在远离祖国的阿布扎比，阿布扎比公司的员工们，继续着石油精神的传承。在这片陌生的土地上，他们面对着更加复杂的地质条件和技术挑战，但他们从未退缩，始终坚持"苦干实干、三老四严"的工作态度，成功地开发了阿布扎比陆上、陆海、海上乌纳、海上下扎等四个项目，为集团公司和国家创造了巨大的经济效益。

这种精神，不仅仅体现在工作中，更体现在他们的日常生活中。在远离故土的异国他乡，他们互相扶持、互相鼓励，形成了一个紧密的大家庭，共同为公司的发展和国家的利益而努力。克服了工作条件艰苦的客观因素，"三老四严"的石油精神成为了阿布扎比公司员工们的工作准则和生活哲学，帮助他们成功地完成了一个又一个看似不可能的任务。

对于 2018 年就来到阿布扎比项目担任股东事务部经理的徐利军来说，"三老四严"是一种凝结在血液里、贯穿于自己人生的力量和精神。

徐利军 1991 年从大庆石油学院毕业，父亲更是从 1960 年会战就来到了大庆。从小学、初中、高中、大学到毕业、参加工作，徐利军一直都在接受大庆精神铁人精神的熏陶和教育，在"三老四严""苦干实干"的精神教育和指导下逐渐成长，形成了这一代中国石油人艰苦朴素、吃苦耐劳、无私奉献的精神。在中国石油的发展历程中，大庆精神铁人精神的影响是巨大的，特别是在石油勘探开发的过程中，"铁人"王进喜肩扛钻机跳入泥浆池中搅拌的场景对徐利军影响颇深，这种精神已经深深地烙印到了以徐利军为代表的这代人的骨子里，在中国石油的发展过程中，意义深远。

徐利军回忆道，2013 年，公司在阿布扎比拿到项目，一切都要从零开始，从小到大，一步步做起来。面对异常艰苦的生活环境，大家都毫无怨言，在商务上通过共享来降低成本、认真细致地去完成勘探、打出井、出了油、建起了油田……一直到 2017 年拿到陆上项目，2018 年又拿下海上的两个项目，逐渐做大，截至目前这 4 个项目的权益已经达到千万吨。这些都是因为大家有"三老四严"精神的血脉依托，靠着这些优秀的精神品质，才得以完成中国的海外石油神话。

对于阿布扎比公司来说，"三老四严"精神不仅仅是历史，更是现实。从 2016 年至 2020 年，中国石油对中东地区油气业务发展提出新的更高要求，确定了"做大中东"、打造中国石油国际化经营和"一带一路"油气合作"旗舰"的战略定位和部署。同时，阿布扎比公司的员工们始终如一坚守着"三老四严"的原则，无论是在石油的勘探、开采，还是在与当地政府和企业的合作中，他们都展现出了高度的专业素养和坚韧不拔的精神。公司深知，要想在国际市场上取得成功，仅仅依靠先进技术和资金是不够的，更重要的是人。正是因为有了这样一支坚守"三老四严"原则的团队，公司才能在阿布扎比取得了如此骄人的成绩。

为了更好地传承这一精神，阿布扎比公司在员工培训和日常管理中不断强调"三老四严"精神的重要性，通过培训班、研讨会、实地考察等各种形式，让每一位员工都能深刻理解和实践好这一原则。2023年4月27日，阿布扎比公司组织召开学习贯彻习近平新时代中国特色社会主义思想主题教育动员部署会，对公司开展主题教育和"三老四严"精神学习活动进行安排，动员公司全体骨干人员持续加强创新理论武装，推动学习贯彻习近平新时代中国特色社会主义思想走深走实。2023年5月19日，阿布扎比公司开展了"转观念、勇担当、新征程、创一流"主题教育宣讲和专题党课活动，要求广大干部员工深入学习领会，全面落实集团公司和中油国际工作会议精神，把思想和行动统一到实际工作中，抓好"四个聚焦"，做好"四个对照"，坚持学思践悟，勇于担当作为，切实把公司各项决策部署体现到高质量发展成效上。阿布扎比公司总经理谷孟哲在活动中阐述了本次主题教育活动的目的和意义，讲明了活动的内涵要义、总体思路和具体安排。

不仅如此，阿布扎比公司还经常开展主题党日活动，包括重温入党誓词、开展座谈、表彰先进、讲党课和唱红歌活动。在座谈环节，广大党员结合岗位经历，讲述了自己的入党初衷，以及为党赤诚奋斗拼搏的经历，进一步坚定未来继续为党奉献的决心。一次座谈会上，党员代表崔伟香结合自身参与储层改造的工作过程，讲述了艰苦奋斗的经历；李荣结合钻井实际工作以及学习体会，决心始终践行党的要求和精神，为党的理想奋斗；李骥表达了年轻员工坚定传承和弘扬石油精神、党的优良传统的决心……其他党员也纷纷表态，将紧随党的步伐，贡献石油力量。

阿布扎比公司坚持把践行"三老四严"的石油精神贯穿于实现各项目标的全过程，结合实际，因地制宜、灵活多样地开展以此为主题的创先争优、岗位做贡献等教育活动，激励广大员工干部立足岗位，顽强拼搏，推动战略目标的实现，使践行"三老四严"的石油精神与油气业务发展同频共振、相互促进。

随着科技的进步和工业的发展，石油工业也在不断地变革和创新。但无论时代如何变化，"苦干实干、三老四严"的石油精神，始终是石油工业的核心和灵魂，始终是阿布扎比公司员工们的坚守与传承，它鼓励着中国石油人不断地创新和进取，为国家的能源安全和经济建设做出更大的贡献。

创新：中国石油阿布扎比公司在"三老四严"精神指引下的创新与突破

在全球石油市场竞争日益激烈的背景下，阿布扎比油气市场开放规范，当地政局稳定，既是最新油气技术的应用地，也是先进石油开发理念的应用地，属于高度国际化的油气高端市场，在中东地区具有较大影响力。阿布扎比公司深知，要想在这片沙漠之地取得一席之地，必须不断地创新、打破桎梏。在"三老四严"精神的指引下，公司不仅在技术上取得了一系列突破，更在管理、合作模式、市场开拓等方面展现出了前所未有的创新精神。

首先，在技术上，阿布扎比公司在"三老四严"精神的指引下，成功地应用了一系列先进的油气勘探和开采技术，以科学严谨的态度大大提高了油气的开采效率和经济效益；研发了一系列创新技术，为公司的油气业务提供了强大的技术支撑。

其次，在管理上，阿布扎比公司在引入国际化管理理念和方法的同时，始终发扬"三老四严"的优良作风，建立了一套完善的员工培训和激励机制，确保每一位员工都能发挥出最大的潜能，为公司的发展做出应有的贡献。公司财务部主管伍新宇是其中的佼佼者，她继续秉承"苦干实干、三老四严"优良传统，发扬财务人员优良作风，在工作岗位中融入爱岗敬业、参与管理、强化服务的职业道德意识和诚信、创新业绩、和谐安全的企业理念，使财务工作由最初的建章立制向精细化管理转变，使财务管理职能从重核算向重监督服务职能转变，使财务人员由被动的"要我做"向主动的"我要做""做得更好"转变。

再次，在合作模式上，公司将"三老四严"科学严谨、实事求是的态度应用在国际合作中，积极探索与阿布扎比当地政府和国际石油企业的合作模式，确保公司业务能够在当地获得稳定和长远发展。

最后，在市场开拓上，阿布扎比公司深耕当地市场，积极贯彻落实中国石油决策部署，稳步推进业务整合，如期实现中东业务全方位融合，确保公司的油气业务能够得到稳定发展。

作为阿拉伯文化的重要代表，阿布扎比深厚的历史和宗教背景为其塑造了独特的社会风俗和价值观。阿布扎比公司进入这样一个文化背景鲜明的国家，首先面临的就是文化差异的挑战。公司深知，要想在当地成功落地，必须尊重当地的文化和传统。因此，公司在日常运营中，无论是与当地政府还是与合作伙伴的交往中，都展现出了对阿拉伯文化的深入了解和尊重。由于伊斯兰教是阿联酋社会和文化的基石，因此尊重宗教习俗至关重要，在商业合作和施工过程中，阿布扎比公司充分考虑伊斯兰教信仰的民族习惯，例如经常在斋月期间适应祈祷时间并调整时间表，以方便穆斯林的日常祈祷和禁食活动。在伊斯兰宗教节日期间，如开斋节和宰牲节，及时向同事和商业伙伴致以问候和祝福，有力加深了交往，加强了商业关系。

除了文化差异，阿布扎比公司还面临着与国内完全不同的工作环境。阿布扎比的气候、地理条件、法律法规等都与国内有很大的差异。但公司始终坚守"三老四严"的原则，不仅在技术上进行了适应和创新，更在管理上进行了本土化调整，确保公司的运营既能满足当地的要求，又能保持中国石油的高标准和高效率。为了更好地适应当地的工作环境和文化，阿布扎比公司还积极开展了人员培训和文化交流活动。公司定期组织员工参加文化交流和语言培训，增强他们的跨文化沟通能力。

一方面，因地制宜制订员工培养发展计划，促进当地员工成长成才，加深了当地员工对中国石油特色技术与理念的认同；另一方面，为适应新形势、新要求，大力推进人才强企工程，发挥青年员工的积极性，不定期与 ADNOC 开展技术理论分享及成熟技术推介，培养出了一支专业精、敢担当、通晓国际商务经营的国际化人才队伍。

阿布扎比公司不仅仅是一个在当地开展业务的外国企业，更是一个与当地社会深度互动的合作伙伴。公司积极参与当地的社会公益活动，与当地社区建立了深厚的友好关系。在促进当地经济发展、创造大量就业岗位的同时，积极履行社会责任，参与当地基础设施、文教卫生等公益项目建设，与当地政府和社区建立和谐的公共关系，与雇员建立和谐的劳动关系，承担社会责任。为促进当地经济社会发展和提高油区民众生活质量做出了卓越贡献，赢得了资源国政府和合作伙伴的高度认可。

这种深入融入当地社会的做法，不仅有助于公司更好地开展业务，更展现了公司对"三老四严"原则的坚守和践行。

坚守："三老四严"传承下的磨砺和考验

阿布扎比的沙漠环境是对每一位石油人的极大考验。炙热的阳光、漫天的沙尘、干燥的空气，每一天的工作都如同与自然进行一场较量，但阿布扎比公司的员工从未退缩。面对着高温和沙尘，他们始终坚守在工作岗位，展现出坚韧不拔的精神。

面对恶劣的工作环境，阿布扎比公司的员工团队建设显得尤为重要。公司定期为员工们提供专业培训，确保他们在面对各种情况时都能够有足够的知识和技能来应对。同时，公司的员工们也始终团结一心、相互扶持，共同面对各种困难和挑战。这种团队精神，也是"三老四严"精神的重要体现。在新的历史时期，"苦干实干""三老四严"的石油精神已经成为阿布扎比公司的核心价值观，激励着每一名员工在面对困难和挑战时，都能够坚定信心、勇往直前。

2019年新冠肺炎疫情期间，公司不少员工被阻隔到国内无法返回工作岗位。前方人手不足，工作压力又重，承担的压力极大，他们果断成为疫情逆行者，大家都往回跑，他们却往前线走，义无反顾奔赴阿布扎比。当时虽然身穿防护服，佩戴着口罩，但大家依旧工作热情不减。

在异国他乡，阿布扎比公司的员工们始终坚守"三老四严"的原则，展现出了中国石油人的坚韧和担当。他们老实守信、老练务实，作风严谨、纪律严实，这种精神已经成为公司的文化基石，引领着公司在海外业务的每一步发展。"苦干实干"的精神是公司员工们的行动准则。在艰苦的工作岗位上，他们不畏艰苦，勇于创新，用实际行动践行使命担当。回顾阿布扎比公司的发展历程，每一个项目的成功，每一次技术的突破，每一个里程碑的达成，都是在"苦干实干"的坚守中拼搏出来的，都是在"三老四严"的指引下最终实现的。这种精神如同火种，燃烧在每一个石油奋斗者的心中，成为他们前行的不灭火炬，成为他们追求卓越、服务国家的强大动力。

在长期的奋斗中，基于对"苦干实干""三老四严"精神的传承与发扬，阿布扎比公司也积淀和形成了一系列的优良传统和工作作风：

首先是"双精神"为基，"苦干实干"与"三老四严"并重。通过深入学习和实践企业文化，用实事求是的态度和方法，去分析、研究、解决在阿布扎比特有的地质和工作环境中所遇到的各种问题。

其次是"双融合"策略，即将中国石油的技术和管理经验与阿布扎比的地质特点和文化习惯相结合，形成了一套既具有国际水平又符合当地实际的技术和管理体系。

再次是"双创新"原则，即在技术和管理上都敢于创新，不断寻求最佳的解决方案，确保公司的业务始终处于行业前沿。

第四是"双合作"模式，即与阿布扎比的政府和企业建立深度合作关系，共同推动石油工业的发展，实现互利共赢。

最后是"双培养"策略，即既培养具有国际视野的石油专家和管理人才，又注重对当地员工的培训和教育，确保他们能够快速融入公司的文化和工作环境。

在这一优良传统和工作作风的传递、指引下，公司在海外业务的发展中取得了一系列辉煌成就。2023年，阿布扎比公司提前11天完成年度权益产量指标。2023年10月，阿布扎比公司累计权益产量突破6000万吨，成为继2018年3月21日阿布扎比陆海项目实现首油、2019年权益产量超1000万吨后，实现的又一里程碑式跨越。

展望："三老四严"精神在海外石油行业的角色

随着科技的进步、环境保护要求的加强以及全球能源需求的变化，石油行业正处于一个转型期。这种转型不仅仅是技术和市场的转型，更是思维和文化的转型。在这样的大背景下，"三老四严"精神的重要性显得尤为突出。

阿布扎比公司始终将国家利益放在首位。无论是在国际合作还是在市场竞争中，公司都始终坚持以国家的长远利益为导向，确保每一个决策和行动都与国家的战略目标相一致。能源是国家发展的基石，而石油作为主要的能源来源，在国家的能源安全中起到了关键的作用。阿布扎比公司深知这一责任，始终坚守岗位，确保石油供应的稳定性和安全性，为国家的持续发展提供有力的支持。

在全球化的背景下，国际能源合作显得尤为重要。中国石油作为国家的能源大使，积极推动国际能源合作的深化，为国家争取更多的利益。面对国际石油市场的波动和各种不确定因素，阿布扎比公司不畏困难，勇敢应对，无论是面对国际油价的大幅波动，还是面对复杂的国际政治经济形势，公司都展现出了坚定的决心和高度的责任感，确保国家的能源安全不受威胁。在国际石油市场的竞争中，技术和创新是关键。阿布扎比公司不仅传承了国内的先进技术，还积极引进国际的先进技术和管理经验，不断进行技术创新，确保公司在国际石油市场中始终保持领先地位。

随着石油资源的逐渐减少，精细勘探成为了新的发展方向。但阿布扎比地质环境复杂，开采技术难度大，需要高度的专业知识和技能。阿布扎比公司的工程师和技术人员，凭借"三老四严"的精神，不断研究和探索，成功应对了精细勘探的各种技术难题。

阿布扎比公司坚持将"合规、履约、环境友好、可持续发展"作为油田绿色开发的主题，高度重视绿色油区建设，分阶段、多层次抓好新建项目的环境影响评价工作，对合同区块内气象气候、水文地质、水源、空气质量、噪声等主要环境要素进行环境基线调研，杜绝环境污染和生态破坏事件发生。开发过程中，采用多种绿色技术进行源头控制，实现原油回收不落地、燃烧无黑烟，废水、废气、固体废物规范处置，实现环境保护与经济效益的双赢。

面对全球的环境问题，石油工业也需要进行绿色转型。阿布扎比公司始终坚持绿色开采的原则，不断研发低碳、环保的开采技术，确保在满足能源需求的同时，也能够保护环境，实现可持续发展；始终坚持"在保护中开发、在开发中保护、环保优先"的原则，努力实现生产与自然生态和谐共融。

随着信息技术的发展，数字化和智能化成为了石油工业新的发展方向。阿布扎比公司积极引进先进的信息技术，进行数字化转型，实现了石油开采的智能化，提高了开采效率，降低了成本。面对复杂的技术难题，单一的技术往往难以应对。阿布扎比公司始终坚持"三老四严"的精神，坚韧不拔，勇于创新，积极鼓励技术人员进行跨学科的技术融合，如将地质学、物理学、化学等多学科的知识和技术进行融合，成功解决了一系列的技术难题，为公司的持续发展提供了坚强的技术支撑。

在全球市场中，品牌和文化的影响力不容忽视。阿布扎比公司积极进行品牌建设，弘扬"三老四严"的企业文化，通过参与国际能源展览、举办文化交流活动等各种渠道，积极提高公司在国际市场的知名度和影响力。公司还通过各种内部宣传活动，如企业文化月、文化墙、企业历史展览等，让每一位员工都能深入了解和认同"三老四严"的石油精神。通过组织各种文化交流活动，如文化节、员工才艺大赛、文化沙龙等，让员工在轻松的氛围中感受企业文化，增强企业凝聚力。对于公司的传统节日、仪式和活动，如庆祝公司成立纪念日、年度表彰大会等，公司也不断加以创新，使其更具时代感和吸引力。

针对石油行业的技术发展和市场需求，公司定期组织技能培训，如新技术应用、安全操作规程等，确保员工技能始终处于行业前沿。对于管理层和关键岗位的员工，提供管理培训和领导力培训，帮助他们提高管理效率，更好地带领团队。鉴于海外业务发展，公司还加强国际化培训，如外语培训、跨文化沟通技巧等，培养具有国际视野的员工。与国内外知名石油研究机构建立合作关系，共同进行技术研发，提高公司的技术创新能力。与国内外知名高校建立产学研合作关系，定期派遣员工进行进修和学习，同时吸引优秀的毕业生加入公司。

公司还经常组织员工参加国际石油大会、技术研讨会等，与国际同行交流，了解国际最新的技术和管理经验。

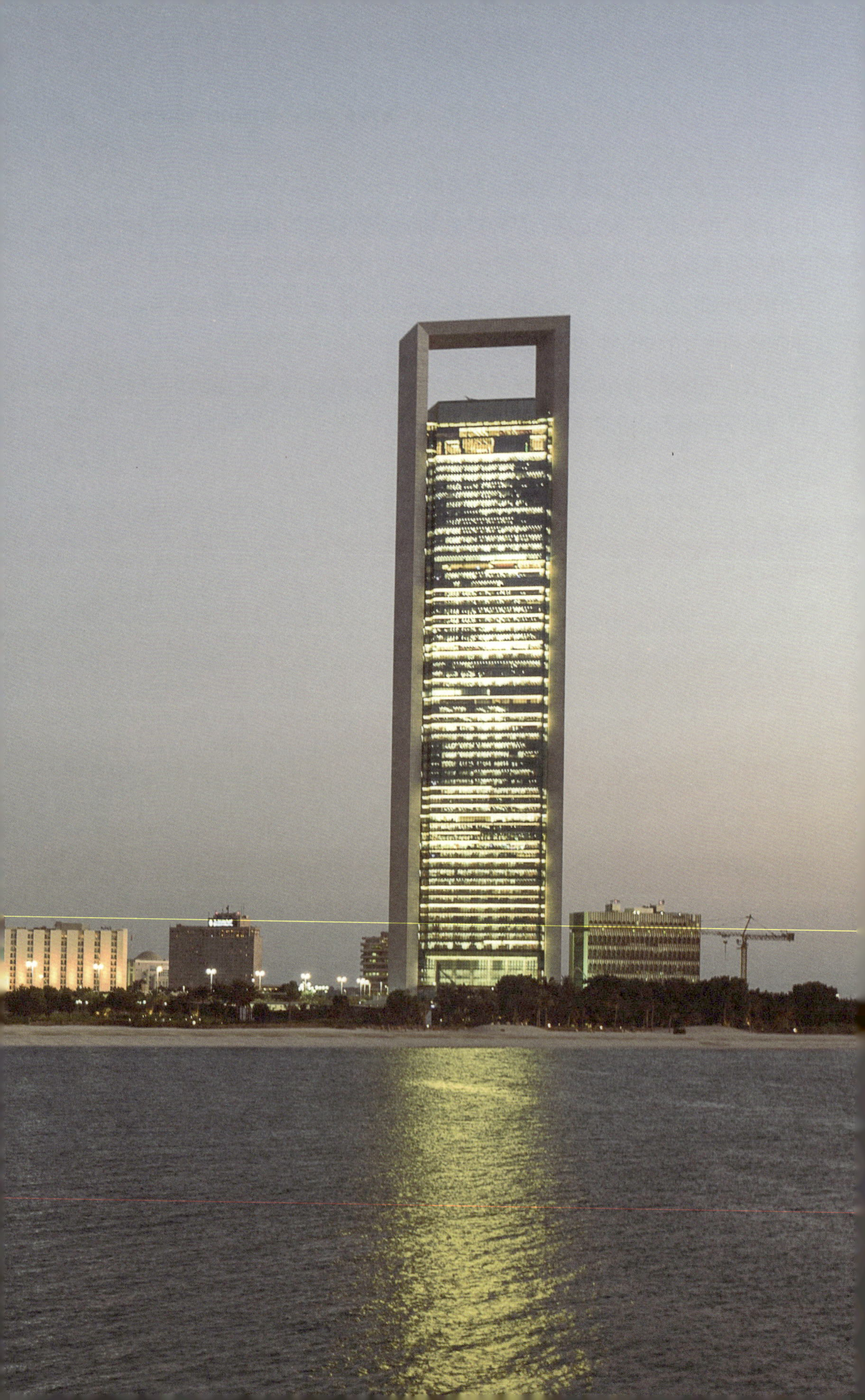

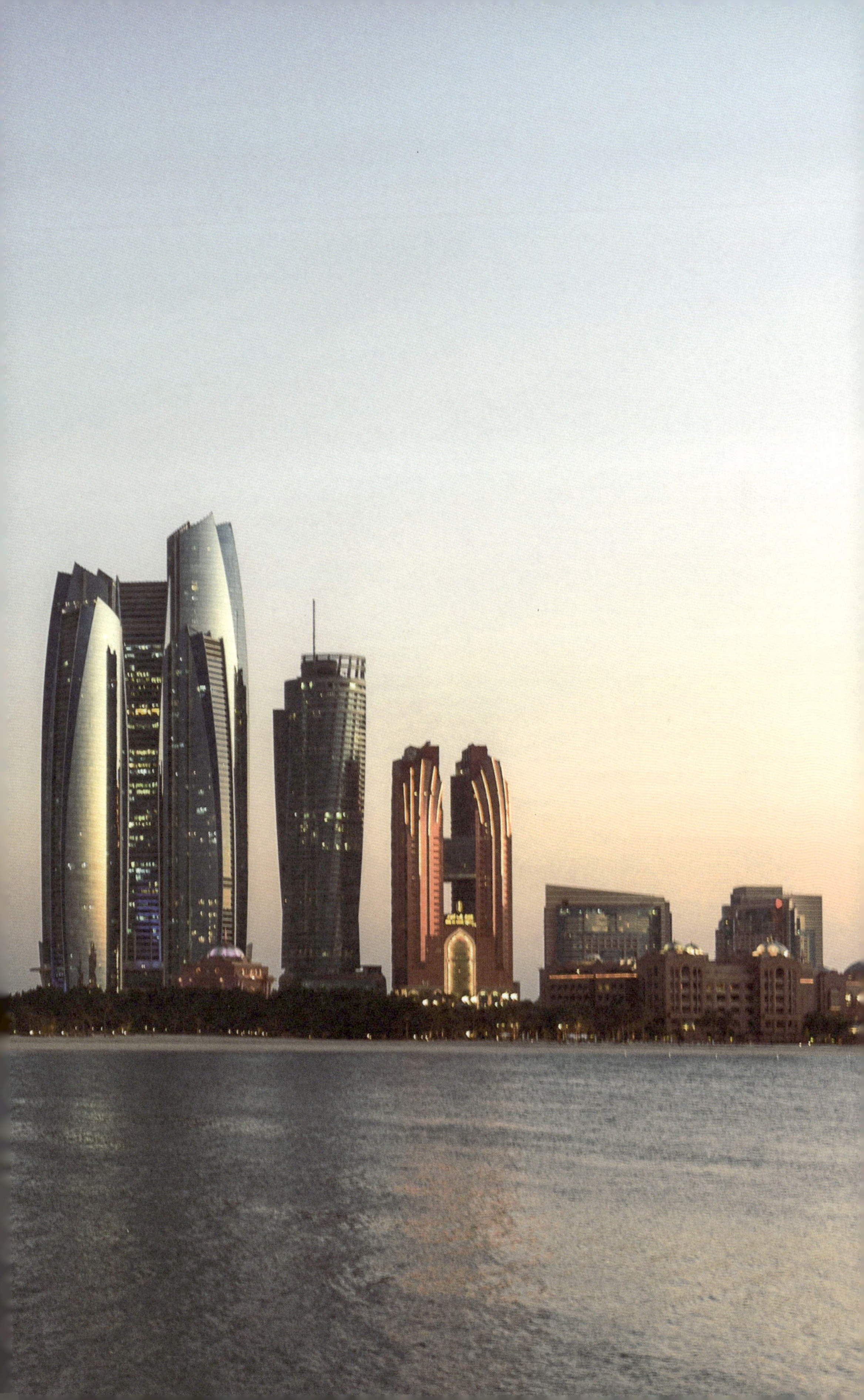

第 11 章
跨越 —— 自主创新的意志品格

在全球石油产业中,创新已经成为推动行业发展的核心动力。随着全球能源结构的转型和石油资源的日益紧张,传统的开采和生产方法已经不能满足现代社会的需求。而技术创新,无论是在勘探、开采还是在生产和加工过程中,都为石油企业带来了巨大的竞争优势。特别是在深海开采、非常规油气资源的勘探和开发以及提高油田的采收率等方面,创新技术已经成为行业的标配。此外,面对全球气候变化和环境保护的挑战,石油产业也在积极寻求绿色、低碳的生产方法,这也为技术创新提供了广阔的空间。

作为中国石油在中东地区的重要代表,阿布扎比公司自成立以来就始终坚持技术创新和研发投入。在与 ADNOC 的合作中,阿布扎比公司不仅输出了先进的技术和管理经验,也将中国石油的绿色发展理念创新精神带到了中东。

2019年ADNOC陆海项目现场HIC02非常规井钻井及试气

多年来，阿布扎比公司深入贯彻落实集团公司和海外板块关于数字化转型和智能化发展的指导方针，坚持"六统一"原则，稳步推进公司的数字化转型智能化发展，不断强化信息服务意识，提高运行维护的质量和效率，为公司的高质量发展做出了应有的贡献。

根据ADNOC的2030愿景目标和P5战略计划，2027年ADNOC产量将达到日产增加百万桶。为了加快上产，各作业公司加大了数字化技术进行生产优化和运营决策智能化的应用，从而提高油田的生产效率和降低桶油成本，最终实现可持续发展战略。2023年，阿布扎比公司各参股项目出色完成了相关数字化工作：

——陆海项目建设智能运营指挥和决策中心（以下简称"IWC"），是一个集成智能化管理的数字中心。将海上Bu hasser油田生产平台的三维模型实时复制到IWC的室内环境，实现对油田的在线远程监测；通过实时优化操作参数，实现了油气上游价值链全方位监控并驱动优化业绩参数表现，通过远程实时全天候全方位大数据，实现了关键业绩参数的可视化实时显示和追踪，节约了人工成本，提高了运行效率，优化了决策流程。该中心将成为陆海项目智能化运营的核心枢纽，为公司决策提供关键信息支持，推动生产效率和可持续发展。2023 年获得了年度运营数字孪生奖。

—— 陆上项目通过最大化利用实时操作中心，应用机器学习和人工智能优化钻修井工作量和建井周期，减少钻机作业天数，从而实现降本增效和可持续发展的目标。公司作为资产领导者的 NEB 资产组年产量超千万吨，通过数字化技术和物联网平台进行四座中心处理站共享一间中心控制室，常备操作人员仅 10 余人，实现了全部站场和井场的远程监控和操作，站场的高度智能化大幅减少了现场工作人员和无人化作业；同时，对现场实时数据接入了 ADNOC 集团的一体化线上系统（FDIS），从而总部、技术中心等部门可实现实时监测和干预。

—— 海上项目下扎油田多口先导试验井开展实时钻井液监测系统试点工作，通过系统实时诊断和更快的泥浆处理作业，实现最大限度地减少非生产时间问题。海上项目在乌纳油田一口先导试验井使用光纤分布式温度系统采集代替 PLT 来降低成本、降低运营风险、减少采集不确定性和生产延期。

—— 海上乌纳项目在 Nasr 油田中心处理平台部署了自行走检测机器人先导试验，通过机器人对平台上的生产设施进行监测，减少现场操作人员的投入，提高了检测效率，保障生产安全。乌纳项目成功完成一口先导试验井数字化智能人工举升系统的试验，通过井下数据监测系统和数字自动化操作来提高工作效率，有利于优化井数、减少生产井的关停时间和油井作业周期。

创新精神与创新技术交流

在全球石油产业的大背景下，创新已经成为了每一个公司生存和发展的核心。阿布扎比公司深知这一点，从其成立之初就坚定地走上了自主创新的道路。这种创新不仅仅是技术上的，更多的是一种思维方式、一种文化、一种精神，它代表了公司对未来的远见和对挑战的勇气。

在这种创新精神的驱动下，阿布扎比公司不断挑战自我，不断突破技术瓶颈，不断探索新的发展模式。这使公司在面对各种困难和挑战时，总能够找到最佳的解决方案，总能够在竞争中保持领先。

阿布扎比公司成功组织召开了 NEB 资产组地面设施去瓶颈专项推进会，为通过技术引领推动 NEB 资产组高效运行奠定了坚实基础。为推动此次会议，公司组织专家团队克服困难，提前到现场调研，与技术人员深入交流，就关键难题、工作界面、资料收集等问题进行讨论，论证工作方案的可行性，切实体现了"涉险滩、破难题，知难而进、迎难而上，把调查研究成果转化为推进工作、战胜困难的实际成效"的有效应用，把工作做到了实处。

2023 年 6 月 27 日，阿布扎比公司组织陆上项目技术专题研讨视频会，听取 NEB 资产领导者工作进展、2022 KPI 评价总结、NEB 资产组 P5 战略目标情况、陆上项目技术推介进展和股东技术会议创效进展等 5 个专题报告。阿布扎比公司管理层高度评价并认可资产领导者团队在第一任期取得的工作成绩，围绕高质量发展和资产领导者的技术引领作用，重视第二任期合同规定的 30 项工作任务，重调查、重交流、重落地、加快创效，同时发挥组织优势，做好 NEB 资产组 P5 战略目标项目研究、新技术推介和股东行权技术支持等工作，助力中国石油的国际化建设。

2023 年 12 月 20 日，阿布扎比公司陆上项目首套 1500 马力混合动力钻机在 AD－218 井顺利开钻。该套钻机由中国自主研发，采用电池储能和柴油发电并行的混合动力方案，将钻机运行期间的碳排放降低 10% 至 15%。阿布扎比公司践行 ADNOC "ESG（环境、社会和公司治理）"发展理念，精准推介新能源替代方案，与此同时，公司也非常重视员工的创新能力和创新精神，鼓励员工敢于尝试、勇于创新，不怕失败。这种文化，使公司的每一个员工都成为了创新的参与者，成为了公司发展的推动者。

在阿布扎比高端油气市场履职资产领导者，是中国石油从第三世界国家石油市场进入成熟高端石油市场的第一次行权尝试。面对全新的规则体系，要找到发声通道和行权平台，要解决投资回报确保中国石油利益等问题，需要中方拿出真本事硬功夫回答原资产领导者的质疑，让合作伙伴放心；需要直面挑战和问题，推出中国智慧和中国方案，快速消化油田勘探开发数据，构建全新后勤保障机制，确保中国石油主动有效行权；还需要解决高端市场项目运作合规和合法性问题，解决小股东构成多、股东事务管控架构复杂，会议种类层级数量多、时间冲突、主题重复、人员安排不科学问题。面对以上诸多亟待解决的问题，阿布扎比公司的行权创新做法是：技术引领驱动实现项目管控和运营。NEB资产领导者技术及管理有其特殊性。NEB资产组储量超百亿桶，采出程度较低，主力油藏为低渗、低粘、低幅度构造、边底水、气顶碳酸盐岩油藏，开发难度较大。历经十余年开发，存在注采压差大，未建立起有效驱替系统、不合理开发技术政策导致含水气油比上升快等问题，技术方面挑战较大。依据作业协议，资产领导者需要利用其内部资源完成如下工作，一是提供所需技术支持，优化投资和操作成本，实现既定生产计划；二是针对开发面临的挑战，积极推介先进、实用、成熟技术并付诸实施，同时要对当地员工开展与该技术相关的培训工作；三是保持与高级副总裁协调沟通，确保方案的有效实施；四是建立与资产管理委员会工作汇报制度；五是定期评估资产组所属油田开发现状，分析油藏表现，对存在的问题及时提出建议并制定改进方案；六是参与技术比选，以期获得最佳开发效果。

建立适应高端市场的"三位一体"技术支持体系。涵盖地质、油藏、钻完井、采油、地面工程等专业技术专家，依托以勘探院为主的专家团队开展工作，在项目公司的统一安排下，全面履行合同义务，以及作为资产领导者的责任和义务，展示中国石油勘探开发生产技术水平，推进中国石油特色技术的应用，提升中国石油在阿布扎比高端市场的形象、地位，探索技术驱动创效新模式。

中国石油的自主创新精神，为阿布扎比公司提供了宝贵的启示。这种精神，代表了一种不畏艰难、勇于挑战的态度，也代表了一种始终坚持科学态度、锤炼求实作风、勇于开拓创新的精神品质。

阿布扎比公司深知，要想在国际市场上取得成功，必须具备自己的核心技术和独特的竞争优势。因此，公司在技术研发和创新上，始终坚持自主创新的原则，努力形成自己的技术体系和创新模式。

例如，面对中东地区的特殊地质条件和复杂油藏，公司不仅引进了国外的先进技术，更重要的是，它结合中东地区已有油气田的开采和生产技术经验，进行了大量的实地调研和技术试验，成功地开发出了一系列适应当地条件的开采和生产技术。这些技术，不仅提高了公司的生产效率，也为公司赢得了国际市场的认可和尊重。

创新使命与创新挑战

阿布扎比公司在其早期发展阶段，深知要在国际石油产业中站稳脚跟，必须掌握特色和核心技术。因此，公司积极整合中国石油技术资源，对于每一项推出和推广的技术，都组织专门的团队进行深入的研究和实践，目的是将这些技术与本地的地质条件和生产实际相结合，进行消化和吸收。在这个过程中，阿布扎比公司不仅仅是一个技术的接受者，更是一个技术的创新者。通过不断的实验和实践，公司成功地将引进的技术进行了本土化改造，使其更加适应中东地区的特殊条件。经过多年的努力，阿布扎比公司提出了一系列适应中东地区特殊地质条件的开采和生产技术方案，这些技术不仅提高了公司的生产效率，更为公司赢得了国际市场的认可和尊重。

阿布扎比公司在技术研发和分享的过程中，始终坚持"实践出真知"的原则。每当研发出新的技术，公司都会在实际生产中进行大规模的试验和应用，确保这些技术真正能够为生产带来实际效益。在这个过程中，公司不断地总结经验，不断地完善技术，使其更加成熟和稳定。同时，公司也积极参与国际技术交流和合作，与世界各地的石油公司分享自己的技术成果，不断提高自己的技术水平。凭借自主研发的技术和丰富的实践经验，阿布扎比公司在国际石油的风云舞台上逐渐崭露头角。无论是在技术方案、生产效率，还是在环保和安全方面，公司都处于行业的前列。这种技术领先地位，不仅为公司带来了丰厚的经济效益，更为公司赢得了国际市场的广泛认可和尊重。在国际石油产业中，阿布扎比公司已经成为了一个技术的标杆，为全球的石油公司提供了宝贵的参考和启示。

阿布扎比公司的技术之路，是一条自主创新、实现跨越的意志品格之路。在这条路上，公司始终坚持自主创新的原则，不断挑战自我，不断突破技术瓶颈，为公司的长远发展奠定了坚实的基础。

创新人才与创新团队

阿布扎比公司坚信，创新不仅仅是研发新技术，更是一种思维方式，一种文化。这种文化鼓励每一个员工都成为创新者，不断追求卓越，不断挑战自己。公司的高层领导经常在各种场合强调创新的重要性，通过例会、培训、研讨会等方式，让创新的理念深入人心。

一是鼓励员工勇于创新。阿布扎比公司定期组织各种技术和管理培训，帮助员工提高自己的专业技能和创新能力。这些培训不仅仅是理论知识，更多的是实践操作和案例分析，使员工能够在实际工作中运用所学。公司提供了一个充满活力、开放和多元的工作环境，鼓励员工跨部门、跨团队合作，共同探讨和解决问题。这种环境使员工敢于提出与众不同的想法，敢于挑战传统的思维和做法。

二是建立奖励与激励机制。阿布扎比公司制定了明确的创新评价标准和机制，确保每一个崭新的想法和行动都能得到公正的评价与相应的奖励，不断鼓励员工们努力工作、积极创新。

三是依靠集智攻关的团队合作力量。面对当今石油产业中的挑战，技术难题日益复杂，很多问题不再是单一领域的，而是多个领域交叉的。这就要求阿布扎比公司能够打破部门之间的壁垒，鼓励跨部门的合作。阿布扎比公司鼓励员工跨部门、跨团队合作，认为这是汇聚各方智慧、共同攻关的最佳方式。这种合作方式不仅能够集中资源，更能够从不同的角度和层面来看待和解决问题。

　　阿布扎比公司明白，真正的创新不仅仅来自公司内部，更多的是来自外部。因此，公司积极与外部的研究机构、高校和其他企业合作，引入最新的技术和思想。这种合作方式不仅能够为公司带来新的技术，更能够为合作伙伴提供一个广阔的市场和应用场景，实现双赢。阿布扎比公司认为，公司重视团队建设，不仅仅是技术层面，更是文化和精神层面。公司为团队提供了一系列的培训和支持，确保他们在攻关过程中能够得到充分的支持。这些支持不仅仅是物质的，更多的是精神的，鼓励团队持续创新，不断突破。每当取得了某项技术突破，都会组织相关团队进行案例分享，这不仅仅是为了展示成果，更是为了总结经验，为后续的研发提供参考。这种分享和交流的方式，能够让更多的员工从中受益，进一步推动公司的技术创新。真正的创新不仅仅是技术的突破，更是一种文化和精神的体现。公司不仅仅依靠自己的力量，更是通过汇聚全公司乃至全社会的智慧和力量，共同推动公司的技术创新和发展。这种意志品格，正是阿布扎比公司在国际石油产业中取得领先地位的关键。

　　人才是企业发展的核心竞争力，阿布扎比公司因此制定了一套完善的人才策略。贯彻人才强企工程总体部署，遵循人才成长规律，突出一线员工、关键岗位、青年人才，多方并举促进员工扎根一线、深耕专业、岗位成才，切实把发现人、培养人、举荐人作为重要责任，把人才队伍有序接替和年轻人才培养工作落到实处；扎实推进全员绩效考核结果在干部选拔、绩效兑现、先进评选等方面的综合应用，大力推动三项改革落地；着力加大人员轮换力度，为人才成长匹配合适的岗位，引导队伍建设与企业发展同频共振，稳步推动人才高质量管理助力业务高质量发展；深化落实实践锻炼人员岗位成才，大力推动将人力资源转化为人力资本；实施技能素质提升行动，深入组织 e-learning 在线学习，开展"互联网＋培训"活动。

　　阿布扎比公司高度重视员工的培训，从基础的石油开采技能、安全操作流程，到先进的石油开采技术、新技术应用等，涵盖了员工在工作中可能遇到的各种技术问题和挑战。除了理论知识的教授，培训中心还特别强调实践操作的训练。通过模拟实际工作环境，员工可以在培训中心进行实际操作，确保所学知识能够迅速转化为实际工作能力。为了更好地进行技术研发和创新，公司对技术团队进行了细致的组织架构设计，确保每个团队都有明确的研发方向和任务。为了激发技术团队的创新热情和工作积极性，公司制定了一系列的激励和奖励机制，对在技术研发和创新方面做出突出贡献的团队和个人给予表彰。公司鼓励技术团队之间的交流与分享，定期组织技术研讨会和交流活动，让团队之间可以互相学习，共同进步。

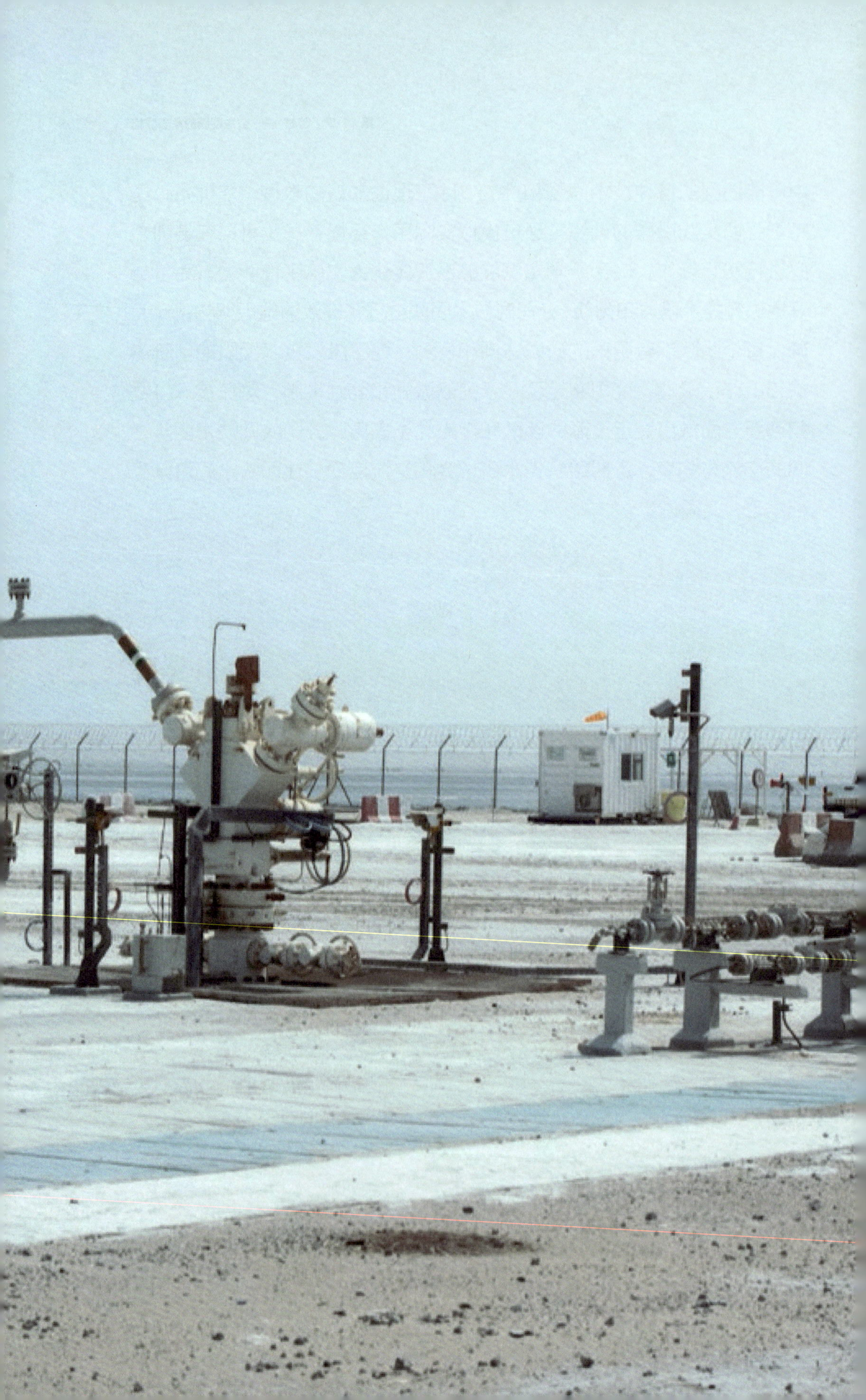

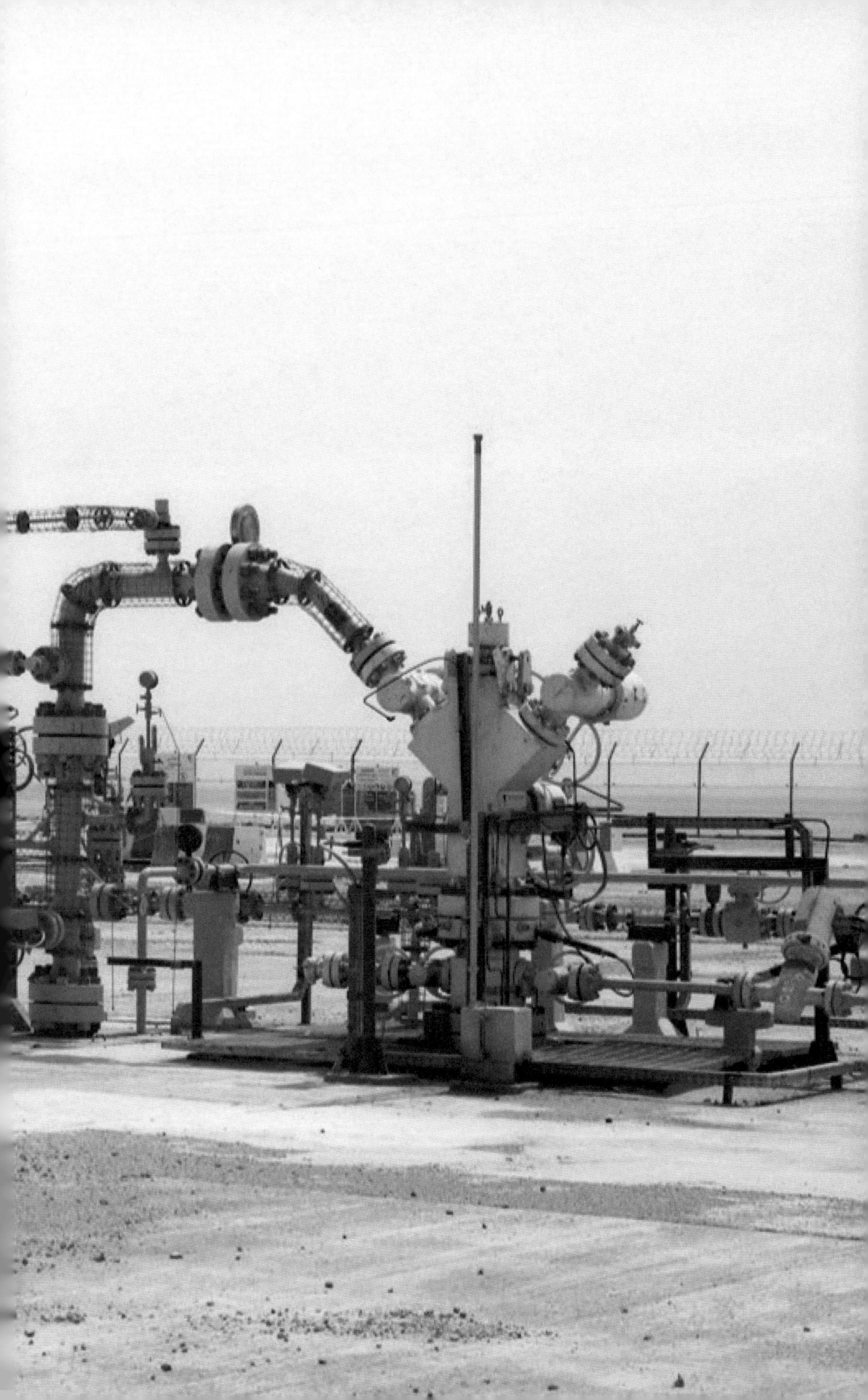

第 12 章

砺兵 —— 逐梦全球的博大胸怀

十年前,当阿布扎比公司初次代表中国石油踏入阿布扎比的国际舞台,它面对的是 BP、道达尔能源等国际石油巨头的强大竞争。但这并没有阻挡公司的前进步伐,反而成为了它历练和成长的动力。在十年后的今天,阿布扎比公司怀揣着"厉兵秣马,逐梦全球"的博大胸怀,不仅要在阿布扎比牢牢站稳脚跟,也要在全球石油市场占有一席之地。

未来,阿布扎比公司希望成为保障国家能源供应的压舱石,为我国提供持续、可靠的油气能源。这不仅是一个商业目标,更是一个社会责任。

逐梦蓝图:在"一带一路"上勾勒中国石油梦想

担负着"一带一路"宏伟而美好的愿景,阿布扎比公司是中国石油全球化蓝图上的重要一环，是"一带一路"油气勘探开发合作愿景中的核心角色。

阿布扎比公司与阿布扎比当地政府建立了长期、稳定的合作关系，确保业务的顺利进行。除了与政府合作，公司还与当地的石油企业和其他相关企业建立合作关系，实现资源和技术的共享，提高业务的竞争力。未来公司将根据当地的实际情况，探索多种合作模式，如合资、合作开发、技术转让等，确保合作的双方都能获得最大的利益。

阿布扎比公司利用自身在技术、管理和资金方面的优势，与当地企业实现资源的优势互补，提高业务的效率和效益。在海外市场，公司尊重当地的文化和习惯，不断加强与当地员工和合作伙伴的文化交流，积极促进文化的融合和共同发展。阿布扎比公司不仅追求自身的利益，还注重与合作伙伴的共同发展，通过与合作伙伴共同制定发展战略，确保合作方共赢，获得长期、稳定的回报。

同时，阿布扎比公司进一步优化国际化管理，坚持降本增效，提高生产效率，降低生产成本，确保公司的利润率持续提高，实现国有资产保值增值。面对全球市场的不确定性，阿布扎比公司建立完善的风险管理体系，对各种可能的风险进行预测和评估，制定相应的应对策略，确保公司的财务目标的稳健实现。

阿布扎比公司还进一步加强中国石油品牌建设，通过各种渠道进行中国石油品牌宣传和推广，提高中国石油在全球市场的知名度。进一步深化与全球各大石油公司和其他合作伙伴的关系，共同开展各种市场活动，提升中国石油的话语权市场影响力。此外，阿布扎比公司还建立了完善的客户关系管理体系，不断收集和分析客户的反馈，优化产品和服务，确保客户的持续满意和忠诚。通过这些策略和措施，阿布扎比公司进一步提升了中国石油在全球市场的影响力和竞争力，为公司的长远发展打下坚实的基础。

博大胸怀：坚持与伙伴互利共赢

随着中国经济的快速发展，能源不足的矛盾日益凸显，中国石油以保

与 ADNOC 陆海项目合作

障国家能源供应为己任，在国家"走出去"战略指导下，中国石油提出"稳定东部、发展西部，多元开发、多种经营，扩大对外合作、开展国际化经营"三大战略，审时度势，适时抓住有利时机，科学地做出走出国门、开展国际化石油合作的决策。2001年至2005年，中国石油坚持"走出去"的脚步始终停滞，把进入中东作为实现全球油气业务战略布局的重点。

面对中东社会安保形势严峻、资源国地缘政治复杂的严峻形势，中国石油弘扬"爱国、创业、求实、奉献"的大庆精神铁人精神，凝聚攻坚克难、战胜困难、夺取胜利的精气神，在中东大地发扬光大，谱写了一曲海外石油精神新篇章。

2006年至2010年，中国石油加强国际互利合作的能源战略，更加重视海外业务发展。2005年，中国石油提出资源、市场和国际化新"三大战略"，把发展国际业务作为新"三大战略"目标之一，坚持把国家利益作为合作的出发点和落脚点，加快中东油气业务"走出去"的步伐。2013年5月，与ADNOC签署陆海勘探开发联营协议，实质性进入阿联酋油气高端市场。中东地区投资业务年均原油作业产量和权益产量分别实现千万吨和500万吨增长。中国石油实现了国家"走出去"和与主要国际石油公司及高端油气市场合作。

阿布扎比公司深度融入"一带一路"发展框架，为区域内的能源供应和经济发展提供有力支撑。通过"一带一路"建设，阿布扎比公司进一步拓展投资合作，促进资源、技术和资本的互补互利。阿布扎比公司与东道国和股东伙伴分享先进的石油技术和管理经验，帮助当地提升石油产业的技术水平和管理能力。通过组织各种培训班和研讨会，加强与东道国的人才交流，并培养出一批具有国际视野的多领域石油专家。

阿布扎比公司将投资建设太阳能、风能等绿色能源项目，为当地提供清洁、可再生的能源，同时帮助其实现碳排放减少的目标。除了能源项目，公司还积极投身社会公益，在开展石油开采和生产活动时，公司将严格遵守环境保护法规，采取各种措施减少对环境的影响，确保绿色、可持续的发展。通过深度参与"一带一路"建设，阿布扎比公司不仅进一步扩大其在阿联酋高端市场的话语权和影响力，还将为阿联酋经济和社会的可持续发展做出重要贡献。

通过这一系列的目标设定，阿布扎比公司将全面展示博大胸怀和远大志向，为实现全球能源的绿色、可持续发展做出积极贡献。在迈向全球化的征程中，阿布扎比公司始终坚守责任和原则，阿布扎比公司坚信，只有公平合作，才能建立起长久且稳固的合作关系；只有互利共赢，才能确保双方在合作中都能获得最大的利益；只有尊重当地的文化和法律，才能让公司在海外市场成功运营。在全球化的征途上，阿布扎比公司以"逐梦全球"的博大胸怀为指引，坚定不移地遵循以下价值观和原则。

一是坚持公平合作，建立长久稳固的合作关系。阿布扎比公司坚持与合作伙伴进行坦诚、透明的沟通，共同制定合作策略和方案，确保合作的公平性和双方的利益均衡。公司致力于与合作伙伴共同发展，通过共享资源和技术，实现双方的共赢和共同繁荣。

二是坚持互利共赢，确保合作双方获得最大利益。阿布扎比公司坚持与东道国、股东合作伙伴共享资源和信息，共同探索新的业务机会和市场，

实现双方的利益最大化。公司将与合作伙伴进行技术交流和合作，共同推动技术创新和产业升级，提升双方的竞争力。

三是尊重当地文化和法律，海外市场成功运营的基石。阿布扎比公司尊重和理解合作国家的文化和传统，通过文化交流和融合，促进双方的友好合作和相互理解。阿布扎比公司严格遵守合作国家的法律法规和商业惯例，确保公司的海外业务合法、合规、合情。

四是努力担负社会责任与可持续发展，阿布扎比公司积极履行社会责任，投资绿色能源和环保项目，为保护环境和推动全球可持续发展作出贡献。公司还积极参与合作国家的社区建设和公益事业，通过投资教育、医疗等项目，提高当地民众的生活条件和生活质量。这些价值观和原则，更是阿布扎比公司在全球市场中所秉持的博大胸怀和全球责任的具体体现。

奋发图强：以永不停歇的脚步让世界看到更好的中国石油

2019年，中国石油作业产量迈上一亿吨台阶，权益产量达五千万吨。2020年，在新冠肺炎疫情持续肆虐的情况下，中国石油连续4年保持原油年产量一亿吨、权益产量五千万吨以上。截至2022年12月，中国石油年度原油作业产量超亿吨，权益产量超5000万吨，超额完成年度生产计划。近年来，中国石油不仅加大了在已有市场的投资，还进入了新的市场，与更多的国家和企业建立了深度合作关系。

目前，阿布扎比公司的陆海项目实现勘探突破，通过在一区块陆地区域实施上千平方公里新三维地震，部署钻井，在常规和非常规油气勘探领域获得发现，发现1个油藏和2个气藏，新增地质储量超过千万吨，海上一期实现新建产能投产。陆上项目中国石油获得授标NEB资产组领导者，碳酸盐岩油藏开发配套技术获得阿联酋国家石油公司认可。每年通过陆上、海上下扎和乌纳及陆海项目，实现稳定的股东投资回报。

通过对阿布扎比公司的国际市场布局与发展历程的回顾，可以看到阿布扎比公司是如何从一个初入国际市场的新手，逐步成长为全球石油产业的重要角色。这背后，不仅体现了公司的远见卓识和战略决策，更展现了公司在全球化进程中的决心和勇气。

2020年以来，世界百年未有之大变局进入加速演变期，各种冲突风险迅速外溢，新冠肺炎疫情持续演变，全球能源加速转型，中东业务面临内外部困难挑战显著增加，提油回收、新项目获取、项目运营、资金安全等构成严峻挑战。面对变局，阿布扎比公司稳中求进，高质量打造"一带一路"油气合作重任。

阿布扎比公司的发展历程，就像一部充满激情与梦想的史诗。从最初的探索和尝试，到与ADNOC的深度合作，再到成为"一带一路"建设中的重要角色，公司每一步的成长都见证了其对全球化的坚定决心和不懈追求。无论是面对国际石油市场的风云变幻，还是应对复杂的国际合作关系，阿布扎比公司都展现出坚韧不拔的企业精神。这种精神，成为中国石油在全球市场上铸就辉煌的重要示范。

"砺兵"，意味着始终保持对技能和知识的追求。阿布扎比公司的每一位员工都在不断地学习和成长，以确保公司的技术和服务始终处于行业前沿。阿布扎比公司鼓励员工勇于梦想，敢于追求，无论是技术创新、市场开拓还是管理改进，都要勇于尝试，不怕失败，因为公司相信，只有追梦者才能捕获梦想。

"砺兵"不是一个人的战斗，而是整个团队的努力。中国石油注重团队合作，鼓励跨部门、跨领域的一体化交流与合作，这能够确保公司的资源得到最有效的利用。面对全球化的机遇与挑战，阿布扎比公司将加大对国际化人才的培养力度，为公司的全球化战略提供人才支持。

"砺兵"，是积极当好世界企业公民。作为一个追求全球化的公司，阿布扎比公司始终践行社会责任，不仅仅追求经济效益，更注重环境保护、社会公益和员工福利。未来，公司将持续投资绿色能源技术的研发，推动石油产业向更加环保、高效的方向发展；致力于开发智慧能源解决方案，利用大数据、AI等先进技术，提高能源的利用效率，减少能源浪费；积极寻求与全球各地的合作伙伴进行多元化合作，共同探索新的业务模式和合作机会；加强与国际组织和行业协会的交流与合作，共同推动全球能源行业的健康发展。

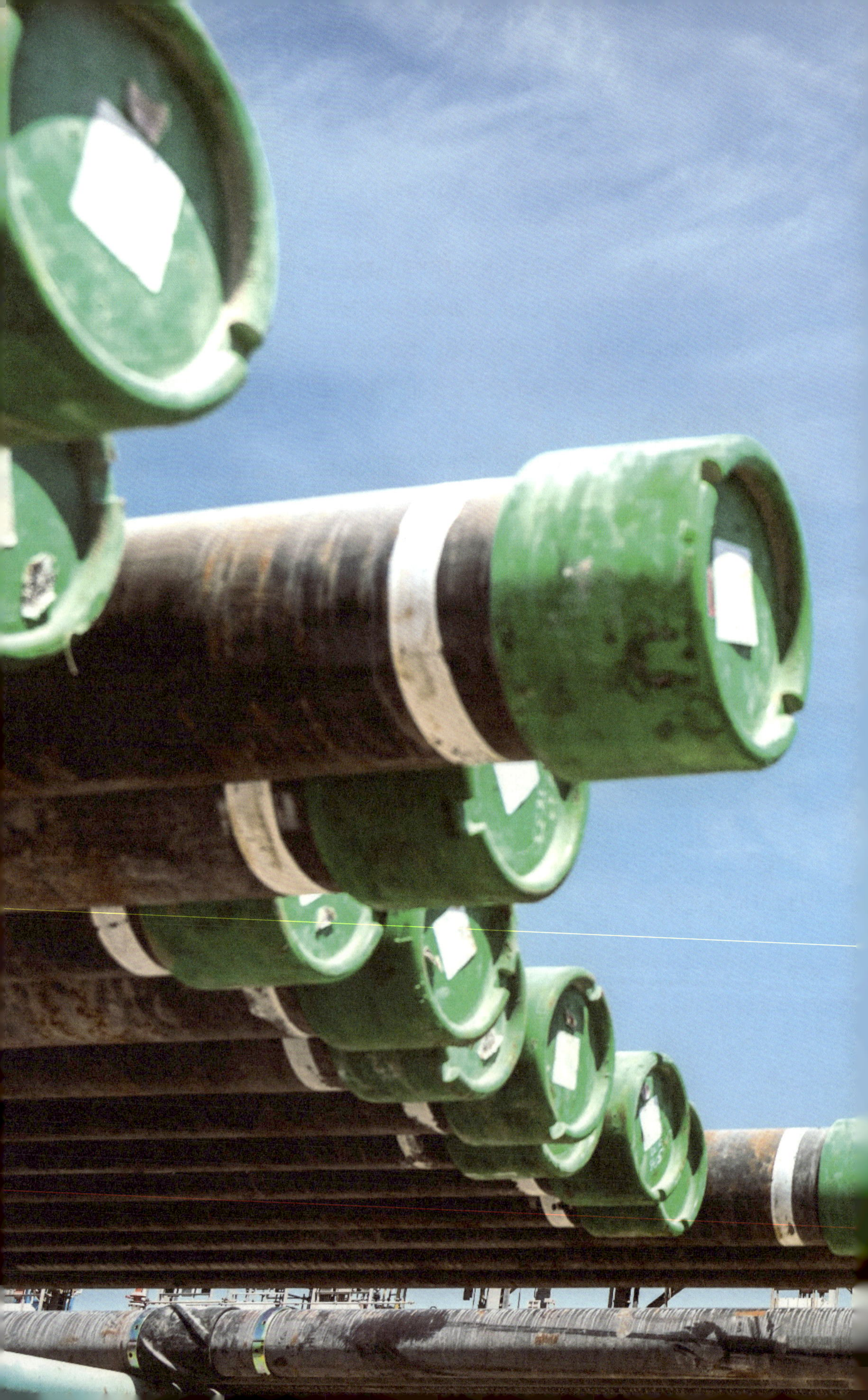

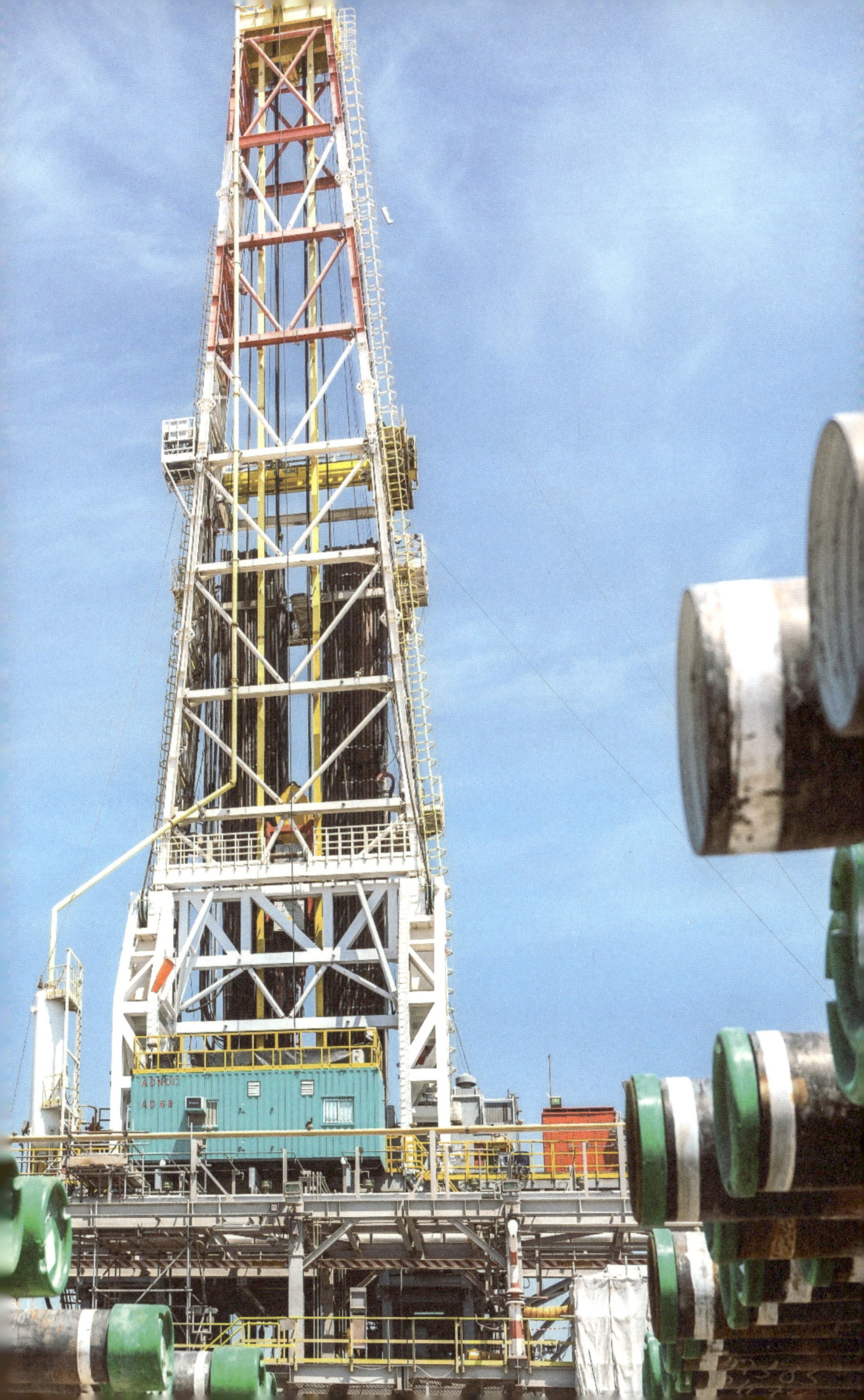
ADNOC
AD 68

第13章
同心 —— 拼搏协作的强大合力

在全球化的大潮中,阿布扎比公司以坚定的步伐和卓越的实力,展现了中国企业的国际影响力。然而,这背后的成功并非一蹴而就,而是源于每一位员工的无私奉献和团队之间的紧密协作。阿布扎比公司的员工们积极弘扬团队精神和团队文化,充分发扬集体主义精神,相互支持,共同成长,锤炼出了一支具有国际竞争力的一流团队。这支团队在面对挑战和困难时,凝聚同心,拼搏协作,创造出了令人瞩目的成绩。

阿布扎比公司大力深化大庆精神铁人精神再学习、再教育、再实践,在实践过程中进一步培育和挖掘出阿布扎比项目"三有一敢"精神的内涵实质,让新时代的中国石油精神筑牢精神堤坝。阿布扎比公司对内广泛开展主题宣传宣讲,组织"弘扬大庆精神、立志海外创业"为主题活动,学习大庆精神铁人精神的时代意义,重点学习习近平主席重要讲话和指示精神,激发干部员工的主动性和积极性,凝聚起投身效益实现保卫战的强大合力。阿布扎比公司对外树立合作共赢意识,讲好中国故事,加强与合作伙伴和资源国协作,营造友好的项目合作环境,推动项目低成本高质量运行，构建"效益实现共同体"，以一流团队文化打造中国石油海外铁军。

挑战与奉献：锤炼团队一流意志力

在海外工作要直面种种困难，尽管阿联酋是一个政治稳定、生活较为舒适的国家，对于海外石油人来说，依然面临众多的挑战，但这也不断激发着员工的奉献精神，锤炼出中国石油人一流的意志力。

在宗教习惯的尊重与理解方面，阿联酋是一个阿拉伯国家，宗教在当地人的日常生活中占据着重要地位，穆斯林每天需要进行五次祷告，斋月期间，他们还会从黎明到日落进行斋戒。为了尊重当地的宗教习惯，阿布扎比公司的员工们需要避免在这些特定时段安排工作会议或活动，并尽量避免在公共场合进食。

在饮食文化的差异与融合方面，阿布扎比的饮食文化与中国大相径庭。为了更好地融入当地的生活，员工们需要学会欣赏和接受这些不同的食物，并在与当地人共餐时，尊重彼此的饮食习惯。

在节日庆典的参与和体验方面，除了中国的传统节日，阿布扎比还有许多本地的传统节日，如开斋节、宰牲节等。在这些节日中，阿布扎比公司积极组织员工参与当地的庆祝活动，这不仅可以增进与当地人的友谊，还可以更深入地了解当地的文化和传统。

在工作习惯与沟通方式的适应方面，阿布扎比的工作节奏、沟通方式和决策流程都与中国国内有所不同。例如，阿布扎比当地人更加重视直接的面对面沟通，在重要事务的协商问题上，更愿意举行会议面谈，而不通过电子邮件或电话。此外，决策过程可能会比较缓慢，需要经过多层审批。为了在这种工作环境中高效工作，阿布扎比公司的员工们需要学会耐心等待，同时也要学会使用当地人习惯的方式进行沟通和交流。

在阿布扎比，英语虽然是工作中的通用语言，但阿拉伯语在日常生活和文化交流中占据着不可替代的地位。为了更好地融入当地社区和与当地员工建立深厚的关系，许多阿布扎比公司的员工选择主动学习阿拉伯语。

这种学习不仅仅是为了工作的需要，更是为了深入了解和尊重阿布扎比的文化和传统。通过学习阿拉伯语，员工们能够更加自如地与当地人交往，参与各种社交活动，从而加深对当地文化的理解和欣赏。

阿布扎比位于沙漠地带，其气候特点是高温和干燥。这与中国的多数地区有很大的差异。对于阿布扎比公司的员工来说，这种气候变化是一个巨大的挑战。高温可能导致中暑和脱水，而干燥的空气可能导致皮肤干燥和呼吸困难。为了应对这些挑战，员工们采取了一系列的措施。例如，他们会携带足够的水，确保随时补充水分；在户外工作时，他们会穿着适当的防晒衣物，以减少阳光直射的伤害；同时他们还会定期进行健康检查，确保身体状况良好。

在海外，工作设施和技术与中国国内存在一定差异，这些差异可能涉及生产工艺、设备操作、软件应用等多个方面。为了确保工作的顺利进行，员工们需要快速学习和掌握这些新的技术和设施。公司也为员工提供了各种培训和学习资源，帮助他们更好地适应新的工作环境。此外，员工们还会与当地的技术团队进行深入的交流和合作，共同解决在工作中遇到的技术问题，确保项目的顺利进行。

在异国他乡，员工们需要适应不同的工作环境和文化背景，与来自不同国家和文化的合作伙伴共同工作。这无疑是一项巨大的挑战，但他们凭借着坚韧不拔的精神和团队合作的力量，成功地克服了这些困难，为公司赢得了尊重和信誉。这种团队合作的精神，不仅仅体现在每一个成功的项目中，更体现在每一个员工的日常工作和生活中。他们相互支持、相互鼓励，这种团队精神，使得阿布扎比公司在面对各种困难和挑战时，始终能够保持坚韧不拔的斗志。展望未来，阿布扎比公司将继续秉持这种团队精神，与全球的合作伙伴一起，共同探索和创新，为人类的能源未来贡献更多的力量。

手足与依靠：打造团队一流凝聚力

"一体化"是中国石油的优势。在全球化的背景下，中国石油的项目遍布世界各地，涉及的领域和技术都非常广泛。在这样的环境下，单靠一个部门或一个团队是很难完成任务的。这就需要团队之间的紧密合作，共同为项目的成功而努力。

首先，在项目的策划阶段，经常需要各个部门的专家共同参与，提供他们的专业知识和建议。2023年8月10日，阿布扎比公司召开了ADNOC陆上油田控水技术实施推进会，就BUH和SE资产组开发过程中水窜严重、油井高含水等问题进行了深入交流，与会的中国石油专家团队提出了控水技术方案。

推进会上，陆上项目BUH资产组详细介绍了所属BQ油田的油藏背景、动态特征、开发矛盾、控水技术需求等，针对该油田LK-2油藏目前几个井组注水后油井含水快速上升问题，初步优选出4口注入井及对应油井作为初步的先导试验井组。专家们详细讨论了技术结合的具体细节，针对BUH资产组提出的化学剂与油藏匹配性试验测试需求、技术应用潜在可能性、技术在阿联酋的应用经验、推动技术实施的下一步工作安排等细节进行了充分讨论。

ADNOC陆上BUH资产组油藏部经理Khadijah Al Daghar对中国石油一直以来给予的技术指导和支持表达了诚挚的感谢，希望能快速推动中国石油专家提出来的控水技术方案，在2024年完成BUH资产组的现场先导试验。

阿布扎比公司与ADNOC合作十年来，双方在油田开发和一体化管理方面始终保持目标一致、步调协同。此次技术推进会的成功召开彰显了ADNOC对中国石油在复杂碳酸盐岩油藏开发和综合治理上的技术认可，以实现"单井产注能力最大化、油藏动用程度最大化、提高采收率最大化和经济效益最大化"为开发目标，体现了中国石油作为负责任股东对ADNOC的郑重承诺，为加速建成基业长青的世界一流综合性国际能源公司贡献力量。

其次，在项目的执行阶段，不同的团队需要密切合作，确保项目的顺利进行。这需要团队之间的频繁沟通，及时解决项目中出现的问题。

为了加强团队之间的沟通，公司经常组织团队建设活动，加强员工之间的友谊和合作关系。

NEB 资产组团建活动——足球游戏

NEB 资产组团建活动——展示中国文化

每一个项目的成功，背后都有技术团队的研发，有市场团队的推广，有财务团队的支持，尽管每个部门和团队都有自己的职责和任务，但阿布扎比公司的全体员工都明白，只有项目的成功，才是公司的成功。这种集体荣誉感，成为了公司员工们前进的动力和骄傲，这种团队精神，使得公司在面对各种挑战时，都能够上下一心，共同努力。

在与外部合作伙伴、供应商或客户进行合作时，阿布扎比公司也始终践行着团队精神。公司严格筛选合作伙伴，确保每一个合作项目都能够达到高标准。这种严格认真的态度，也赢得了合作伙伴们的尊重和信赖。

学习与开创：塑造团队一流创新力

学习型团队是阿布扎比公司取得成就的重要力量。为了确保公司技术团队始终保持行业领先地位，阿布扎比公司每季度都会组织技术研讨会。在这些研讨会上，公司会邀请行业内的专家和学者，让他们分享最新的技术动态、研究成果和行业趋势。员工们有机会与这些专家面对面交流，提问和讨论，从而获得第一手的知识和信息。此外，为了鼓励员工之间的技术交流，公司每月都会组织技术分享会。这些分享会主要由员工主导，他们可以自由分享自己在工作中的经验、心得、技术难题和解决方案。分享会上，其他员工可以提问、评论和建议，形成一个开放、

互动的学习环境，促进团队内部的技术交流和提升。通过上述的技术培训与交流活动，阿布扎比公司确保了其技术团队始终与时俱进，为公司的持续发展和创新提供了坚实的技术支持。

地质和地球物理研究成果汇报

第 13 章 同心 —— 拼搏协作的强大合力

团队建设研讨会是一次团队精神的磨炼和考验。通过这样的研讨会，员工们可以更好地了解彼此，建立深厚的信任和友谊，同时也能够提高团队的协作能力和执行力。这种研讨会，对于提高团队的整体竞争力和应对

NEB 油田地面设施去瓶颈研究专题研讨会

各种挑战的能力，都具有重要的意义。因此，公司每年都会精心设计和组织一系列的团队建设研讨活动。这些活动旨在模拟真实的工作环境和挑战，让员工们在轻松愉快的氛围中，体验团队合作的乐趣和挑战。此类活动的内容丰富多样，包括团队合作研讨、沟通技巧培训、领导力挑战等，确保每个员工都能从中受益。在团队建设研讨会中，员工们经常会遇到一些出乎意料的挑战和问题。但正是这些挑战，锻炼了他们的创新思维和解决问题的能力，确保他们在压力下保持冷静。通过一次次的团队研讨，员工们的沟通、合作能力得以有效提高，大家获得的各种实用经验和技能，在工作实际中也发挥出重要的作用。

在海外工作，文化差异是一个不可忽视的问题。公司会定期组织文化交流活动，如国际美食节、文化展览等，帮助员工更好地融入当地文化，加强与当地员工的交流与合作。公司高度重视员工的身心健康，会定期组织员工健康检查、心理咨询等活动，确保员工在高强度的工作中保持良好的身心状态。

为了确保公司的持续发展和创新，阿布扎比公司特别重视青年员工的培养。公司设立了专门的青年员工培养计划，旨在为他们提供全面的培训和发展机会。该计划涵盖了技术培训、管理培训、领导力培训等多个方面，确保青年员工在各个领域都能得到全面的提高。除了理论培训，公司还为青年员工提供了丰富的实践机会，如参与重要项目等，帮助他们快速成长和积累经验。

通过上述人才梯队建设策略，阿布扎比公司成功地在海外市场中建立了一支技术过硬、善于协作的团队，这支团队不仅为公司的日常运营提供了强大的支持，更为公司的长远发展奠定了坚实的基础。展望未来，公司将继续坚持人才发展战略，为实现公司的全球化梦想而不懈努力。

在远离故土的异国他乡，阿布扎比公司的员工们以卓越的团队精神，成功跨越文化和地域的差异，为中国石油的全球发展和繁荣付出了无数努力。面对着各种未知的挑战和困难,他们始终保持着坚定的信念和初心，为实现公司的全球化目标而努力奋斗。阿布扎比公司卓越的团队合作精

日常生活：朝阳中的晨练

神，不仅为公司在国际舞台上赢得了尊重和信誉，更为中国石油在国际市场上树立了良好的形象。这种团队精神，也成为公司最宝贵的财富和核心竞争力，它使公司在面对各种困难和挑战时，始终能够保持坚韧不拔的斗志和不断创新的动力，推动公司不断前进，创造新的辉煌。

展望未来，阿布扎比公司将继续秉持这种团队精神，继续深化国际合作，不断拓宽全球视野，以开放的心态和卓越的实力，迎接未来的挑战与机遇，为保障国家能源安全持续贡献石油力量。

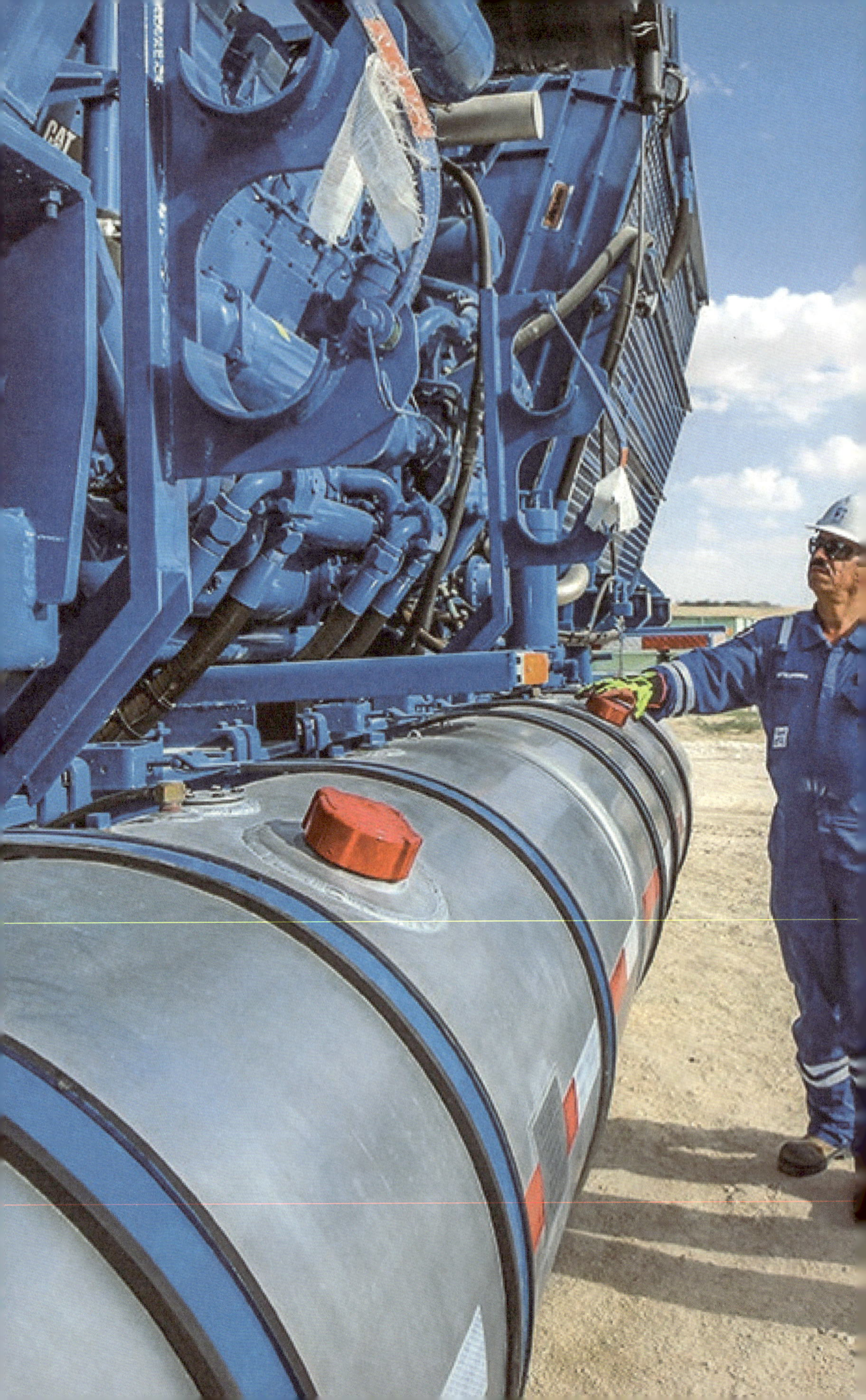
CAT

第四编

"十年群英"
—— 中国石油阿布扎比公司的典型人物

编前语

新中国石油工业发展史，是一部星光璀璨的英雄辈出史，一代又一代石油人肩负保障国家能源安全的重任，前赴后继、艰苦奋斗，高唱"我为祖国献石油"主旋律，在推动经济社会发展的历史进程中，奏响了彪炳史册的时代华章。

十年来，阿布扎比公司广大干部员工认真学习贯彻习近平主席重要讲话和重要指示批示精神，落实集团公司决策部署，立足岗位、甘于奉献、勇于创新、矢志奋斗，积极投身世界一流综合性国际能源公司建设，涌现出一大批政治坚定、业务过硬、品德高尚、贡献突出的先进个人和集体。

他们是奋进的楷模，肩负着阿布扎比公司的重任与期望，以无私忘我的奉献，成为实至名归的模范担当；

他们是创业的先锋，赓续着"有条件要上，没有条件创造条件也要上"的大庆精神铁人精神，以一往无前的拼劲，为公司拓土开疆；

他们是能工巧匠，挥洒着卓越的才华和专业技能，在一个个技术难题上披荆斩棘，为公司的不断壮大保驾护航；

他们是青春力量，书写着新一代中国石油人的崭新篇章，在努力拼搏中不断超越自我，见证着自身的成长也见证着公司步向辉煌；

她们是巾帼英雄，践行着"妇女能顶半边天"的无畏精神，以女性特有的细腻和韧劲，展现出不输男子的顽强斗志和力量。

第 14 章

创业先锋

谋长远之势
建久安之基
——记总经理 谷孟哲

曾几何时，作为阿布扎比公司十年辉煌历程的见证者和参与者，谷孟哲深深明白，公司的飞速发展，与祖国的日益强大，与中阿关系的持续向好是分不开的。

在中东有着十几年工作履历的谷孟哲还清楚记得，多年前，中国人想要前往阿联酋是极为困难的，申请签证过程很漫长，要走的程序很繁琐。如今中阿之间早已实现免签，不用说经常往来两国之间的商务人员，就连普通中国百姓想要赴阿旅游，只需办理护照就能轻松成行。

时过经年，世事变迁，阿布扎比公司也在这片土地上不断进取，成绩斐然。

知己知彼　百战不殆

作为阿布扎比公司的新任掌舵人，谷孟哲对当前公司所处环境有着深刻的了解。

阿布扎比是国际石油贸易的高端市场，过去七十年，只有西方的国际石油公司在此经营。从一开始，这里的市场就是以西方标准来设计的，遵循并信任西方公司的整套运营模式。但阿方后来为什么开始积极引进中国石油公司参与？除了近年来中阿两国之间的关系不断升温，另外一个重要原因就是ADNOC与中国石油两个国家石油公司之间的契合。

每个国际石油公司擅长的技术、领先的地方都不一样，可以说各有千秋。东道国阿联酋油气资源丰富，又不缺资金，它更希望能从各家石油公司里得到各种借鉴。而中国石油与西方石油公司不同的管理模式和技术方面的独有优势，正是东道国迫切希望得到的。

此外，ADNOC 开发石油的原则中有一项是油藏安全，也就是应该稳妥开发油气资源，避免破坏性的衰竭式开发，这一想法与中国石油不谋而合。而且，中国石油的精细式开发，也完美符合 ADNOC 的需求。也正是基于这一原因，东道国才一口气与阿布扎比公司签下数十年的合同，对方绝不希望总体项目的开发进程是一个短平快、急功近利的过程。

着眼全局　谋划长远

既了解 ADNOC 的确切需求，也清楚阿布扎比公司自身的优势所在，自信而坚毅的谷孟哲踌躇满志。他认为，必须坚决贯彻既定的战略，严格执行合同，把目光放长远，把工作做稳妥。

首先，妥善行使股东行权，严密审批各项方案，有效保证股东的利益。

阿布扎比公司与东道国已签署的合同里，回报率并不像苏丹项目、哈萨克项目那样高，但阿联酋政治稳定、法制健全、治理规范、风险极低，在这里投资要的是稳定，保的也是稳定，可以确保我国国有资产保值增值。

其次，做好对中国石油乙方队伍以及其他中国企业的引领。

中国石油拥有出色的乙方队伍，这是其他的国际石油公司所不具备的优势。虽然这些公司也有战略伙伴，但严格意义上来说，它们之间更多是以利益为纽带。

而在中国石油看来，利益的最大化要着眼全局——我方到阿布扎比来投资，也希望能起到投资引领的带头作用。考虑的是整个中国石油乃至整个中国的利益最大化。

再次，做好人才建设，为阿布扎比公司乃至中国石油培养出更多的复合型高端人才。

在中东工作十几年的时间里，谷孟哲主要负责人事工作，经验丰富。

他认为，作业者项目其实更能锻炼队伍——例如采办部经理，要带领团队负责所有采办的招标投标事宜；开发部经理，所有开发方案都要由你的团队来出……能够独自带一个队伍，这是很锻炼人的，也是能培养出人才的。

谷孟哲希望，阿布扎比公司的青年员工，未来都能有机会去带一带队伍，得到锻炼。希望阿布扎比公司成为中国石油同事们都想来的地方，成为能够帮助青年员工们脱胎换骨、历练成才的地方。

立足当下　期待未来

谷孟哲深知，作为阿布扎比公司的领军人物，作为中国石油人，一定要有清晰的站位、坚定的立场和远大的格局。对于阿布扎比公司的未来，谷孟哲已经做好了初步规划。

第一，继续加大资源基础。公司现在有大概年产 1000 万吨石油的权益产量，这种规模放在国内，已经相当于整个辽河油田了。在这个基础上，希望能有更多的机会跟 ADNOC 继续加深合作，除了石油，我方也希望在天然气方面有所突破。

第二，继续提供技术支持。公司成功续任 NEB 资产领导者身份，充分证明了我方拥有的强大技术实力。未来，我方将会继续把中国石油的、甚至中国国内的一些高精尖技术引进来，除了石油开发的相关技术，还要涉及其他领域的技术，例如无人机、机器人、监控设施，等等。

第三，不断做强协同效应。今年公司拿到的合同总额，已经远远大于过去几年的合同额度。但我方还是要抓紧时间，继续扩大战果，争取抓住一切机会，在有利的时间窗口期之内，尽可能占据更多的份额。同时也要为我们的乙方单位，拿到更多的项目。

第四，探索整体融合发展。首先是新能源领域，当前阿联酋的新能源发展极为迅猛，我方希望在这方面有所交流；其次是原油贸易，如今在阿布扎比项目中，我方拿到的份额大概已经占到了中国石油所有海外项目石油权益的四分之一，而手握原油就是巨大的优势，下一步我方可以以此为媒介，探索更多的发展方向 —— 一个是争取打通以人民币结算原油的道路，为国家未来全面推行人民币结算做好初步铺垫；另一个则是套期保值，将石油作为金融工具，对冲未来石油价格变动的风险。

谷孟哲知道，自己正在推行的各种长远规划大部分着眼于未来，短期内可能看不到大额收益，但他并不在乎。他希望，在很多年后，即便自己已经离任，但自己的布局、签署的合同还在，并且依旧持续为公司的高速发展产生着作用。

抓住历史机遇
赢得发展先机
—— 记原副总经理、安全总监 纪迎章

每当回想起在阿布扎比公司工作的那段日子，纪迎章总是能清晰记起那一个个令人难忘的时刻。

纪迎章说，石油勘探的整个过程总是跌宕起伏，充满了不确定性。没有实钻成功前，所有答案都是未知的，让人充满期待，也充满压抑；而成功之后，胜利的喜悦又能让人瞬间激动不已。

在陆海项目的 NN5 井钻探过程中，项目组组织国内外专家进行了一轮又一轮进行研究、论证，采用"加强研究、整体部署、效益勘探、稳步发展"策略，总结出 Mishrif 组"构造控势、滩礁控藏"模式，优选构造与滩礁体叠合区域对井位部署进行优化，同时加强和联合公司以及 ADNOC 技术交流，最终方案得到批复。即便如此，在钻探实施的过程中，纪迎章始终心中忐忑，常常夜不成寐，这也成了所有项目组成员面临的最重要的时刻。直到 NN4 井钻探成功，测井解释显示目的层位均为油层，同时测试结果正常出油，所有项目组人员才把心放在肚里，巨大的喜悦也让大家脸上洋溢由衷的欢笑。

纪迎章还记得，当年 ADNOC 举行的新年晚会上，时任总裁握着他的手说，ADNOC 和西方公司在阿联酋西部勘探了近 50 年一直没有取得突破，中国石油进入后靠实力首次钻探就取得了规模性的发现，让他很激动，也让他更加相信中国石油的实力和能力。

这一突破让中国石油靠实力站稳了阿联酋石油市场，也做实了桥头堡的作用，我们用实力告诉西方石油公司，中国石油有实力也有能力在这里占据一席之地。这一成功是阿布扎比公司的全体同志共同努力取得的，而纪迎章正是其中的佼佼者。

义无反顾　剑指海外市场

纪迎章 1989 年毕业于长春地质学院地球勘探地球物理系。2001 年，他调到东方地球物理公司的国际部，曾先后在巴基斯坦、也门和伊朗工作，积累了丰富的经验。2004 年底，纪迎章调到中国石油海外勘探开发公司总部勘探部工作，后来又被委派前往阿布扎比，被任命为阿布扎比项目公司副总经理、HSSE 总监。

为什么要远赴阿联酋？纪迎章有着自己的想法。

阿布扎比是世界上最高端的石油市场之一，已经被西方世界的石油公司把控了将近 50 年，英国石油公司、美国的雪佛龙、法国的道达尔公司……一个个业界内显赫的石油公司牢牢控制着阿布扎比的石油市场。直到 2012 年 1 月 12 日，中国国家领导人访问阿布扎比，中阿双方签订了能源合作框架协议，这成为中国石油获取阿布扎比项目的基础，中国石油人终于迎来了向世界豪强发起挑战的机会。

为了抓住这一机遇，在获得阿布扎比中阿合作项目以后，中国石油海外勘探开发公司迅速以总部业务发展部牵头，囊括了勘探院中东所、BGP 研究院、华北勘探院等在内的各家单位，组成招标技术团队，对相关资料进行了严谨细致的分析整理，进行技术攻关。前期工作从 2012 年元旦开始进行，中方的工作人员全情投入到忘我的工作中，项目评价的关键阶段正好赶上 2013 年春节，但大家似乎都忘记了节日，以"不达目的不罢休"的劲头，埋头苦干，在总部领导的支持下，终于在 2013 年 5 月 19 日，正式签署了这个项目。

陆海项目的成功签署，尤其在陆海项目陆上勘探区取得突破后，使阿联酋国家石油公司开始重新评价中国石油的潜力和能力，这为后续陆上项目、海上项目的签订起到了关键作用，也让阿联酋见识到了中国石油的雄厚实力。

随着陆上项目和海上项目的获取，中方权益产量最高时近1000万吨。

在这一光荣而艰辛的历程中，公司面临的挑战是难以想象的，每一位参与者面临的挑战也是空前绝后的，这对业务水平、沟通能力、管理能力都有极高的要求。想迅速站上西方国家同样的高度，需要丰富的经验、足够的学识、高超的技术，需要出色的国际市场运作经验和出类拔萃的执行策略。

纪迎章表示，这也是为什么自己选择去阿布扎比的原因。虽然挑战巨大，但是对个人来说，对中国石油来说，我们不但要去还要站得住脚，要占据属于我们的一席之地。

披荆斩棘　闯出一片天空

在异国他乡、群雄环伺的情况下闯出一片天，谈何容易，但纪迎章却有一股初生牛犊不怕虎的精神。早在纪迎章工作之初，在人人争先的工作环境中，在前辈同事的传帮带之下，他早早就被打上了大庆精神铁人精神的烙印。

在中国石油人看来，大庆精神铁人精神就是中国石油的精神，也是"为国争光、为民族争气"的爱国主义精神，激励着石油人独立自主、自力更生、艰苦创业，同时也要求讲究科学、实事求是、胸怀大局、甘于奉献。

纪迎章说，大庆精神铁人精神在过去、将来都有着不朽的价值和永恒的生命力，体现在整个石油工业上，就是爱国、创业、求实、奉献——要为革命练就一身好本领真本事，要完成经得起子孙后代检查的工作，要为革命练就一身好本领真本事，要为国家和人民甘当一辈子老黄牛，用自己的青春和热血为祖国换来石油，助推石油工业的发展。这也是中国石油人在石油工业发展过程当中的历代传承。

在阿布扎比工作期间，和其他同事们一样，纪迎章在生活上、工作中遇到的困难是外人无法体会的。

远离祖国和亲人，艰苦的工作环境，异国的生活习惯和饮食习惯，再加上巨大的工作压力，一度令纪迎章很不适应。但他就像一颗坚韧不拔的青松一般，以惊人的毅力在阿布扎比深深扎下了根，为阿布扎比公司的一步步壮大贡献了不可或缺的力量。

而纪迎章认为，只有在领导同事的关心爱护，祖国和集团公司在背后的支持，才是自己能迅速克服困难的强大后盾。

当年刚来到阿布扎比时，纪迎章接触过很多来自西方的高端管理人才，他们经验丰富、骄傲自负，却总是给人一种感觉，那就是没有根——他们的国家并不能成为他们的后盾。而我们中国人完全不同，我们有集体主义，我们有团队精神、协作精神，有中国石油乃至整个中国作为我们的支持，这也是为什么中国人到了阿布扎比以后，能迅速站得住脚，并取得成果的重要原因之一。

就这样，在个人的努力下，在领导同事、集团公司的支持下，纪迎章不断在本职岗位上发挥着作用，并通过一系列创新举措解决、克服了无数问题与瓶颈，取得了出色的工作业绩。

改革弄潮　助力公司发展

纪迎章在阿布扎比公司职务是主管勘探，还兼任 HSE 总监，他肩负着两个重要的使命：一是勘探要取得进展，二是要保证公司的正常运行和安全生产。

来到阿布扎比之后，纪迎章主持建立了整个中国石油阿布扎比勘探一路的技术支持体系，综合了勘探院、BGP 和华北研究院的研究力量，全面支持阿布扎比的勘探，通过综合地质研究、搞清阿布扎比西部层藏的规律，助推西部勘探不断取得新进展。

在此基础之上，中方主导的阿布扎比西部勘探 NN5 井成功实施，取得了阿联酋西部近 50 年以来的历史性突破，充分展现了我们中国石油的实力，赢得了资源国信任和陆海项目勘探部署主导权，为 2014 陆上和 2018 海上开发项目的顺利中标起到积极作用。

为了充分发挥中国石油的一体化优势，作为公司勘探项目实施决策者，纪迎章通过顶端设计，科学设计决策流程、控制关键节点等措施，忠实执行中国石油海外一体化方针，一举摆脱了西方石油公司的围追堵截，带领BGP一举中标陆海项目地震采集项目，BGP也如愿进入了为之奋斗10多年的阿联酋市场。中标后，在作业公司中方技术人员帮助下出色完成了采集工作，BGP凭着自己的实力和优质的服务终将西方的竞争对手挤出了当地地震采集市场。

纪迎章还主持建立了公司HSE体系。HSE即"健康、安全、环境"的缩写。ADNOC最引以为豪的就是其拥有世界上最高端的HSE管理体系。当阿布扎比公司进驻以后，纪迎章就着手研究将两种体系——中国石油和阿布扎比的体系进行有机融合，经过两年的努力，经过多轮研讨和修正，终于建立了具有当地特色的阿布扎比公司HSE体系，丰富了HSE管理模式，尤其是在环保方面，从双轨制变成了单轨制，大大提高了HSE管理成效。

伴随着纪迎章的个人成长和进步以及陆海项目的成功，使得陆海项目成为了中国石油进军阿布扎比的桥头堡，随着阿布扎比公司的发展以及陆上、海上项目的顺利取得，使得公司成为中东地区公司的压舱石，成为ADNOC重要对外合作对象。

纪迎章一再强调，我们努力开创高质量发展的新局面，是要把能源的饭碗端在自己的手里。将来阿布扎比公司还要继续上台阶：不仅勘探新项目招标要取得新的突破，开发新项目也要取得新进展，提高中国石油在阿布扎比石油合作的比重，同时还要对天然气、非常规资源进行拓展，掌控更多的资源，这样才能在未来的竞争中立于不败之地。

十年坚守　终成大器
——记原副总经理　定明明

2013年6月，在阿布扎比项目成立之初，定明明就加入了公司。如今十年过去了，伴随着公司的发展壮大，定明明也逐渐成长为阿布扎比公司的优秀骨干。

定明明一直觉得，自己与阿布扎比项目有着不解的缘分，注定要为之贡献力量，成为阿布扎比公司一路成长的参与者与见证者。

阿布扎比公司始于2013年，而"一带一路"的倡议恰好也是在这一年提出。十年间，作为中国石油投资海外业务的代表，阿布扎比公司从小到大、由弱变强，终于成为"一带一路"油气合作的丝路明珠。

不惧挫折　勇往直前

荣誉的背后往往伴随着艰辛的付出。2013年，刚刚来到阿布扎比的定明明，与刚刚成立的阿布扎比公司，一同面临着巨大的挑战。

2013年，公司拿到了第一个项目，这是一个处于高油价时期的边际项目，定明明和同事们都卯足了劲儿，决心要打个漂亮仗。可大家都没想到，2014年下半年，石油市场风云突变，油价断崖式下跌，从100多元一直跌到了20多元，这一巨变也导致了既定方案将无法获得任何效益，项目一度面临关停。

深受打击的定明明和同事们身心俱疲。但就在这个时候，公司的老同志们发挥了稳定军心的作用，他们以钉子般的韧劲儿，以咬定青山不放松的精神，带领大家一起克服困难，结果硬是找到了突破口，利用一个共享机会将项目盘活，竟然成功逆袭，实现了效益达标。

定明明清楚记得，也就是在那个时候，公司开始逐渐形成了"三有一敢"精神，无论面对任何挑战，大家都不惧挫折、勇往直前。

兢兢业业　坚持不懈

阿布扎比是全球石油贸易的高端市场，几乎所有的顶尖石油公司包括服务公司，都在这个市场里竞争。艾克森美孚、BP、道达尔、壳牌……这些老牌国际石油公司是这个市场的先行者，在此经营多年，根深蒂固。阿布扎比市场建立的标准、工作的模式，几乎都是这些公司梳理制定的，面对中国石油这一后来的"搅局者"，它们有着天然的防备与抵触。

2017年，公司陆上项目交割的时候，外方要求我方支付2.15亿美元的对价款，这是需要我方逐条确认的，当时定明明正好负责经营和商务这部分的工作，于是他跟着财务一起，在上百条栏目里面逐个审核分析，前后与外方沟通数十次，成功将对价款大幅降低，这也意味着，为中国石油节约超过千万美元。这一出色的工作业绩不仅得到集团公司的表扬，同时也得到了外方同行们的尊重与认可。

2018年，资源国政府要求我方为陆海项目缴纳上百万元的公积金，态度强势，经过数轮沟通谈判，资源国一方坚持不肯松口。这时有不少人都觉得，是不是不要再坚持了，因为这笔钱实际上对我方来说也是可以接受的。

但是定明明没有放弃，他带领团队继续对合同条款进行反复解析，在我方缺少专业法律人员的条件下，最终还是靠着大家的共同努力，在合同条款找到了相关依据，成功说服了资源国政府，免除了这上百万元公积金的缴纳。

就这样，公司上下团结一致，艰苦创业，在并不被特别看好的情况下，十年间，阿布扎比公司突出重围，权益产量突破1000万吨，超额完成任务，远远超出了大部分人对阿布扎比项目的期待。

定明明说，在这一刻，自己就是全天下最幸福的人。平时工作中的那些兢兢业业，遭遇困难时的所有坚持不懈，在这一刻都化为了美好的记忆，成为自己职业生涯中的铁打功勋。

十年耕耘　贡献非凡

在效益上的贡献是短期的，在建设上的功绩则是深远的。十年间，定明明全程参与设计并实施了阿布扎比公司的管理规范和流程，奠定了公司流畅运转的基础。他认为，公司管理实际上是通过制度管人、通过流程定事，把流程做好，就可以令公司的日常管理规范化、稳固化，然后合理化。

此外，在对公司国际化人才的培养上，定明明也作出了卓越的贡献。首先，通过中国石油"传帮带"的优良传统，以老带新；其次，注重技能培训，定期制定培养计划；再次，给予青年员工们充分信任，让他们积极参加与作业公司、大股东、国际股东的行权管理会，增加交流，增长经验。十年来，在定明明的努力下，公司涌现出了一批专业精、敢担当、通晓国际商务经营的国际化复合型人才。

集团公司"一带一路"先进个人、中国石油海外油气合作模范员工、中东油气合作十年杰出员工，中国驻阿联酋大使馆十佳先进人物……十年来，定明明取得了多项荣誉，但他始终觉得，这是个人在整个企业、组织发展过程中，受到公司、前辈和同事们无比关爱的一个体现。

总结经验　着眼未来

现在，中阿两国关系已经达到了历史最佳，并且还在走向更高的层面，两国互利共赢、合作发展之势不可逆转，而阿联酋政治稳定、经济繁荣、法律条款清晰、资源丰富。定明明认为，阿布扎比公司在未来有机会、有潜力成为中国石油海外油气业务的压舱石，具体来说，就是在集团公司整个海外权益预计产量要占到 20%。

如今，阿布扎比公司的新征程已经开始，正向着下一个阶段目标进军。定明明希望，自己能够在这一目标的实现中扮演更重要的角色、承担更重要的任务。

他期待着，阿布扎比项目能够在自己的管理中、在自己的任期中，成为中国石油海外油气业务效益的稳定器，成为我国海外油气"一带一路"高端市场高质量发展的示范区。

传承信仰　再立新功
—— 记副总经理、安全总监　冯佩真

1989年7月，刚刚完成学业的冯佩真被分配到中原油田采油五厂采油队工作。初出茅庐、对油田还不是很了解的他，在师父的指导、同事的帮助下，迅速成长起来。

那时候，队里的老师傅都要跟新到职工签订师徒协议，让新人们能尽快熟悉工作、尽快上手，尽快发挥自己的作用。这种带新人的办法叫"传帮带"。冯佩真就是"传帮带"的受益者，他的师傅将自己从业多年积攒下来的宝贵经验，都毫无保留地倾囊相授，在这个过程中，冯佩真的专业能力得到了飞速提升。

在采油队工作的三年里，冯佩真既担任地质技术员，又兼任工程技术员，完成了丰富的经验积累，在油田现场技术方面，"从地下到地面"都得到了充分锻炼和实践，从油水井管理，到对录取资料的认知、分析、管理，都得到了显著提高。

1992年，冯佩真调到中原油田勘探开发研究院开发室工作，在领导和师傅们的带领下，他积极学习、认真工作，逐步成为一名称职的油藏工程师。

这段时间里，冯佩真的技术水平不断增强，对石油精神的理解也持续加深。他觉得，不论是大庆精神铁人精神，还是三老四严、苦干实干，中国石油人的那种最纯粹的情怀，其实就是尽我所能让石油多产一些，给国家多创造些利润。对待工作，每个人都要积极主动，有事业心，有敬业精神。

冯佩真是这么想的，也是这么做的。在油田现场工作，生产是24小时不停的，作为技术人员的冯佩真，不管遇到什么样的恶劣天气，只要现场出现问题，他就立即去处理，兢兢业业，从不懈怠。

多年以后，各种办公、作业条件早已改善，但这种敬业精神依然是冯佩真的座右铭，不断激励着他认真做好每一项工作。

奔赴海外　伊朗建功

2009 年，冯佩真由中亚转战中东，赴伊朗北阿扎德甘油田进行开发工作。十年间，当地的油田从一片荒芜到建成为百万吨产能的大油田，其间每一口油井的地质设计、钻完井跟踪分析以及酸化、增产措施，包括油田投产、设施测试，冯佩真全程参与，对北阿扎德甘油田就像父亲对自己养育的孩子一样充满感情和了解。

冯佩真经常开玩笑说自己"那个时候感觉工作没有什么压力了"，也就是说，无论面对什么情况、要分析什么资料，冯佩真几乎都不用怎么考虑，瞬间就可以给出一个解决方案，并且效果立竿见影。在这段时间，同事们都戏称冯佩真是伊朗项目中骨灰级的老兵。

在伊朗的工作圆满完成后，冯佩真本想回国工作，要把自己在海外工作多年的经验带回国内。但当时他听说阿布扎比正急需人才，就又有了新想法——回国荣养、发挥余热怎能比得上再赴海外、斩将夺旗？于是冯佩真义无反顾奔赴阿布扎比。

精细管理　赢得赞誉

在伊朗已经感受不到挑战性的冯佩真，在阿布扎比确实遇到了全新的挑战。在这个石油行业的最高端市场，要跟世界各大石油公司的同行们一起工作，一起讨论问题，一起解决问题，这是冯佩真从没有过的经历。

在阿布扎比工作期间，公司作为股东介入 ADNOC 的一些工作，冯佩真经常要跟外国同行做一些技术交流和工作沟通。他意识到，尽管老牌国际石油公司实力雄厚，但中国石油也有自己的独到优势。中国石油国内油田开发历史悠久，走向海外也已有 30 年，对各类油田的开发都积累了丰富的经验，而且国内油田大多构造复杂，如果说阿布扎比这边都是整装的大油田，国内的很多油田其实就是一个个小断块、小沙层，都是那种几米厚甚至只有几十厘米厚的油藏。在国内，很多油井的日产量可能只有两三吨，而阿布扎比这边平均每口井日产都能超过百吨油，差别巨大。

但是，中国石油在产量如此低的油藏开发中，仍然能实现效益开发，这源于我方领先世界的精细化管理水平。冯佩真认为，阿布扎比的主力油田已经开发了 50～70 年，主力油藏的采出程度已比较高，接下来的上产稳产工作，主要是在好品质油藏稳产基础上，提高品质较差油藏的动用程度和投入开发未动用的小油藏，而擅长精细式开发管理的中国石油，也将更有用武之地。

目前，在冯佩真与同事们的积极推动与实践下，精细化管理等中国石油引以为傲的技术手段，已经成功赢得了外国同行们的认可与推崇。

关注细节　认真负责

2022 年 11 月，冯佩真开始在公司担任安全总监，由于公司在阿布扎比项目中不属于作业公司，在安全生产方面并没有多少具体的工作。但冯佩真并没有懈怠，工程安全问题不需要介入，那就从日常的细小安全问题入手。

首先，ADNOC 有比较完善的生产管理经验，冯佩真积极推动阿布扎比公司与对方的学习交流，进一步完善本公司的安全管理能力。同时通过各种会议报批文件的审查，把中国石油的先进安全理念传递给作业公司，不断施加影响。

其次，公司在阿布扎比最主要的安全风险，其实就是员工的健康问题和交通安全问题。阿布扎比天气炎热，全年大部分时间室外温度都在 40 度以上，人在户外活动很难受。为了保证公司员工们的身体健康，公司经常在温度适宜的晚上组织大家进行羽毛球、足球、篮球等各种体育活动，帮助大家平时能得到一些体育锻炼。在交通安全方面，冯佩真经常组织大家参与相关的教育培训，督促大家遵守、适应阿布扎比当地的交通规则。目前为止，公司员工们没有发生过任何安全、健康方面的问题。

作为公司主管技术的副总经理，冯佩真的工作目标是把现有的项目运作好，确保投资效益逐步有所上升，另外还要寻找更多新的投资机会，帮助公司开拓新项目。冯佩真认为，阿布扎比的市场比较成熟，投资收益稳定，对长期投资来讲是一个很不错的地方。希望公司在下一步能多拿一些有效率的新项目，扩大投资规模，创造更多的利润。

1966年出生的冯佩真，再过两年也要退休了，他准备在职业生涯的最后一段时间，努力多带一些新人。冯佩真期望着，在阿布扎比这个世界级的石油高端市场，阿布扎比公司的形象、中国石油人的形象都要高端起来，每一个在这工作的人，经过了阿布扎比项目的历练以后，都能成为全能型的高端人才，在世界上任何高端市场中都能够发挥作用，都能得到认可。

用奋斗书写无悔青春
—— 记副总经理、总工程师 赵向国

自 2006 年开始到中国石油海外项目工作，17 年间，赵向国先后在叙利亚幼发拉底项目、阿曼项目、阿布扎比项目担任勘探开发部经理、技术部经理、生产作业部经理、总经理助理、副总经理、总工程师。2015 年，他被评为中国石油集团公司劳动模范，2016 年之后，又获得 2021 年度中国石油天然气集团有限公司先进工作者等荣誉。

面对诸多荣誉加身，赵向国并不在意。而在中国石油海外项目中，一个个难题被攻克，一个个关键节点的实现，却成为他心底里最欣慰的"高光时刻"。

投身一线 术有专攻

1993 年，赵向国从东北石油大学本科毕业后，留在大庆工作，在榆树林油田一干就是十几年。

这段经历给赵向国的人生履历打下了深刻的印记，并给予了他对大庆精神、铁人精神最真切的感受。

工作伊始，赵向国被分配到油田一线，在中转站工作。当时已是严冬时刻，为了完成生产任务，新建房里面的水泥地面都还没干，赵向国和同事们就住进去了。室外已是零下 20 度的低温，而房间内只能用电热板取暖，内外夹击下，屋里海绵床垫靠着墙的那一侧，甚至能捏出水来。但就在这种条件下，所有干部员工们仍然全身心地投入到油田的生产工作中。

千里之行，始于足下，踏实做事，本分做人，这是赵向国信奉的人生信条。于是，刚刚入职、尚显懵懂的赵向国决定，哪里有需要就到哪里去，不会干就一边学一边干。

每天早上，他总是比别人早起，在还没有建完的管线上走来走去、反复观察，记住每条管线的走向、控制点位、管线类别。面对值班室的自动化控制柜，赵向国能在较短时间内实现完美操控，就是因为他清楚每一条管线的作用。无论任何一个节点发生问题，他都能迅速找到问题根源。

由于表现优异，赵向国被抽调到地质研究所，在工作中，从地质跟踪到生产管理，从动态分析到综合调整，每一个岗位的历练，无不体现了赵向国求真务实的工作作风。

榆树林油田油藏致密，属于特低渗透油藏，开发难度很大。但赵向国和同事们却经常说，"在磨刀石里采油，我们能行！"看似玩笑话，实则真性情。

大家经常为一个油田的上产、稳产讨论调整方案，连续几个昼夜不休息也是家常便饭，发扬了不怕苦不怕累的吃苦耐劳的大庆精神。

最终，在大家的共同努力下，油田如期实现阶段目标，赵向国也通过在地质、开发动态、油藏综合管理、生产作业等部门的努力工作，积累了丰富的油田开发实践经验。

路无止境　勤则有成

2006年，作为公司精挑细选的业务尖兵，赵向国受命前往海外工作，从此扎根异国他乡。17年间，他先后在叙利亚幼发拉底项目、阿曼项目、阿布扎比项目工作，业绩非凡。

在叙利亚幼发拉底项目工作期间，他参与编制 SIJ 和 TANAK 油田砂岩油藏开发方案。过程中，他提出了缩小注采井距、提高边际油田的动用程度的建议，方案实施后，区块日产油量提高了超千桶，有效减缓了油田的总体递减水平。

在阿曼项目工作期间，作为勘探开发部经理，他不断完善水平井百米井距注水开发综合配套技术，积极推进"三大工程"工作。从2009年起，项目踏上年产100万吨台阶；2013年和2014年，该项目更是实现年产原油突破200万吨，实现历史新跨越。由于贡献突出，他被评为中国石油集团公司劳动模范、多次被评为年度中国石油海外优秀员工。

2017年，他来到阿布扎比项目工作，面对与道达尔、BP、意大利埃尼集团等国际大公司同台竞技的局面，他积极应对，主动担当。先后在陆上项目NEB资产组领导者的获取、资产领导者KPI指标的完成、生产作业管理、四个项目股东会议等方面发挥了积极的作用，圆满完成各项工作任务。

2022年，他带领陆上项目资产领导者团队评价得分排名第二，打开了与国际大型油公司在同一水平竞技的新局面，并顺利获得NEB资产领导者第二个五年任期。他先后获得2021年度中国石油天然气集团有限公司先进工作者、2021—2022年度中东地区优秀中方骨干管理人员荣誉称号，以及中东公司十佳员工、海外油气业务杰出员工等荣誉。由他参与的《阿布扎比低渗透碳酸盐岩油藏开发关键技术及应用》，获得2021年度集团科技进步奖一等奖。

脚踏实地　攻坚克难

海外工作对于石油人的挑战是难以想象的，每个人都身兼多岗。赵向国经历的三个海外项目有各自的经营特点，经历的挑战也不尽相同。但在阿布扎比工作的经历，无疑最值得怀念，其中遇到的困难局面，也是前所未有的。

阿布扎比项目体量大、油藏类型多、开发方式多样、新技术应用多。作为非作业者项目，这里的管控模式又不同于其他非作业者项目，阿布扎比国家石油公司邀请股东全过程参与作业公司的工作审查，从研讨会、分委会、委员会，重要研究成果等都需要股东代表出席，并发表意见。

在项目推进过程中，赵向国每年都要参加上百次会议，每一次会议，都需要殚精竭虑、全力应对。因为赵向国深知，自己代表的不是个人，而是中国石油，每次会议上的发言水平，都代表着中国石油的水平。有时候，赵向国一天要连续参加四个会议，一天下来还要做好总结，同时再准备第二天的会议，彻夜不眠是常有的事。记得有几次，国内工作的同事问他，最近是不是回国休假了，因为他们看到赵向国发送电子邮件的时间，正好是国内时间的早上。

众人拾柴火焰高。赵向国相信，只要团结一致就没有克服不了的困难。在大庆精神铁人精神的鼓舞下，赵向国坚持下来了，大家都坚持下来了。在股东会上，中方表现获得外方高度认可的时候，赵向国的自豪感油然而生。他知道，自己没有给中国石油丢脸，没有给祖国丢脸。

砥砺奋进　扬帆启航

赵向国觉得自己是幸运的。他说，一路走来，自己赶上了好时代。

1993年，中国石油人走出国门，此后不断开疆拓土，形成了现在的海外项目版图。在这一历程中，赵向国真正感受到了祖国的强大。

当ADNOC大楼的大型玻璃幕上打出"欢迎习近平主席访问""武汉加油""中国加油""中国春节快乐"等循环字幕的时候，当街上挂起了中国国旗的时候，赵向国都会静静伫立在街角，心中大声呼喊着"祖国，我爱你！"

当中国石油发挥甲乙方协同作用，赵向国与无数同仁一道为中国石油整体利益添砖加瓦，终于成功获取项目、最后签约的时刻，赵向国很开心。因为他清楚，这军功章也有自己的一份，自己作出了应有的贡献。

当参加股东会议时作为会议代表发言，在会议主席及参会的其他国际股东代表投来赞许目光的那一刻，赵向国无比自豪。因为他知道，在他的身后，有一支强大的支持团队，有一个强大的中国石油，有一个强大的祖国。

阿布扎比四个项目合同期长，还有 20 年到 35 年不等的时间需要去用心经营。赵向国希望，要真正把已有项目打造成由中国特色技术推动的、带有中国石油烙印的项目。结合"双碳"目标，推动智能、绿色发展，融入中国石油的经营理念和新技术，实现中国石油与阿布扎比国家石油公司的深度合作。此外，还要推动新能源技术的深度合作，推动全产业链的合作。

赵向国的理想是，能在这个四十年合同期项目的前期工作中，留下自己和团队的烙印，留下一个"前人栽树、后人乘凉"的赞誉。同时，也希望通过大家的接续传承，令大庆精神铁人精神在海外项目永驻！

第 15 章

奋进楷模

综管何为贵？
润物细无声
—— 记综合管理部主任
闫吉森

在阿布扎比公司十年发展历程中，闫吉森也在海外工作了十个年头，这期间的各种艰辛与收获都历历在目。

回想当年在叙利亚项目工作时的情景，茉莉花革命蔓延，叙利亚国内陷入动荡。那时，他同时肩负着办公室和 QHSE 的工作。从内乱爆发的第一天起，他就开始收集相关安全信息，并向集团公司报送安保日报，长达三百多天，从未间断。他作为最后一批撤离的四人之一，妥善安排好了所有撤后事宜。而在他撤离一周后，首都便爆发了内战。这与他所在的安全团队合理有效的工作方式密不可分，他们紧盯局势变化，多方挖掘渠道，收集第一手信息，为总部及时准确作出决策提供了坚实有力的依据，也为同事们及时撤离叙利亚做出了重要贡献。

在莫桑比克项目期间，他作为首批赴项目工作的人员，与同伴们共同克服了当地相对原始、初级的工作生活条件。面对当地猖獗的抢劫、绑架事件，团队同志们充分发挥出优秀的先锋模范作用，迅速开展工作，用最短的时间建设好中方驻地，圆满完成了既定任务目标。

2020 年，闫吉森被派往阿布扎比项目。相对于叙利亚、莫桑比克等国家，阿联酋国家稳定、社会安全，但闫吉森并没有因此懈怠，依然全心全力投入工作中。

闫吉森表示，综合管理部的工作任务看似简单，但其中的工作难度不亚于其他部门，涉及的业务范围广泛，工作内容纷繁复杂。在阿布扎比这样一个石油贸易的高端市场，企业的标准要求极为严格，为了确保让大家在后勤方面无后顾之忧，各种涉及事项都要通过综合管理部进行精心协调，无论大小事宜都不能被忽视。

尤其是突发事情比较多，综合办要不停应对临时出现的各种大小问题，整个部门很难按照工作计划执行，因为每天都要面对无数计划之外的工作。于是，白天应对各种随机事件，晚上再加班加点完成日常工作，成了常态。

有时还要处理很多紧急性的工作事宜，所以整个部门从上到下，大家平时不敢有丝毫松懈，每天神经紧绷，到周末时猛然松弛下来，真的是累到躺在床上就不想动。

作为综合管理部的负责人，闫吉森以身作则，对待工作精益求精。这些年，在他的带领下，综合管理部的各项工作开展顺利，贡献卓越。

曾经，报销票据多、验证难，报销制度杂、审核难，纸质档案成本高、保管难，这是公司管理的一个痛点。而如今，公司利用"无纸化办公"出色地解决了这一难题，实现了费用标准"公式化"、审批支付"透明化"，实现了财务报销"一次都不用跑"的美好愿景，有力节省了大家的时间的和精力。

兼领公司工会日常工作的闫吉森，平时还会积极想办法帮助员工们排解思乡之情。尤其在特殊时期，闫吉森平时会细心观察公司同事的心理状态，时常打电话聊聊家长，做做心理疏导和思想工作，尽力缓解海外石油人的孤独感。

负责团组来访接待也是综合管理部的一项重要工作。来访团组的各项日程安排、食宿安排都要做到细致入微，白天的工作完成了，晚上还要继续开会到后半夜，部署第二天的工作安排。每到这个时候，部门同事们都毫无怨言，大家都积极主动向前冲，完成本岗位的任务后马上帮助部门其他同事继续未完成事宜。

东北爷们豪爽、大度，同时也心思细腻。闫吉森担任综合管理部负责人期间，在他极具人格魅力的领导下，部门同事们的凝聚力极强，大家团结一致、不计得失，既有付出，也得到了成长。

他说，综合管理部与公司其他作业部门不同，能提到的具体成绩不多，但综合管理部工作的最高境界，其实就是让大家毫无感知。也就是说，所有为大家提供的辅助，综合管理部都已经为大家安排好、协调好、铺垫好了，大家每天可以全身心投入工作中去，不需要为后勤方面琐事操心。这种润物细无声的综合管理理念，是闫吉森的最终目标。

当然，如果综合管理部真的让大家没有了感知，那么大家也会很容易忽略掉综合管理部的默默贡献，但闫吉森对此并不在意。对于未来，他已经做好了规划，他决心继续追逐自己的工作理念，继续坚守海外，全心全意为了中国石油的海外事业奋斗不息。

勇担使命　奋斗不息
—— 记法律和股东事务部经理　徐利军

新中国成立前，中国石油工业基础十分薄弱，国内消费的石油基本上靠从外国进口。新中国成立后，中国投入大量人力物力进行石油勘探开发。

1959年9月，"大庆油田"在松辽盆地被发现。1960年2月，中央决定在黑龙江省的大庆地区进行石油勘探开发大会战。会战得到全国各方面的大力支援，以"铁人"王进喜为代表的无数大庆石油工人、科技人员和广大干部，以"宁肯少活20年，拼命也要拿下大油田"的英雄气概，以"有条件要上，没有条件创造条件也要上"的奋斗决心，吃大苦，耐大劳，为中国石油工业发展顽强拼搏，创造出辉煌业绩，再现出伟大的奉献精神，培养和锤炼了一支敢打硬仗、勇创一流的英雄队伍。

徐利军的父亲正是其中一员。

小时候，徐利军就是听着铁人的故事、接受着大庆精神铁人精神的熏陶长大的。在父亲的教育和影响下，徐利军对于大庆精神铁人精神，三老四严、苦干实干的感受与理解极为深刻。

徐利军认为，大庆精神铁人精神就是不畏困难环境，用坚定意志和顽强努力克服各种困难，为实现既定目标不懈去奋斗的精神，大庆精神铁人精神的核心就是自力更生、艰苦创业、团结拼搏、永攀高峰，主要体现在了困境中坚韧不拔、奋发向上的精神品质。

从采油小队到设计院，从国内油田到海外市场，在不同的单位、不同角色中转换，这种烙印在一代代中国石油人骨子里的精神一直在鼓励着徐利军，让他在面对各种挑战、困难时毫不气馁、勇往直前，取得了一系列优异的工作成绩。

1991年，徐利军从大庆石油学院毕业，来到大庆油田工作采油三厂九队工作实习，他从工程技术、管井资料干起，扎实积累了采油一线的各种实战经验。一年后，徐利军被分配到大庆油田设计院，开始负责油气管网、传输管道的设计工作。

1998年底，徐利军受命前往苏丹124区块油田现场，负责电厂运营。四年后，又调到苏丹六区担任地面工程施工现场代表，参与富拉油田一期中心处理站施工建设工作，保证了油田按期试运投产。

此后，徐利军进入集团公司业务发展部从事新项目开发工作。期间，他参与了中东地区的油气新项目开发，包括伊朗、伊拉克、阿布扎比地区等油气项目的招投标、并购等前期开发工作。

2018年，徐利军正式加入阿布扎比公司，担任股东事务部经理。

多年的工作历练，令徐利军意识到，想把工作做得更好，需要不断加深对一线作业工作的了解，只有到前方去积累更多的实战经验，才能在新项目开发的过程中，把握好每一个细节，从合同条款到商务条件，把握好各方面每一个细节，抓住关键重点。

在阿布扎比的工作，和国内相比有很大差别。国际合作一般是以契约合同为主要抓手，西方石油公司在阿布扎比已经营了将近六七十年，ADNOC的管理者，也都是在西方留学、接受培训，深受西方理念思维的影响。而中国石油历来采用的是我国国有企业的管理方式，从审批流程、工作模式、思维理念来看，都和国外企业有不小的区别。

在阿布扎比项目中，公司在履行程序时，很多事情都需要通过公司事务部向国内汇报，取得批准。而报批流程非常繁琐，每一个环节都很关键。每个细节的澄清，每份详细资料的提供，对项目尽快审批是极其重要的。有些机会转瞬即逝，帮助每一个项目抢时间、抢机会，意义深远。

但向国内汇报的时间点和向海外项目董事会汇报的时间点并不同步，这是因为国内要统筹国内外的投资预算的审批，时间上要晚一些，这样的话，作为事务部经理的徐利军就要想办法克服困难，提前做沟通、做汇报，这无形中就增加了很大的工作量，带来了更多挑战。

为此徐利军想出了一整套稳妥有效、灵活变通的应对方式，包括提前拿到口径、提前进行沟通、在作业公司层面如何表态，等等，既保证董事会作业公司正常生产经营的运行，同时也能保证国内的程序合规，维护了公司等各方面的利益。

一套优秀的程序管理，对投资来讲、对预算来讲、对效益的保证来讲都是极为有利的。正所谓"铁打的营盘流水的兵"，人员离开制度还在，规范的管理更加切合实际，也更加贴近于国际化。

由于阿布扎比公司是从小股东做起，需要陆续建立公司岗位制度的程序，其中包括内控、审计，还有手册编制等，刚刚来到阿布扎比的时候，根据集团公司的通知要求，徐利军主持建立了一整套事务管理程序，提高了公司的运转效率，增加了审批的流畅度，同时也满足了合同的要求，为生产经营提供了有力的保障。

徐利军认为，作为中国石油外派的一员，自己的使命是实现集团公司的使命，而集团公司的使命则是要为国家能源事业保驾护航。

阿布扎比地区的油气田开发业务以及新能源的开发业务，开发潜力无疑是巨大的，徐利军希望，阿布扎比公司能够基于目前取得的成绩，更加壮大起来，正是我方发展一个好的契机。

从勘探到开发，再到新能源的发展，我们绝对有潜力、有基础、有机会继续做强做大。这与集团公司的可持续发展战略相契合，也对国家的能源保障意义重大。这是徐利军的衷心希望和热切期盼。

今年55岁的徐利军，求知欲始终未曾衰减，他希望能在阿布扎比公司继续得到锻炼和升华，吸收更多的知识，对自己的不足、缺点进行补强。他觉得，哪怕再过几年自己退休了，也能将自己的经验储备通过"传帮带"，留给下一代中国石油的年轻人，帮助集团公司持续发展下去。

扎根海外二十载
我为祖国献石油
—— 记法律和股东事务部
高级主管 张喜良

"锦绣河山美如画……我为祖国献石油，哪里有石油哪里就是我的家"。每当耳边响起这熟悉的音乐旋律，张喜良就会想起自己年轻时的样子。

1989年，大学本科毕业的他，怀揣着"献身石油"的满腔热情、"四海为家"的豪情斗志，投入被称为"共和国血液"的石油行业。从此，张喜良与祖国的石油事业紧紧拴在了一起，探索油田、开发油田、身许石油、为国建功也成为他毕生的追求。

如今，张喜良已经在石油行业工作了34年，其中有超过20年身在海外。工作中，他任劳任怨、踏踏实实，用自己的执着和坚守，诠释了一位优秀中国石油人的励志人生。

参加工作之初，张喜良来到中国石油天然气总公司胜利油田工作。在基层采油队、作业队、联合站等见习工作中，基层领导和师傅们谈到最多的就是大庆精神铁人精神，他们以苦为乐、不怕牺牲、战天斗地、苦干实干的精神，深深鼓舞了张喜良。在艰苦的基层工作中，在崇尚奉献的氛围里，他迅速成长起来，渐渐成为能够独当一面的管理人才。他靠着自己的聪明才智与勤学苦干，取得一项又一项令人瞩目的成绩。

在担任东胜公司油田主管期间，张喜良组织、领导两个课题组的技术人员，勘探向纵深发展找储量，老井综合挖潜要产能，新井配套完善增效益。通过综合治理，使黄河公司的产量增长到接手前的2.5倍。

在担任东辛采油厂地质所动态（开发）室组长期间，张喜良班组管辖采油四矿16个油田1000余口油水井的生产管理、注采调整、配产配注、增产挖潜、方案编制等工作，助力这些油田年产油规模超过百万吨。

在中国石化安哥拉公司任职技术部、综合部和新项目开发部经理期间，张喜良参与了公司在安哥拉 18 区块深水油田开发工作。他与同事一道积极发挥监督、管理、协调职能，助力公司顺利于 2007 年建成千万吨级油田并投产。此外，公司在 18 区块西区勘探获得成功并于 2005 年底宣布商业发现，新增可采储量上千万桶。

在北京技术组工作期间，张喜良参与中国石化在美国 5 个非常规油气项目的开发生产管理工作。在工作中，他创新性地提出了"十一张图解决'甜点'问题""天花板"理论，以及"二次革命"猜想等前瞻性认识，目前部分已被业界实践所证实。

在任职浙江中胜集团副总（油气总经理）期间，公司作为安哥拉陆上 KON 5 和 CON 6 两个区块的作业者，在张喜良主导下，带领 16 个非作业者合作伙伴公司，完成 JOA、PSA 合同谈判，制定项目 5 年规划和预算，完成项目区块的综合研究再评价。同时，张喜良还出色完成了团队建设、优秀服务商筛选等项目运行准备工作。

一路走来，建功无数，年近六十的张喜良原本可以选择提前退休，回国享享清福，但他却毅然选择留下，继续拼搏、发挥余热。数十年的丰富工作经验与高超眼界，让他深深了解，阿布扎比项目是一个难得的平台，在这里打开局面，对祖国石油事业的发展意义深远，如能参与，何其荣幸？

老骥伏枥，志在千里。烈士暮年，壮心不已！就这样，张喜良义无反顾再赴海外，来到阿布扎比公司股东部担任高级主管，并凭借自己的丰富经验迅速进入了角色。在 6 年的股东行权工作中，与部门同事一同做到"严、细、稳"。每年共同面对大量的各类股东会议（500 余次），做到严格按股东会议管理程序执行管理，不减少工作环节；每个工作节点，均细致到位，不牺牲工作质量；追求全体股东共同利益最大化，合理维护国际股东权益，立场坚定、稳妥有据。股东部的另一工作是商务支持，张喜良与同事一道努力实现了商务支持"明、全、准"。每项工作，相当于一个课题。面对短则三五月、半年、一年，多则连续数年的商务支持工作，股东部的同事们做到首先明确工作目的、范围、标准，给出工作思路和基本框架；其次是全面整合内外部、上下级涉及单位和部门的力量；在经过多轮次、不断调整完善后，最终给出准确、明了的建议、意见方案成果。

阿布扎比气温很高，尤其在夏季，体感温度甚至高达 50 摄氏度，张喜良却硬是扎下根来，就像一棵永不言败的老松，他在阿布扎比公司陆上项目、陆海项目，以及海上乌纳和下扎项目的非作业者项目管理、作业公司运行、NEB 资产领导者技术支持等工作中紧密配合部门领导，做好股东行权工作，为公司稳步发展保驾护航。

2023 年是共建"一带一路"倡议提出十周年。对于中国石油来说，过去这十年，是励精图治、众志成城、艰苦创业、与时俱进、奋发有为的十年。十年来，中国石油人始终秉承互利共赢的理念，以国家利益高于一切的高度主人翁责任感，继承发扬海外创业的光荣传统，舍家忘我，一往无前，克服了重重的困难挑战，经历了无数次生与死的考验，创造了一系列辉煌的业绩，为实施"做大中东"战略打下了坚实基础，中国石油几代人进入中东的梦想也终于成为现实。

张喜良说，中国石油外闯市场之路依然艰辛而漫长。遥问归期，不知何时；待到归来，似识非识。不过，能成为这一辉煌历程的见证者甚至亲历者，自己是幸运的，也是光荣的。张喜良希望，自己能继续在工作岗位上奉献下去，继续亲眼见证中国石油事业的可期未来。

奋进追求一流
发挥模范作用
—— 记生产作业部经理
饶良玉

饶良玉毕业于中国石油勘探开发研究院，曾在勘探院非洲研究所、西古尔纳项目和鲁迈拉项目工作，从事海外油气田开发生产研究与管理工作13年，在中东高端石油市场工作和奋战10年。在过去十年里，与埃克森美孚、壳牌、bp、道达尔等国际一流油公司同台竞合，努力克服各种挑战，矢志追求卓越，在高端市场高质量发展核心示范区建设中发挥先锋模范作用。

潜心研究　科技创造价值

如何创新，如何为公司创造价值？是西古尔纳项目作业公司油藏研究团队每天必须讨论的事情。

10名团队成员中包含美国加州理工大学、德州农工大学和帝国理工大学等博士5人，均从事海外项目工作多年，专业能力和综合素质极强。作为当时研究团队中第一位也是唯一的中国石油油藏模拟工程师，饶良玉凭借在海外中心负责油藏开发方案编制和多年研究经验，面临严格的高标准考核和高产出评估，他制订策略并付诸实施，一方面紧跟工作节奏，每天上午梳理模拟研究结果和认识、下午汇报方案成果并汇报讨论，更新方案后利用晚上时间进行计算，周而复始，持续锻炼系统化逻辑思考能力，提升国际化合作水平；另一方面，在外方直线经理和专家的鼓励和指导下，全面更新全油田油藏模型，开展系列碳酸盐岩油藏开发方式的尝试，作为课题研究组长，饶良玉负责Mishrif油藏孔洞对油水运动的机理性研究，首次引入孔洞相渗曲线，并开展注采井网油水运动规律研究及对低渗透水平井开发的协同开发研究，设计的西古尔纳项目第一口水平井获得远高于预期的成功开发效果，特低渗油藏多段酸化压裂优化获得成功，开展了伊拉克南部区域水体模拟研究，促进了全面注水井网优化及水平井开发，为西古尔纳项目稳产上产做出积极贡献。

通过持续努力，饶良玉获得了中外方友人的尊重和信任，实现了从博士研究到快速解决问题的研究型工程师的转变。

躬身实践　强化管理创新

如何改进油藏管理，如何实现油藏健康运行？是鲁迈拉项目作业公司油藏管理研究团队每天必须面临的问题。

作为时任鲁迈拉支持组副组长，饶良玉组织开展注水开发策略和优化研究，负责油藏动态监测、月度压力图编制和优化新井部署，首次形成新井油藏压力预测流程，评估新井压力健康水平，促进油田新井投产部门提高新井投产符合率。他不断强化与伦敦支持团队开展区块和单井研讨会，优化和推荐油藏监测和油水井作业，整合形成注采井组综合评估、实施、不断调整的注水开发闭环油藏管理模式，确保油藏健康平稳运行，并协调多部门推进长停井复产优化和执行进程，长停井复产约 70 口，有力支撑了 Mishrif 油藏平均日产油从 2017 年至 2020 年增加约 40%，推进鲁迈拉项目产量目标的完成和高效可持续发展。

技术引领　协同发展创效

如何发挥技术创新引领，如何实现高效股东行权？是阿布扎比公司技术引领和协同发展示范区建设中生产作业团队每天探索的事。

在公司管理层的指导和支持下，饶良玉作为公司生产作业部负责人，主要负责开发动态管理、产量预测、钻修井和关停井管理；作为中国石油技术代表，饶良玉参加陆海、陆上和海上项目技术研讨会和方案审查，每年高达 300 次以上，提出 100 余项意见。其中关于新井、措施和超长水平井方面的意见，作业公司在开发委员会上组织了专题汇报。饶良玉还多次参加 ADNOC 集团召集的相关技术会议，通过他和同事们的共同努力，中方利益在一次次的会议中得以体现和维护，饶良玉的个人能力在一次次的交流中得到提升，管理水平也在一次次组织会议中得以锻炼。

饶良玉曾协助组织多项科研研究，期间获得省部级特等奖 1 次、局级科技奖多次，此外还协助领导开展中国石油先进成熟科技推介工作，其中 2023 年技术推介数量和种类位列 6 家国际股东首位，5 项技术进入深度推介阶段，总结的《阿布扎比陆上项目上游技术挑战分析与推介策略》获得石油石化企业管理创新现代化优秀论文二等奖，助推了钻机自动化、车载式修井机等在陆上作业公司的应用，助力协同发展和技术创效进程。

团队建设　高效行稳致远

如何提高团队战斗力，如何实现生产作业高效运行？是阿布扎比公司人才强企和高效保供示范区建设中生产作业团队每天坚持的事。

饶良玉积极加快理论学习与生产经营深度融合，协助开展技术调研，组织开展提质增效，切实开展井控专题学习与警示案例分享，持续推进知识产权学习研讨，并在实际工作中提出合理化建议，培养骨干员工 1 名并顺利按期转正，组织完成海外油田开发经验分享 3 篇，在国际石油工程师协会 SPE 组织的相关会议、阿布扎比国际石油展和阿布扎比国家石油公司上游先进技术会等分享中国先进适用技术与最佳实践，多次赴作业公司现场推进技术应用，助力公司持续建设高端市场学习型团队和健康持续高质量发展。

饶良玉还积极与中油国际公司相关部门保持沟通和汇报，持续关注"欧佩克＋"部长级会议中关于成员国限产方面的决议，密切关注作业公司产量变化及重大注水事件，通过在技术委员会及分委会提出中方的意见，督促作业公司尽最大努力进行生产，协助推进陆海项目鱼骨刺完井先导试验取得良好效果，为公司权益产量维持在千万吨水平发挥积极作用。

由于饶良玉的出色表现和勇于担当，他被公司授予 2021 年度中国石油海外油气业务优秀员工称号、2023 年度中东大区先进工作者称号，以及中国石油天然气集团有限公司 2022 年度井控工作先进个人称号。

传承铁人精神
直面国际挑战
—— 记销售采办部经理陈青

陈青总是戏称自己"油二代",他的父母是共和国第一代石油人,为祖国的石油建设和发展奉献了一生。从小耳濡目染,使得陈青对"大庆精神铁人精神、三老四严、苦干实干"等石油人的经典精神谱系有极深的认可与理解。"忠于事业""埋头苦干""任劳任怨",是他对于石油人精神的总结与传承。

学以致用　业绩优异

在家人以身作则和支持引导下,儿时的陈青逐渐对石油化工行业产生了浓厚兴趣,长辈们的拼搏与奋斗也塑造了他坚韧不拔的品质,并成为他日后蒸蒸日上的动力。

求学期间,陈青将学习与研究的重心放在石油工程领域。他勤奋好学,着迷于石油资源的复杂多样性,刻苦钻研如何才能更好地开发好利用好石油资源。他执着努力,求学期间不断在知识和实践方面追求突破。毕业后,中国石油公司成为陈青实践梦想的地方,为陈青提供了施展才华的舞台。

在工作岗位上,"勤勤恳恳、兢兢业业、敢于创新、勇于担当"成为陈青的工作信条。他在中国石油海外坚守10余年,先后在伊拉克鲁迈拉项目、中国石油中东公司、阿布扎比公司工作,期间曾连续多次获得中国石油伊拉克公司优秀员工、中国石油中东公司优秀员工、中油国际(阿布扎比)公司优秀员工、中国石油海外油气合作优秀员工、中国石油中东公司十个佳员工等荣誉称号。

同时，陈青在管理创新上不断努力，在中油国际管理创新评奖中多次获奖，其中，在提油业务管理创新评奖中获得一等奖一次、二等奖两次、三等奖两次；在集团公司管理创新评奖中获得三等奖一次；在股东行权业务管理创新评奖中，获得中油国际三等奖一次。

勇于奉献　不负使命

作为阿布扎比公司销售采办团队的负责人，陈青努力践行着中国石油人的担当，圆满完成了项目公司赋予的责任和使命。

陈青带领团队在提油销售工作中积极协作，在一体化提油的框架和机制下，始终坚持"利润全局最优、风险全局可控"的工作原则，优化了提油策略，配合中国联合石油中东公司完成了提油销售；同时，推动船期调整避免高库存风险，保证整个提油工作在流程合规、风险可控的轨道中运作，实现了全局利益和风险的优化，在保持高效、平稳、零事故的状态下，顺利实现项目公司的提油任务。自2019年开始，年完成提油量达千万吨以上。

在采办工作中，陈青能够严格按照公司采办管理规定以及上级单位的授权管理执行，保证了采办工作合规、有序进行。在工程项目招投标参会、审查工作中，他通过事项审查、参会，有效保障了中国石油利益、确保股东权利得到尽可能有效实施；他深耕高端市场，拓展发展空间，系统性的商务引领和推动服务单位积极参与，在股东行权中多点发力，增强服务单位合同获取的成功率。2023年，服务保障单位在当地市场实现了全面发展。

陈青在工作中善于总结、努力提升管理水平。作为主要承担者之一，陈青曾配合同事共同完成了集团公司管理创新研究与实现项目——"中东地区原油销售一体化协作机制的构建与创新"，该项目在2019年6月初通过了集团公司验收，并被评定为优等成果。

每当有人对陈青的工作业绩赞叹不已时，陈青却总是能回想起父母当年的奋斗历程。他认为，老一辈石油人面对的是百废待兴的局面，没有基础、缺资少粮，但老一辈石油人从来不讲条件，靠着肯干实干、勇于奉献的精神开创了中国石油的良好局面。如今，我们新一代石油人拥有国家坚实的工业基础支持和物资保障，尽管我们面临着复杂的政治氛围、安全形势，动荡的市场环境，激烈的国际竞争，但我们更应该直面挑战，将石油人的精神继承和发扬下去，本着不畏艰险、攻坚克难的精神继续前行，在日常工作中脚踏实地、锐意进取，不断总结提升，积极在业务拓展上下功夫，为项目公司的全面发展助力。

勤勉不懈　终获殊荣

伴随着中国石油阿布扎比公司取得一个又一个激动人心的成绩，拿下一个又一个重磅项目，中国石油人的国际地位也不断提升，越来越受到国际伙伴的认可和尊重。伴随着祖国的日渐强大、影响力持续增强，公司在国际石油的市场中也越来越重要。

对此，陈青认为，面对石油国际合作的协同发展，以及激烈竞争和博弈，需要项目公司在公司管理层的领导下凝心聚力、共同奋进，为项目公司的业务拓展、行权力度的提升、国际化水平的再上台阶而奋勇前行。在这面大旗下，公司需要在采办管理、及时提油、工程项目招投标行权及甲乙方协同发展多点发力。特别是甲乙方协同发展已成为项目公司战略发展方向之一，需要带领部门同事共同锤炼、精进业务素质，及时把握市场动态以及资源国、作业公司商务规则和业务发展趋势的变化，因势利导地制定服务保障单位协同发展的战略，按照重点突破市场、储备接替市场、潜力待开发市场分级分策具体制定工作方案和实施路线图，以实现中国石油服务保障单位在当地市场的健康、滚动和可持续的发展。

就这样，在陈青与无数志同道合的中国石油人的不懈努力下，阿布扎比公司为集团公司甲乙方协同发展取得丰硕成果，形成了协同发展规模性拓展、多点突破、百花齐放的繁盛局面。

　　百尺竿头，更进一步。陈青认为，项目公司的业务发展离不开技术和商务的高度融合，技术引领和商务实现，是项目公司发展的基石和精髓。陈青希望，自己能继续紧跟项目公司前进的脚步，为项目公司的国际化提升和商务拓展的实现再立新功。

勇担使命　做中国石油的海外尖兵
—— 记销售采办部高级主管　杨传勇

中东地区历来是国际各大石油公司的必争之地，阿布扎比油气资源丰富，良好的市场机制吸引了像 BP、道达尔这样的世界一流石油公司同台竞技。近年来，中国石油也凭借着雄厚的技术实力、强大的创新能力和无数精英人才跻身高端市场，而杨传勇就是活跃在海外中国石油人里的一位尖兵。

积极担当　勇于进取

杨传勇 1993 年本科毕业于江汉石油学院矿机专业，2006 年在大庆石油学院取得地质工程专业工程硕士学位。

1993 年 7 月至 2007 年年底，杨传勇在辽河油田钻采工艺研究院从事采油工程方案编制、重大科技项目研究、油田现场技术服务等工作。多年的积累，使杨传勇的工作经验无比丰富，由于业绩出色，他于 2007 年 12 月调入中国石油技术开发公司，负责中东沙特、阿曼市场的销售支持工作。2010 年年初，伊拉克鲁迈拉项目运作伊始，根据工作需要，加入到伊拉克公司鲁迈拉项目，在联合公司采办部负责重大工程项目的招标采办工作。2019 年 9 月，杨传勇开始在阿布扎比公司销售采办部从事提油销售、采办及股东行权等工作。

阿布扎比项目作为一带一路上的关键节点，在这里可以接触到各大国际石油公司，在合作与竞争中，可以迎接更多挑战，在不断的自我提升中，能够最大程度发挥自我价值。善于学习的杨传勇抓住机会，在领导、同事们的指引、配合下，他的工作能力突飞猛进，逐渐成为团队中的佼佼者。

如何规避风险，满足最优方案？面对困难，杨传勇常常工作到后半夜，而第二天一大早，他又带着饱满的热情继续工作。经过刻苦的学习和锤炼，杨传勇在份额油提油销售、物资和服务采购、股东行权等多项工作领域崭露头角，得到了领导和同事的信任与支持。

不惧困难　有所作为

工作中并不总是一帆风顺，困难和挫折时常出现。远离祖国和亲人，也令身在海外工作的石油人们时常感到孤独与寂寞。但这对杨传勇来说不算什么。

作为一名在油田长大，一直在中国石油工作的员工，凭借大庆精神铁人精神等中国石油人的精神传承，杨传勇早已构筑了强大无比的内心世界，艰苦奋斗的使命担当。

这些早已融入血脉的宝贵传承是无数战斗在祖国石油工业的先辈们凝结出的宝贵精神财富，需要新时代的石油工作者继续发扬光大。

就这样，凭借饱满的工作热情、扎实的专业水平、执着的敬业精神和严谨的工作态度，杨传勇与团队积极配合，紧密协作，共同应对各种挑战，在工作任务重、现场人员少的情况下，牺牲休息时间，加班加点，出色完成了在阿布扎比期间的各项工作任务。

背靠祖国　矢志前行

近年来，我国科技实力日新月异，综合国力不断提升，祖国人民尤其是身在海外的游子更能感受到前所未有的安全感和自豪感。杨传勇也深有感触。

当新冠肺炎疫情初始，ADNOC总部大楼的LED灯光亮起"中国红"，打出"WUHAN JIA YOU"的时候，杨传勇意识到，是祖国站在了我们的身后；

当茶余饭后，走在阿布扎比的大街小巷，听到一声声"Chinese？Friends！"的时候，杨传勇意识到，是"中国人"成为了我们的印记；

当身在阿布扎比高端市场，行权磋商的时候，当来自不同国家的油气专家对着我们竖起大拇指的时候，杨传勇意识到，是祖国的影响力让自己拥有了站在国际舞台上展现实力的机会。

杨传勇认为，从某种意义上讲，作为一名海外中国石油人，我们是中国在国际能源领域的代表，展现的是中国石油行业的良好形象，展示的是中国石油企业的专业素养和全球影响力。在阿布扎比工作，我们有机会与来自不同国家的专业人士合作，一方面促进了国家间的能源合作与交流，另一方面也加强了中阿两国之间的友好合作关系。

杨传勇说，作为一名海外中国石油人，在阿布扎比高端油气市场工作，不仅关乎个人的职业发展，更代表着中国石油，代表着身后的祖国。能够有机会为国家和民族的能源事业贡献自己的绵薄之力，自己感到无比自豪。一定要不忘初心、砥砺前行，脚踏实地、勇担使命，继续展现中国石油的硬实力，努力提升祖国在国际舞台上的声誉。

第16章

巧匠大工

在阿布扎比打造"中国方案"
—— 记全国劳动模范、技术分中心主任 魏晨吉

2023 年,已是魏晨吉征战石油海外市场的第 10 个年头。

从伊拉克鲁迈拉,到阿联酋阿布扎比,一路上,魏晨吉始终奋战于科研一线,用一场场漂亮的战役,诠释着中国石油科技青年的风采和担当,也展示着中国石油走向世界的魄力与魅力。

魏晨吉说,他与一群志同道合的人,一起奔跑在理想的路上,低头有坚定的脚步,抬头有清晰的方向,他希望为中国石油业务全球化提供不竭的科技动力,在打造"中国方案"的生动实践中放飞青春梦想。

首战建功 初露头角

2013 年,魏晨吉从美国怀俄明大学石油工程专业毕业,获得博士学位。经过一番深思熟虑,魏晨吉最终选择回国,进入中国石油勘探开发研究院。

那时的中国石油正大踏步地向海外业务扩展,急切需要魏晨吉这样有着海外留学经历的高端人才。

入职不久,伊拉克鲁迈拉油田成为魏晨吉崭露头角的第一站。

伊拉克鲁迈拉油田是一座巨型油田,地质储量超十亿吨级。2009 年,伊拉克在战后第一次向国际市场开放该油田合作项目,中国石油联手 BP(英国石油公司)中标该油田的开发技术服务合同,并由中国石油勘探开发研究院承担该项目的技术支持工作。

历经 60 余年开发,鲁迈拉油田石油年产量持续下降,特别是面对次主力层石油如何开采未有方案，形成开发矛盾突出，亟须油田开发方案的优化和调整。

对魏晨吉而言，这是一场攻坚战，他勇挑大梁，展开专项攻关。

四个月时间里，魏晨吉和同事们经常工作至凌晨。在由他负责的 Upper Shale 多层砂岩油藏注水试验区方案的编制工作中，他不断优化开发方案，充分考虑不确定性及风险，寻找投资与效益的平衡点。

方案一出，即赢来各方一致好评，并为鲁迈拉油田切实解决了开采问题，令鲁迈拉油田石油产量逐年递增。

弯道超车　勇夺桂冠

2017 年 4 月，一项新任务摆在了魏晨吉面前——启动阿联酋阿布扎比 NEB 资产领导者申请工作。

申请 NEB 资产领导者是公司第一次进入中东高端油气市场，第一次与 BP、道达尔等国际老牌石油公司展开直接竞争。这一项目一旦成功，不仅可以每年给中国石油带来十分丰厚的奖励金，同时也将显著提高中国石油在该项目上的话语权和在国际舞台上的地位。

然而，要得到 NEB 资产领导者，首先要向资源国提交一份最优的开发方案，展示中国石油的开采技术实力，打动对方。

作为中东地区市场最开放的油气富集区，阿布扎比 NEB 资产组储量达十亿吨级，主力油藏为低渗、低粘、低幅度、高温、高盐的"三低两高"碳酸盐岩油藏，开发难度大。当时，该资产领导者为道达尔，已经积累了丰富的开发经验，管理理念深入各个层面，"虎口夺食"的难度可想而知。

马不停蹄，20 天时间里，魏晨吉及其 20 人技术团队迅速了解和分析对手的方案。

魏晨吉坦言，刚开始看对方的方案时，第一感觉是佩服，对方方案做得很细，由道达尔和资源国一起更新完善了十几年，达到了世界一流水平，这让我们的方案优化工作看似无从下手。

不过,看似棘手的现状并未令团队气馁,再优的方案也会有"破绽"和"不足"。

从最基础的资料看起,从最细致的地方入手,技术团队瞄准了最直观体现油藏特征的岩心。

用 6 个月赶超西方公司在多年经验的基础上完成的方案,让很多人难以想象,魏晨吉和小伙伴们不仅想了,也做到了。他们通过上百个开发方案的优化,最终完成了 11 个油藏的 NEB 资产组整体优化方案。

2017 年 12 月 27 日,中国石油收到了一个振奋人心的消息,这就是 NEB 资产领导者任命书。

以"退"为"进"　更新方案

2018 年 1 月 1 日,中国石油正式上任 NEB 资产领导者,任期 5 年。

从那时起,在中国石油勘探开发研究院统一部署下,魏晨吉带领技术团队针对资源国制定的关键绩效考核指标开展技术攻关,与 ADNOC 开展多轮次技术交流,制定、推动了以油田主力层注水优化调整方案为代表的一系列现场实施对策,这也标志着中国石油低渗碳酸盐岩油藏开发技术在国际高端市场被认可。

此前,NEB 资产组现场是注气开发,即向油田主力层中注入天然气来开采石油,这是当今世界上非常先进的石油开发方式和开发理念。

然而,在观察完岩心之后,技术团队在勘探院专家的指导下反其道而行之,产生了一个大胆的想法——"根据 NEB 资产组主力油藏特征,我们认为应该重点加密调整改善驱替系统,随后采用低成本的注水开发方式"。

这个想法打破常规思维,意味着"降级"处理。但是,从注气到注水的转变,看似"降级",实则改善了开发效果,且每年还能为油田节省大量的注气成本。经过缜密分析,魏晨吉与技术团队进一步验证了这个想法。

放弃相对先进的开发方案,让阿布扎比油田管理层转变观念并非易事,加之对沟通程序上的不熟悉，从 2018 年年底到 2020 年 3 月，项目组先后 4 次介绍、研讨、优化调整方案，锲而不舍，最终引起油田管理层的注意、重视和接受。

在准备 2020 年 3 月的股东会时，受新冠肺炎疫情影响，魏晨吉始终坚守在阿布扎比前线，继续细心完善方案的每处细节，并在会上获得资源国和所有股东的批复，最终方案顺利付诸实施。

如此，"中国方案"不仅实现了油藏压力和产量止跌回升，且为现场节省了上亿美元注气成本，为中国石油赢得了良好声誉。

2022 年 2 月，根据组织安排及 ADNOC 需求，魏晨吉作为股东派员进驻 ADNOC 陆上项目作业公司，担任 Al Nouf 油田开发部经理，此时他肩上的担子更重了。他白天在作业公司带领外方团队积极开展方案优化，晚上处理中方团队的工作事宜。作为中、外方沟通的桥梁，他总是第一时间将外方需求传递给中方团队，向外方管理层、技术层介绍中方最新进展，将中、外方团队有机结合成一个整体，高效推动了 NEB 资产领导者工作，及油田的稳产上产。

在阿布扎比公司技术团队的不懈努力下，2023 年年初中国石油成功续任 NEB 资产领导者，作为碳酸盐岩油藏开发青年专家，魏晨吉继续坚守在阿布扎比项目上，一如既往，矢志向前。

以学习促成长
以量变促质变
—— 记技术分中心副主任邓西里

作为中国石油勘探开发研究院中东分院阿布扎比项目部副主任,邓西里为阿布扎比公司履行 NEB 资产领导者义务持续提供靠前技术支持,已经迎来了第六个年头。

邓西里认为,想要在职业生涯中有所成就,只有不断学习提高,才能为自己构建进步的桥梁。在繁忙的工作之余,邓西里尤其注重自我学习和知识更新。他积极参加行业内的培训和研讨会,了解最新的技术发展和行业趋势,不断扩充自己的专业知识。

此外,邓西里会通过各种机会与国内外的同行们进行业务交流,从其他专业人士那里获取经验和技术,目前担任着阿布扎比国际石油展(ADIPEC)技术分委会委员等职务。他还与团队成员紧密合作,共同商讨解决项目中的技术难题,互相答疑,共同进步。

邓西里始终信奉"实践出真知"。他积极参与项目实施与相关技术工作,不仅提高了自己的实践能力,也增加了项目管理和沟通协调能力。善于总结和分享项目经验的他,还不断改进工作方法和流程,争取进一步提高工作效率和质量。

奋斗的日子很慢又很快,随着技术水平逐渐提升,邓西里肩负的责任也越来越大。如今,他已经成为 NEB 资产领导者对外总负责人,全面负责 KPI 的各项研究工作,并代表中国石油与 ADNOC 各级管理层、技术中心专家及股东进行汇报交流。

邓西里的日常工作非常辛苦,压力很大,但他总是坚持不懈,奋斗不止。他明白,作为公司的一分子,只有人人都奋斗不息,才能帮助公司提升在国际石油领域的地位和影响力。

作为工作团队的核心人物,邓西里身负重任、一马当先。回想起2018年初来乍到时的"摸着石头过河",他与团队从一开始的迷茫不理解"资产领导者"为何物,到不断地试错并从中吸取了宝贵的经验教训。在随后的岁月里,他们勇往直前,不断追求进步,终于品尝到甜美的硕果。

邓西里还记得,在刚刚加入阿布扎比项目的时候,他与团队面对技术攻关,很多时候都是一头雾水。首先,大家对阿布扎比当地的油田构成并不了解,此外,ADNOC的要求非常高,它实际上是要求我方通过"资产领导者"这个平台把整个中国石油在全球范围内的最好的技术拿到这里来应用。从2018年到2019年初,邓西里的团队一直处于适应期,摸索着如何将我方的传统优势技术融入外方的技术标准之中。

国内的油藏大多为砂岩油藏,阿布扎比这里则多为碳酸盐岩油藏,并且与邓西里在国内接触过的碳酸盐岩油藏类型又有很大不同。在国内的,像新疆、四川这种碳酸盐岩油藏,都是裂缝型的、缝洞型的,而中东这边的碳酸盐岩油藏多为孔隙型。

此外,在阿布扎比这个国际市场,油田开发还需要按照国际标准来进行。在地质建模上,像阿布扎比这种低渗孔隙型碳酸盐岩油藏的地质模型的建模方法,邓西里也是第一次接触,再加上标准流程完全不同,期间难度可见一斑。

道阻且长,行则将至。邓西里身先士卒,刻苦攻坚,经过两三年的摸索期,团队终于顺利将整套建模流程打通理顺,同时还在这一过程当中提出了创新性的认识,对建模标准提出建设性的修订意见。前后五年下来,团队共建立了20多个模型,并完美通过国际股东的审查,得到了他们一致赞誉。

午夜梦回间,邓西里总是怀念着那一个个炎热的午后,他与团队成员聚在一起开会的情景——会议室内弥漫着比室外气温更热烈的讨论氛围,大家都满面红光,兴奋地面对着投影屏幕议论纷纷。他们激烈地争辩着各自的观点,但争执之中却没有丝毫敌意,只有团队紧密合作的气息。他们挑战彼此的想法,相互学习着、提升着,慢慢地,成熟而圆满的结论渐出水面……在异国他乡,在远离祖国的这一小小角落,大家并没有感觉到孤单，因为所有人都站在同一个战线上，为了共同追求更好的结果而努力。

邓西里与团队从此终于站稳了脚跟，与 NEB 资产组紧密合作，真正融为一体。大家的底气也越来越足，积极与外方技术中心的专家进行互动讨论，并勇于挑战甚至"争吵"。这一转变不仅促进了技术层面上的突破，更加深了团队成员们的荣誉和使命感。

团队的变化绝非一蹴而就，这是一个漫长而坎坷的过程。

在这个过程中，邓西里扮演着重要的角色。他不仅是团队的领导者，更是团队中的一员。他倾听团队成员的声音，尊重每个人的意见，充分发挥每个人的潜力。而通过与团队成员之间的不断磨合，邓西里也逐渐获得了团队成员们的信任和认同。团队的凝聚力越来越强，士气也越来越高。

在这个过程中，团队成员们也不断成长。他们愈发主动地说出自己的看法，他们学会了跳出舒适区，勇于迎接挑战，整个团队的专业水准不断提升，每个成员都越来越有信心，他们坚信能够为项目发挥自己的才能，贡献自己的智慧。

不积跬步，无以至千里。努力的量变终于成为宝贵的质变，由邓西里团队主导的一系列研究成果得到了外方管理层的高度认可，在 2022 年 KPI 考核中，中国石油的总得分一举超越 BP 和道达尔公司，历史性地排名第二并成功续任资产领导者。

尽管已经取得了骄人成绩，但邓西里却始终保持着谦虚的态度。他深知，石油勘探开发的道路上没有终点，只有不断前行，才能取得更大的突破。

邓西里总是说，只要我们对自己充满信心，坚定信心并为之付出不懈努力，就一定能够实现自己的理想。无论遇到多大的困难和挑战，都要坚持不懈，勇往直前，相信阿布扎比项目的明天会更美好。

自诩为"老同志"的邓西里，希望将自己多年来摸爬滚打取得的宝贵经验传递给后来者们，他对新入行阿布扎比公司的工作人员们提出建议：愿年轻同志们珍惜公司各级领导和专家们在阿布扎比高端市场这些年努力拼搏打下的良好基础，以"咬定青山不放松"的信念从专业、商务、语言、管理等方面全方位提升自我，为阿布扎比公司的发展贡献力量，为中国石油的国际化进程和早日实现世界一流综合性国际能源公司目标添砖加瓦。

勇立潮头　志存高远
—— 记生产作业部高级钻井技术专家　李荣

十年来，中国石油在与 ADNOC 的合作中取得了显著进展。

2013 年 5 月，中国石油与 ADNOC 签署陆海项目协议，实现中阿两国油气上游领域合作"零"的突破，成为中国石油拓展阿联酋高端市场的"桥头堡"。2017 年 2 月，中国石油与 ADNOC 签署《阿布扎比陆上油田开发合作协议》，推动中国石油与 ADNOC 互利共赢的全面战略合作迈入新阶段。2018 年 3 月，双方再次签署海上乌姆沙依夫 — 纳斯尔和下扎库姆项目。至此，中国石油全面参与到阿联酋 4 个项目的勘探开发和运营管理中。

2022 年，阿布扎比公司权益原油年产量突破 1000 万吨，累计权益产量突破 5000 万吨，年度权益产量和份额油销售额双双创历史新高。

每当谈起这些，李荣就打开了话匣子，一个个骄人成绩、一项项惊人成果历历在目，回味无穷。

2018 年，李荣作为工程院的派遣专家人员，选择加入阿布扎比公司并参与资产领导者的科研课题。他的初衷是为了推动中国钻井走向世界，希望通过深入参与实际项目工作，了解并解决阿布扎比钻井领域的技术难题，为中国石油在国际舞台上展示实力和技术水平作出贡献。

在阿布扎比公司的工作经历中，李荣通过现场观察岩心和分析大量的钻井数据，深入了解油田地质特征和油藏性质，为油田的钻井方案优化提供了新的认识。在阿布扎比领导和专家的指导下，李荣克服了高温等困难条件，通过对上百口井的优化，协助完成了 NEB 资产组完井设计整体优化方案，取得了令人振奋的成果。

2019年，陆海项目作业公司出现连续两口井套管遇阻卡井，险些报废，李荣深入作业公司开展中国石油技术展示与技术推荐，最后顺利解决这一难题，获得作业公司管理层青睐。2019年3月份，作为唯一一名中国石油钻井工程师，李荣在数名候选人中脱颖而出，成功应聘作业公司岗位。

李荣很少提到，他在最初来到阿布扎比时经历的各种困难。

其中最大的问题就是语言障碍，其次则是对ADNOC高端市场标准与技术要求的不了解。为了克服这些困难，李荣采取了一系列解决方法来提高自己的沟通能力和技术水平。

他积极与外国同事建立友好关系，通过不断交流，与外国朋友们迅速建立互信，成功打破语言障碍，增进了彼此之间的理解和合作。此外，李荣还通宵达旦努力学习ADNOC的高端市场标准和技术要求，以弥补自己的短板，努力适应工作环境、争取提供高质量的工作成果。

就这样，李荣不断突破瓶颈，取得一个个令人瞩目的成就——

成功处理溢流事件　探井获得重大发现

李荣在勘探区块担任钻井监督时，面临了一次严峻的挑战。当时，施工人员正在进行一口探井的钻探工作，突然发生了溢流事件。溢流情况的出现给钻井作业和勘探进展带来了极大的不确定性。

面对这一突发情况，李荣迅速采取行动，与现场团队密切合作，展开应急处置，调度人员快速组织抢险队伍，进行紧急封堵和控制溢流。在现场40摄氏度高温的工作环境下，整个井队冒着巨大风险进行作业，保证了现场安全。

为了解决溢流问题，李荣与团队一起分析了井下数据，并与中国石油国内的技术专家进行了深入研讨，随后制定了详细的应对方案，采取了包括调整钻井液配方、加强井口防控等一系列措施。通过努力，最终成功控制了溢流，并在探井中获得了初产每天上千桶的重大油气发现。

创新应急解决方案　　有效处理复杂事故

在陆海项目油田开发中，一共有 4 部海上自升式平台钻机同时作业，李荣面临了多起复杂事故，包括井下卡钻、打捞落物等。

这些事故对钻井作业和工程进度造成了严重影响，也给公司带来了巨大的经济损失。面对这些困难，李荣及时采取了有效的措施，保障了现场作业的顺利进行，并为中国石油节约了成本上千万美元。

作为甲方代表，李荣首先组织了专家应急团队，与现场人员紧密合作，采用了创新的解决方案，包括利用先进的钻井工具和设备进行卡钻解救，以及采用安全可靠的方法进行落物打捞。

此外，李荣还加强了团队的钻井培训和技能提升，确保所有人都具备应对突发情况的能力。通过定期的安全会议和培训，向团队传达了安全意识和操作规范，提高了整体的工作效率和质量。

工作努力业绩突出　　赢得公司一致认可

在阿布扎比公司中，李荣作为唯一的钻井派员参与了 ADNOC 作业公司的工作。在这个跨文化、跨国家的工作环境中，他面临着诸多挑战，包括语言沟通、文化差异等方面的困难。

为了克服这些困难，李荣主动与外国同事建立了密切的联系，他积极学习、提高英语沟通能力，努力理解并尊重不同文化背景下的工作方式和价值观，同时也分享了自己的专业知识和经验，与团队成员共同解决问题。

李荣作为中国石油派驻到 ADNOC 作业公司的员工已经工作了 5 年，他既要完成作业公司的工作任务，又肩负着向高端市场引进中国石油的技术与服务，协调双方关系等重要任务。除了完成外方工作任务，李荣还积极开展如下一些工作：一是技术引进。李荣积极向 ADNOC 作业公司介绍中国石油先进的油田开发技术和服务，已经介绍了中国石油非常规油气钻完井技术、膨胀套管技术等 5 项中国石油特色技术，帮助提升 ADNOC

的技术水平和竞争力。二是推动钻井项目合作。李荣与 ADNOC 作业公司共同探讨合作项目，协助推动长城钻探公司进入 ADNOC 市场，2024 年获取了 ADNOC 非常规区块 4 部钻机合同，实现互利共赢。三是关系协调。李荣作为中国石油员工和联合公司雇员，具有双方合作的桥梁作用。李荣积极主动协调双方关系，沟通合作意向，解决双方合作中的钻井设计问题和挑战，促进合作关系的稳定和持续发展。

　　李荣的努力得到了作业公司的认可和高度赞赏。但李荣觉得，这种认可不仅是对其个人职业生涯的肯定，也是对阿布扎比公司的声誉和实力的认可。李荣说，在今后的工作中，他将继续保持积极进取的态度，注重团队合作，不断提升自己的专业素养和领导能力，为公司的发展作出更大的贡献。

立鸿鹄志　做奋斗者
—— 记勘探部高级地球物理工程师　田文元

时光荏苒，年近不惑的高级地球物理师田文元，赴海外工作已超十二年。谈起这段人生之路，他并没有提到其中的艰辛，而是感恩整个过程带给他的挑战和收获。

田文元胸怀理想、敢拼敢闯、永不言弃，从一个初入社会的青年学者，到一名被众人所钦佩的技术专家，他以自己的实际行动，实现着自己人生的价值，生动地演绎、诠释着习近平主席对青年人"要志存高远，增长知识，锤炼意志，让青春在时代进步中焕发出绚丽的光彩"的殷切嘱托，立鸿鹄之志，脚踏实地地努力创造出一个又一个成绩，竭尽全力让自己的青春洋溢出最动人的光彩。

学以致用　知行合一

2014年5月，田文元以技术支持方式加入阿布扎比公司，参与阿布扎比水域深层天然气评价工作。2015年9月，田文元开始负责陆海项目二区块新三维地震资料精细构造解释、储层预测和项目汇报工作，为二区块4个油田开发方案编制奠定了扎实基础。

2017年1月至2018年9月，在陆海项目一区块综合地震地质研究中，田文元负责地震解释、盆地模拟、非常规油藏研究，以及项目汇报等工作，在阿布扎比公司勘探部的领导下，参与部署探井XN004和评价井NN005获得油气发现，提升了中国石油在阿布扎比高端市场的技术影响力。

搭乘中国石油入股陆上项目的东风，2018年10月，田文元通过ADNOC多重筛选，成为中国石油第一个进入ADNOC陆上作业公司的派员，他也是迄今为止在陆上作业公司工作时间最长的中国石油派员。田文元在作业公司Bu Hasa资产组开发部担任高级地球物理工程师，除了负责Bu Hasa、Bida Al Qemzan和Huwaila油田模型更新和油藏监督等工作外，还代表中国石油在陆上作业公司进行知识分享，给当地大学实习生授课，培训刚入职的本地员工，多次在ADNOC进行专题分享，积极提升中国石油技术影响力。

刻苦钻研　成果斐然

在不断实践的过程中，田文元的努力进取，为他、也为公司带来丰硕的成果。其中，推动中国石油东方地球物理公司（BGP）进入陆上作业公司地震采集业务，成为田文元的优异履历中浓墨重彩的一笔。

BGP中标阿联酋采集大合同后，只在陆上项目以外区块作业。在阿布扎比公司领导的指导下，田文元立足陆上作业公司地球物理岗位，结合Huwaila油田开发需求，于2020年推动BGP在Huwaila油田采集新三维地震资料，该三维是BGP在陆上作业公司采集的第一块三维。2022年，他再次协助推动BGP获得NEB资产组Al Nouf油田过渡带三维地震采集和处理项目。

当前，陆上作业公司的Bu Hasa和Bab等大型油田的高密度三维地震和四维地震可行性研究正在进行中，田文元将继续在阿布扎比公司的指导下，积极推动BGP在陆上作业公司实施新地震资料采集，为陆上作业公司油田勘探开发提供高品质地震资料，也为中国石油技术服务公司提升效益。

此外，除了完成陆上作业公司的日常开发工作外，利用晚上、周末和节假日的时间，田文元还负责阿布扎比公司勘探部勘探工作。在阿布扎比公司管理层和专家的指导下，通过精细论证，2022年，BU994井在陆上作业公司的 Bu Hasa 油田 Mauddud 油藏勘探发现上亿桶储量，这一发现为中国石油参股 ADNOC 以来最大勘探发现，为阿布扎比公司增储上产提供了重要保障。

担当使命　不负青春

2022 年 10 月，陆海项目 Belbazem 区块 3 个油田投产在即，在阿布扎比公司领导的协调下，田文元从陆上作业公司转换到 Al Yasat 作业公司，在开发部担任高级地球物理师，支持 Belbazem 区块开发工作，在半年时间内完成了多项重要工作，为 Belbazem 区块投产提质增效作出了突出贡献。

其中，在 Belbazem 区块开发方案中，田文元通过深度挖掘所有老井资料，从使用垂直地震剖面资料约束地震资料处理和解释的需求出发，根据开发方案中的新井位置、井深及轨迹特征设计，在 UD 和 US 油田各优选 1 口井部署垂直地震剖面资料采集，共减少 4 口井垂直地震剖面资料采集，节约资料采集费用和钻井等停费用等约 1200 万美元。

泥浆漏失是钻井过程中面临的重大挑战之一，并且经常导致不良的钻机非生产时间，从而造成数百万美元的损失。Bu Haseer 油田南平台井在 Mishrif 层就面临着泥浆漏失严重的问题。为了降低 Belbazem 区块钻井风险、节约钻井费用，田文元从地震、地质角度分析了 Mishrif 地层过往泥浆漏失的根本原因，对 Belbazem 区块三个新油田的泥浆漏失风险进行了预测，并提出了相应的解决方案。

对此，Al Yasat 作业公司管理层对田文元的专业技术交流和出色的工作表现给予了高度评价，认为将对未来的生产作业具有很强的指导意义，并希望深入了解和引进中国石油的先进技术。

锐意进取　不断超越

惟其艰难，方显勇毅；惟其磨砺，始得玉成。数年来，由于在工作、科研中的出色表现，田文元在国际期刊发表论文 12 篇，并取得了 20 多项中国石油和 ADNOC 的荣誉，最新荣誉为 2023 年 9 月的"中国石油海外投资业务 2021 — 2023 年勘探开发先进个人"称号，和 2023 年 12 月的"ADNOC 文化交流使者"荣誉称号（"ADNOC Way Culture Champion -Divisonal Culture Champion"）。

　　立鸿鹄凌空之志，永不忘砥砺前行。青年时期是人生中最宝贵的时光，田文元怀揣梦想和希望，锐意进取，不断超越。他表示，作为奋斗在"一带一路"沿线的青年石油人，我们承载着习近平主席"未来属于青年，希望寄予青年"的重托，我们要用青春和汗水跨越山海，用理想和激情灌溉荒漠，为"做大中东"的美好愿景，为保障国家的能源安全，为实现中华民族伟大复兴的中国梦，贡献石油力量和青年力量。

努力为祖国石油事业的兴盛积蓄力量
—— 记技术分中心高级钻完井工程师 吴波鸿

2019年中国科学院博士后出站后，吴波鸿进入中国石油勘探开发研究院工作，参与ADNOC NEB资产领导者工作。2021年9月，受院领导的安排和委托，吴波鸿靠前支持前往阿布扎比公司工作。凭借着多年的从业经历与丰富的工作经验，他迅速进入角色，取得多项重要技术突破。

经验丰富　迅速融入工作角色

吴波鸿在油气行业拥有超过16年的从业经验，曾供职于国际石油服务公司（斯伦贝谢，8.5年）、国家科研机构（中国科学院，2年）及国家石油公司（中国石油，5年）。来到阿布扎比项目后，他迅速全身心投入工作中，凭借深厚的专业知识和严谨的工作态度，与地质油藏专业密切配合，承担NEB资产领导者工作中钻完井工程、致密油藏开发、井筒完整性及新技术推介等工作。

身先士卒　不断取得技术突破

阿布扎比地区油气资源禀赋突出，既是国际一流油公司、油服公司同台竞技的高端市场，也是油气工程先进技术先导试验及规模应用的核心区域。吴波鸿与地质油藏专业紧密配合，开展地质工程一体化研究，包括：钻井设计优化、下部完井设计、井筒完整性、储层增产改造在内的技术支持和实施方案，圆满完成 ADNOC 资产领导者绩效合同内约定的任务指标。

2019 年开始，吴波鸿与中方团队梳理原有经验开展下部完井先导试验井设计及油藏数值模拟，与外方技术团队一同提出了 NEB 资产组水平井由裸眼完井升级转型到下部完井的技术路线图，设计了 NEB 资产组第一口主动控水稳油下部完井先导试验井，2022 年 6 月成功实施。

对 NEB 主力油藏和致密油藏分别提出超长水平井优化设计方案，整体方案通过三级技术审查并得到股东批复；针对外方久攻不克的致密油藏开发，与团队一起提出了包括超长水平井及大位移水平井、高压酸射流、变密度筛管规模酸化完井改造一体化技术方案、鱼骨刺完井改造在内的系列技术方案，其中 DY-342 井 2022 年 12 月成功完钻，创阿布扎比陆上油田最长水平井记录，测深超万米，水平段长度超过 5000 米。

同时开展井筒完整性研究，系统梳理了 NEB 油田井筒腐蚀及结垢现状，并带领团队提出腐蚀结垢治理方案。2022 年设计完成了 ADNOC 陆上油田首套腐蚀速率计算及实时监测软件。

吴波鸿积极协助项目公司推介中国石油工程技术 10 余项，其中两项技术经过 ADNOC 研发中心及总部审查，进入新技术短名单。

勇闯中东的海外石油人
—— 记技术分中心高级油藏描述工程师 许家铖

许家铖,高级工程师。2013 年毕业于美国南加州大学石油工程专业。毕业后进入中国石油勘探开发研究院中东研究所工作,主要从事中东地区孔隙型生物碎屑灰岩油藏的储层评价、油藏描述、地质建模及储量评估等工作。

许家铖先后负责、参与了伊拉克哈法亚油田、艾哈代布油田,阿布扎比 NEB 资产组多个主力及次主力油藏的开发(调整)方案编制、地质建模、潜力层评价、关停井分析治理等任务;承担并参与了国家重大专项、集团公司重大专项、CNODC 课题、油田技术支持课题等研究任务;多次赴伊拉克油田现场及驻阿联酋进行技术支持,并完成向资源国及股东技术交流汇报任务。

心系使命 立志报国

石油是世界上最重要的能源资源之一,在工业、农业、交通等领域都扮演着重要角色,是经济增长和国家建设的基石。石油的可靠供应,对国家的经济稳定、民生福祉和国家安全至关重要。

此外,石油产业不仅仅涉及到石油的开采和生产,还包括石油相关的勘探、运输、储存、加工和销售等环节。拥有强大的石油产业,可以为国家带来巨大的税收和就业机会,并推动相关产业和经济的发展。

许家铖在美国完成学业后,由于学习成绩和科研能力突出,多家美国本土石油公司向他投来了橄榄枝，并承诺了优厚的薪资待遇。毫无疑问，留在美国是不少出国留学人员的选择，但许家铖却做出了令人敬佩的决定。

许家铖无比清楚，石油资源对祖国意味着什么。与其得到更多名誉与财富，他更愿意回到祖国，为祖国的石油事业贡献力量。

出于对祖国的热爱和责任感，以及对国家建设的热切期望，许家铖毅然踏上了回国的飞机，他决心践行为祖国的能源行业奉献终身的誓言。

不畏孤独　铸剑中东

许家铖深深知道，能源独立对一个大国的重要性。中东是世界油气的聚集之地，也是中国石油重要的海外战略要地，许家铖决定，要从中东做起，要完成组织交给自己的任务。

在阿布扎比期间，许家铖的主要任务是综合地质研究，AN油田次主力油藏的油藏描述及地质建模。

其中，他主要负责攻关的是LK-2和LK-3油藏的地质建模任务。与其他油藏相比，这两个油藏的基础研究程度最低，为此许家铖付出了巨大的额外工作量，包括岩心观察、薄片描述、综合地质研究等，他加班加点、紧张工作，最终按时顺利通过了前两个里程碑的股东审查。

身处异国他乡，工作与生活总是难以兼顾，事业与家庭不易取得平衡。有一次，在攻关项目的最紧要时刻，国内传来了女儿生病的消息，这无疑是一记沉重的打击。然而许家铖并没有选择退缩，他咬紧牙关，决定继续坚守岗位。

一面强忍着对女儿的惦念，一面顶着来自技术交流会和外方技术专家、股东给予的巨大压力，他毫不动摇，迎难而上。最终，许家铖没有被困难压倒，他利用自己扎实的专业知识和丰富经验，勇往直前，最终成功破局。

许家铖从未与人提起过这段无比难熬的艰辛时光。每一天，他都在严峻的工作任务中殚精竭虑，同时忧心女儿的病情。这段时间的他甚至有些害怕听到手机铃声，总是担心会听到不好的消息。他努力克制自己的情绪，逼着自己拼尽全力投入到工作中。

技术问题、市场需求、项目计划……各个难题交织在一起，反而激发了许家铖迎接挑战的决心。他毫不畏惧，通过与外方专家紧密合作，积极寻找解决问题的办法；他主动与团队成员沟通，敏锐地发现问题所在，并迅速采取行动；他展现出无与伦比的才智和领导力，稳定了团队士气，确保了项目进展。

任务终于圆满完成，女儿的病情也逐步稳定、日渐好转，他的脸上才露出久违的笑容。

迎难而上　海外建功

数年来，许家铖凭借自己深厚的功底与惊人的毅力，做出了出色的工作业绩，取得了辉煌的成就。

他承担了伊拉克哈法亚及艾哈代布油田重大开发方案编制，完成了综合地质研究任务；

完成了伊拉克哈法亚油田、艾哈代布油田、阿布扎比AN油田近10个油藏地质模型的建立与后续更新；

作为油田技术支持课题负责人及重大开发方案编制承担人，许家铖参加与资源国及股东技术代表交流会、方案审查会13次，完成技术汇报任务17项，成功支持方案获批，保障油田上产、稳产；

作为技术负责人和技术骨干，许家铖承担了国家重大专项、集团公司重大专项、CNODC技术支持课题及油田现场技术支持课题13项……

工作以来，许家铖荣获省部级科技进步奖1项、局级科技进步奖7项；发表论文15篇，其中11篇为SCI/EI收录，前三作者9篇；参与编写专著2部；受理专利1项。

孤身一人在海外打拼多年的许家铖，并不觉得自己是孤单的。他说，一方面，祖国的强大以及影响力，让海外华人的地位得到了提升。另一方面，中国石油的强大让我们有了与其他顶尖石油公司同台竞技的信心。除此之外，自己工作至今所经历的在中东地区的三个项目，每个项目的攻关过程中都能遇到优秀的领导、同事，在工作上不断给予他指导和帮助，让他从未偏离方向。他觉得自己唯一亏欠的，就是国内的家人。

不过，许家铖仍旧希望自己可以继续在阿布扎比战斗下去，他希望在这个高端的平台上继续发展，从而更好地为阿布扎比公司的发展作出贡献，与公司一同进步，成为中国石油海外事业的标杆。

第 17 章
青春战旗

以实际行动做好公司的贴心"管家"
—— 记综合管理部高级主管 姜学义

凌晨两点半，总结会终于结束，姜学义匆匆回到住处，躺在床上却难以入眠。过不了多久就要起床继续工作了，今早6点半有个早餐会，来访团组的领导们在抓紧一切时间进行各种会见交流，自己这边的接待工作绝不能出错，细节决定成败。

原来，每年一度的阿布扎比国际石油展（ADIPEC）正在召开，而阿布扎比公司正是牵头参展和接待的单位，具体工作则由公司的综合管理部负责。这几天，也就成了姜学义和部门一年中最忙碌的时间。

每年的阿布扎比国际石油展，来访团组人员级别都很高，公司综合办的接待压力非常大。作为主场，公司上下都期望着把各项接待工作做得更加完美，对工作要求非常细致，比如一本小小的团组手册，可能就要编写十几个版本，反复推敲，查缺补漏。

访问团队其实在阿布扎比只待三天，但为了这三天，包括姜学义在内的接待团队，前前后后至少要忙上一个月，不停确认各项日程，不停进行应急修正。这是因为访问团除了参加展会，还要进行对外访问交流，全部人员名单和具体行程落实后，综合办才能开始办理各项安全许可，而这些信息基本上要到距离展会开幕最后一个星期前才能敲定。

等到一天结束，团组回酒店休息，综合办还要连夜开总结会，讨论第二天的行程安排，布置工作。

精诚所至、金石为开，在姜学义和同事们的共同努力下，访问团全部行程终于顺利结束，接待任务圆满完成。

这些难忘的经历，姜学义时常会复盘一下，看看哪个细节能做得更好。正是这种一丝不苟的认真负责，令姜学义成为了公司的优秀"管家"。

几年来，姜学义在综合办的工作业绩，同事们有目共睹。但谁能想到，平日里说着一口流利英语的他，最初学的其实是俄语。

2010年，姜学义进入中国石油技术开发公司工作。他最开始的工作方向主要是进出口贸易，负责海外市场开发。初生牛犊不怕虎，刚刚参加工作，敢想敢干的姜学义就展示出超强的工作能力，他曾以一己之力，建立了中国石油在白俄罗斯的第一个办事处。

2018年，姜学义借调到阿布扎比公司。他记得特别清楚，当时来到阿布扎比的那天是2018年7月12日，而习近平主席到阿联酋进行国事访问则是在那年的7月18日，就这样，来到公司刚刚报到完毕，姜学义马上就投入高访团组的接待工作中，由于期间表现出色，我国驻阿大使馆还特意给姜学义个人发出一封感谢信。

这一凑巧的经历，似乎也预示着姜学义将在综合管理办公室的工作中有所作为。

改进思路　提升行政工作质量

综合办可以说是公司的"管家"，涉及的工作事项繁杂、工作界面广泛，既要对公保障公司利益，又要对私排忧解难，管理和服务的尺度难于拿捏。

姜学义充分认识到，要做好行政工作，重点是找准定位，不断提高沟通能力，有力加强部门协同，这样才能把握住主要矛盾，提高工作效率和水平。几年来，姜学义的工作业绩优异，得到了公司领导和同事们的高度认可。

第一，更新完善了《公司车辆使用管理办法》《车辆管理规定》，强化了用车报批报备制度，有力保障了人员出行安全；此外，编制出台《职工公寓住宿管理条例》《会议室管理办法》《外来访客管理办法》等文件，为规范化管理打好基础。

第二，以"我为群众办实事"为抓手，加大卫生安全检查的力度，丰富菜品种类和质量，配置专业理发人员，改善健身房的环境，完善前台、会议和办公用品管理，并开展服务质量问卷调查，得到员工们的好评。

第三，完成长短租住宿合同和协议的签署，降低费率的同时增加了服务内容，优化了条款；完善租车合同管理，完成后勤合同及相关补充协议的签署，规范了管理。

第四，成功组织"长征跑""健康5万步""红色骑行"等体育活动，筹办了迎新春、庆双节等联欢活动，体现了以人为本、关爱员工的经营理念。

第五，重视对外宣传，不断树立公司形象。在外部支持有限的情况下，圆满完成阿布扎比国际石油展参展任务，再次彰显了中国石油的整体形象。

边学边干　扎实推进 QHSE 工作

2021年5月，姜学义全面接手公司 QHSE（质量、健康、安全和环境）工作的具体执行。该项工作的特点是专业性强、涉及面广、要求具体、考核严格、专项活动多，挑战很大。在既无专业背景又无实践经验的情况下，姜学义充分发扬大庆精神铁人精神，刻苦钻研，出色地完成了各项工作任务，为公司完成年度考核指标做出了贡献。

首先，通过认真筹备完成指标填报37项，总结资料60余份，获评C类项目前列，得分率同比增长21.80%，助力海外板块"五维绩效考核"名列前茅，高质量完成 QHSE 绩效考核工作。

其次，在健康企业试点工作中，完善了体系建设，规范了制度文件和资料，加强了项目间的交流；筹建医务室组织体检，宣传职业病防治，开展工间操活动，建立员工健康档案；定期开展卫生检查、消毒工作等，得到了集团和本部的高度评价。

再次，积极开展"安全生产月"活动，完成消防演练、信息安全检查、组织教育答题活动、进行疫情防控推演；在片区开展"反违章"专项整治活动，使片区整体违章率大幅下降，安全管理水平提升一个台阶。

最后，针对片区各单位动迁回国人员限额矛盾突出的问题，建立预报备机制，提早筹划前置解决，避免了衍生不安定因素的发生。全年共处理片区各单位动迁人员申请约 260 批次，发放安全提示 50 余次。

如今，阿布扎比公司的发展正日益提速，未来可期。姜学义表示，想要进一步提高自己的工作能力，为公司保驾护航，贡献力量。

生逢其时　不负青春
—— 记销售采办部主管
李骥

阿联酋阿布扎比是"一带一路"沿线的油气高端市场，是国际石油公司群雄逐鹿的角力场，更是中国石油和中国石油人施展拳脚、大有可为的一片沃土。本着为祖国能源事业贡献力量的初衷，无数青年才俊来到这片土地，希望用自己的不懈奋斗，为祖国的能源安全贡献青春的力量。这里面也包括阿布扎比公司销售采办部的青年骨干李骥。

曾经在阿布扎比有过 2 年多研究生就读经历的李骥，对阿联酋这个国家有着非常深厚的感情。带着为祖国效力的朴素情感，也带着促进中阿友好的期望，毕业之后，李骥的身份也从懵懂的学生转变为一名青年石油员工，继续在这片熟悉的地方从事更具挑战性的工作——销售采办、股东行权、技术引领、商务推动，在各类会议上为中国石油发声，在各项比赛中为公司添彩。

如今，李骥已经在阿布扎比学习、工作、生活了七年有余，作为中国石油在阿业务发展壮大的黄金期的见证者与参与者，李骥立足工作岗位，以公司"三有一敢"精神为指导，在思想上不畏困难、勇于担当，在工作中勇挑重担、攻坚克难，在生活中遵纪守法、严于律己，努力做好提油、采办和股东行权等各项工作，并取得了一系列骄人业绩。

在阿布扎比公司工作期间，李骥先后在技术部、股东事务部和销售采办部工作，努力做好提油、采办和股东行权等各项工作。

作为参股项目，股东行权是阿布扎比经营管理的重中之重，是维护中国石油股东权益的核心，李骥积极参与股东行权各项工作：在股东事务部工作期间，李骥主笔完成了 4 万余字的《阿布扎比项目行权策略及模式分析报告》，内容涵盖了项目获取、项目运营、项目管理面临的问题与工作思路、经验总结、行权策略建议等多方面内容，梳理了阿布扎比项目股东行权和经营管理模式，并提出了完善管控定位与流程、加强技术与商务沟通、发掘甲乙方一体化与总部共享支持潜力、优化人才培养和考核机制等行权管控思路。

在销售采办部期间，李骥接手负责四个项目的重大招标事项审查工作，主要工作内容包括招标事项的上会资料审查、技术支持单位协调、国际股东伙伴会议参会及表态、招标审查会议参会及表态、重大事项的后续跟进、超授权事项的上报及追踪以及其他股东行权工作流程。

2022 年度，李骥共参加各类国际会议超过 140 次，其中工程项目招投标会议近 70 次，审批重大招标事项数量超过 140 件。与会过程中，李骥代表中国石油进行了发言与表态，积极维护中国石油的股东权益，一定程度上增强了中国石油的话语权。

在海外工作期间，中国石油人历经的各种困难与考验是他人难以想象的。每当李骥回忆起自己的一个个难忘经历，总是感慨不已。在 2022 年 12 月，共有多达 20 个采办事项集中在李骥手中，其中不乏地面工程技术支持服务、海洋工程技术支持服务、生活后勤及行政保障服务等重大采办事项，并且各个事项对截止日期和时间节点的要求均非常之高。在诸多事项并行的情况下，李骥通过每天两次进度更新和两次进度审查，来提高对采办事项实效性的掌控；通过多种谈判方式，以最高效率换取最好的议标结果；通过强化与用户部门、财务部门的沟通，强化对服务商的追踪，提高审批效率，避免合同倒签。最终，全部 20 个事项均高质高效地得以在规定时间之前完成。

挑战与机遇并存，磨炼与成长共担。李骥先后获得中国石油天然气集团有限公司直属优秀骨干人员称号、中国石油中东公司 2021 年度优秀员工称号，荣获中国驻阿联酋大使馆"奋进新征程、建功新时代"主题演讲比赛一等奖、中国石油中东公司第一届青年员工技能大赛三等奖、中油国际中东公司第二届英语演讲比赛二等奖、中油国际中东公司第一届英语演讲比赛三等奖以及中油国际2022年度管理创新成果三等奖，为公司争得了诸多荣誉。

"当代中国青年生逢其时，施展才干的舞台无比广阔，实现梦想的前景无比光明"。

2023年是习近平主席作出大力弘扬石油精神重要批示七周年，是铁人王进喜诞辰一百周年，是"一带一路"倡议提出的十周年，更是中国石油进入阿联酋高端油气市场的十周年。历史川流不息，石油精神代代传承，作为青年海外石油人，李骥与他的无数伙伴们持续弘扬光荣传统，为保障国家能源安全，夺取全面建设社会主义现代化国家新胜利，实现中华民族伟大复兴的中国梦，贡献着石油力量和青年力量。

作为一名石油人，李骥深刻地领悟到，油脉紧连着国脉，中国石油人走出了一条兴油报国的奋起路。一代代石油人，用青春与热血，用奉献与牺牲，遵从着"为国分忧、为民族争气"的爱国之心，弘扬着"有条件要上，没有条件创造条件也要上"的豪迈之情，践行着"三老四严""四个一样"的求实之诺，传承着以大庆精神铁人精神为代表的石油之魂。

作为一名海外石油人，李骥犹记习近平总书记的谆谆教诲："能源安全是关系国家经济社会发展的全局性、战略性问题，对国家繁荣发展、人民生活改善、社会长治久安至关重要。"在世界百年未有之大变局的今天，中国石油人用实际行动坚决扛起国家赋予的历史重任，唱响"我为祖国献石油"的主旋律。"爱国、创业、求实、奉献"，中国石油人必将坚定理想信念，继续砥砺前行。

心许能源事业
弘扬石油精神
—— 记财务部经理 薛磊

作为一位地道的石油子弟，薛磊对石油系统饱含着深情与热爱。

从外公这一代开始，薛磊的父母、舅舅，都是石油工作者。薛磊在油田出生、长大，在石油大学读书、深造，然后也顺理成章地进入石油系统工作。

自诩为"油三代"的薛磊说，自己的孩子即将成为"油四代"，刚刚进入自家附近的石油幼儿园。

薛磊觉得，像自己这样的家庭，更能理解中国石油精神的内涵与传承，也更应该继续为我国的石油事业接续奋斗下去。

2006年，薛磊以优异成绩从中国石油大学毕业，入职中国石油国际勘探开发公司。短暂实习一个月之后，就被公司派遣到苏丹项目，远赴海外工作。

得益于石油系统"传帮带"的优良传统，从刚入职开始，薛磊就得到了前辈们的热情关怀与无私指导，成长迅速。

2010年，业绩优异的薛磊被调回到中国石油国际勘探开发公司总部会计分部工作，由于能力出色，他从部门主管一直做到部门的业务经理。

在总部工作期间，薛磊负责阿布扎比项目的一些相关业务，对项目有所了解，深知阿布扎比是国际高端石油市场，是一个非常好的平台，可以和国际一流的能源企业同台竞技，于是薛磊逐渐有了新想法，期望再赴海外，通过进一步的学习和磨砺，继续提高自己的水平、认知和能力。

2019年7月，薛磊如愿以偿，他被派往阿布扎比项目，担任阿布扎比公司的财务部经理，负责公司财务方面的运营和管理。

财务工作是繁琐而复杂的，需要极为认真细致地处理，半点马虎不得。

从基础财务工作来说，公司员工们的衣食住行，每个方面都涉及财务——从财务预算的编制和管理，包括各项费用的支付、报销，到每个年度的效益指标考核，财务部全部参与其中，甚至占据着主导地位。

另外，在公司行使股东行权时，其中也有很多商务相关的工作，包括模型的建立、合同的谈判、财税条款的复核，这些又属于技术含量较高的财务工作，需要资历丰富、经验老到的财务人员来处理。

同时，与国内公司相比，海外公司的财务工作还有一些明显不同与挑战：

首先，海外公司需要遵守与国内不同的法律和税收制度，一名合格的财务人员，既要熟练掌握公司内部的制度，也要熟知了解资源国当地的制度。

其次，在阿布扎比，财务工作经常要与来自各个国家的同行们合作进行，而语言和文化上的差异，会极大增加沟通和理解的难度，挑战很大。

再次，在海外还要注意防范外汇汇率的风险，要处理不同币种之间的外汇交易，随时关注汇率的波动。

最后，在集团本部，财务工作的划分是比较细致的，在不同的处室和岗位，每一位财务人员可能只需要专注于自己岗位相关的工作就可以了，再加上每天的重复工作，就可以把这一方面的工作方式和流程钻研得很细很透。但由于编制的设计要求，导致阿布扎比公司人手不足，公司财务部的主体员工只有包括薛磊在内的两个人，其余几位同事都来自外包支持，这就要求部门里的每个人都要成为多面手，不仅要在自己擅长的工作领域达到专精，还需要广阔的知识面来加持，每个人平均都要负责起码两方面的财务工作，工作量很大。

不过，既然选择了远方，就只顾风雨兼程。

自入职阿布扎比公司以来，薛磊身先士卒，带领财务部团队有力肩负起了公司的财务工作，圆满完成了工作任务。

薛磊觉得，作为一位财务工作者，并不需要像技术工种那样通过发明创造为公司效益，财务工作很多时候相对简单，但是重复性巨大、繁琐程度高，需要以无比严谨认真的态度去应对，头脑时刻紧绷着一根弦。

在过去几年当中，薛磊率领的财务部为公司的正常的生产经营，做出了卓越的贡献，在财务工作中，从未出现因为资金到位不及时而影响公司的付款，也从未影响员工个人的报销。

在海外工作，大家的压力本来已经很大了，如果因为财务上的事情而无法让员工踏实工作，这是薛磊不能容忍的。

此外，在薛磊的推动下，公司财务部也在与技术部门紧密结合，在一些涉及股东行权的工作上，包括作业公司预算的审查、费用的分摊、模型的设立，与技术团队密切协调，保证了集团公司在阿布扎比的利益，没有因为财务人员的不参与或者不作为而对公司产生负面影响。

2014年，陆海作业公司在没有成立合作公司之前，曾有一些过渡期的费用，由我方和资源国政府共同承担。费用中有一部分由我方额外承担了，金额有110万美元左右。在这个问题上，公司领导们与财务部的历任同事与资源国政府进行了多次沟通，但迟迟没有解决。

2021年年底，薛磊在担任财务部经理期内，主动作为，提出了可行性建议，最终被资源国政府采纳，将这100多万美元通过筹款抵免的方式成功收回。这个成绩得到了集团公司的高度赞扬，并在当年中国石油国际勘探开发公司的年度工作总结当中予以体现。

面对这一成绩，薛磊并不满足。他幽默地说，这还不足以匹配他身为"油三代"所肩负的使命。

薛磊表示，希望在未来工作中不断学习，进一步通过财务实践，提升自己在财务领域的业务能力和竞争力，为中国石油的海外业务、为祖国的能源事业做出更多贡献。

展现青春活力
书写精彩人生
——记财务部主管　伍新宇

青年是集团公司海外业务发展的重要力量。面对复杂多变的国际环境，以伍新宇为代表的海外石油青年们坚定崇高理想，发挥热血能量，立足岗位，努力奋斗，为集团公司海外业务发展注入源源不断的青春活力。

坚定理想　不负青春

从冰雪覆盖的亚马尔到酷热难耐的尼日尔，从苏丹沙漠腹地的炼厂到厄瓜多尔热带雨林的油田项目，从波斯湾海上的钻井平台到马六甲海峡旁的加油站……集团公司海外业务发展中涌现出一批优秀的海外青年员工，在异国他乡苦干实干、担当有为。

其中，中国石油阿布扎比公司财务部主管伍新宇积极做好本职工作，向着推动海外财务工作高质量发展的方向全力奔跑。她表示，青年人责任重大，未来工作中要充分利用所学，更好地服务于企业高质量发展。伟大事业孕育伟大精神，伟大精神引领伟大事业。大庆精神铁人精神，是百万石油人必须永续传承的精神血脉，是推动中国石油建设世界一流综合性国际能源公司的最基本最深沉最持久、永不过时的精神力量。

把个人的理想汇入时代洪流，把个人追求同企业发展结合起来，成为伍新宇的心愿。2019年8月，伍新宇外派来到阿布扎比项目，如今已整整四年有余，面对新的形势、新的任务和新的挑战，她结合自己工作的实际情况，在公司领导和同事的指引和协助下，周密细致地做好提质增效等工作，立足实际找差距，自查自纠建完善，从基础财务工作到股东会议行权，再到股东联合审计，不断适应新的形势，以良好的工作态度对待每一项工作，取得了突出的成绩。

心之所向　循光远航

伍新宇始终坚守项目一线，攻坚克难。她坚持学习习近平新时代中国特色社会主义思想，用于指导工作实践，以税务资金工作为基础，股东行权为重点，以公司整体部署为指导，全力推进提质增效和亏损治理工作；她在锤炼中做勇毅前行的石油财务青年，在真抓实干中实现价值，推动系统上线、加大风险防控、化解税务风险、优化预算管理，协助ICV分值认证，拓宽资金管理渠道、积极压减费用降本增效，针对不同变量模拟近百次测算，为保证项目公司按进度完成效益指标打下坚实基础；她在守正创新中直面挑战，坚持把匠人精神内化于心外化于行，勇于创新，并与团队一起开展管理创新研究，建立了全流程跨部门多协作的公司一体化协调发展的"系统性风险管控体系"，更高效集中实现股东行权能力的最大化。

财务工作可以细分为很多岗位，有预算岗、会计岗、审计岗，等等，所以中国石油本部的财务部是一个很庞大的部门，大家各司其职。但阿布扎比公司却完全不同，由于海外人手有限，这里的财务部很"迷你"，尽管日常工作繁杂，部门员工却十分有限。

财务部的工作反映了公司整体的经营效益指标，平时要与公司的各个技术部门紧密配合、沟通，要了解每个部门的具体业务，任务重，压力大。此外，作为小股东项目，在各种股东会议上妥善行使股东行权，也是阿布扎比公司财务部最重要的工作之一。每年财务部都要参加无数次股东会议，在会议上提出意见和建议，从财务角度思考各个项目是否具有经济性，在费用上面是否可行。每次股东会之前，伍新宇都要准备好材料，联系中方的各个技术团队进行讨论，论证结束后再到股东会上发声。

目前阿布扎比公司有4个项目，每个项目每年都会有上百次会议，在一个又一个的股东会议中，中国石油积极发声行使权力，伍新宇也渐渐独自挑起了大梁。

在紧张忙碌的日子里，伍新宇学到了很多国际同行们先进的专业知识，迅速积累起丰富的工作经验，同时配合部门领导顺利完成了所有的参会任务，肩负起了财务部的责任。

立足岗位　担当有为

一切业绩都是干出来的。海外石油青年长期远离祖国，将青春无悔写在岗位工作上。伍新宇是这样想的，也是这样做的。

国际石油公司的制度建立普遍很完善，更容易实现标准化管理。部门领导和伍新宇都看到了这一点，于是阿布扎比公司财务部也积极开始建章立制，完善各项流程。

海外项目有个特点，就是人员轮换很快，工作交接很常见，而财务工作中有太多的细节需要一丝不苟，一旦没交接好，就容易出问题。

2023年，在伍新宇的积极参与下，财务部进一步完善了工作手册，标注好每一个岗位的工作职责、工作流程以及时间轴，一目了然，有效杜绝了工作交接中容易出现的差错。

同时，财务部还完善了如何与公司其他部门配合工作的具体流程——财务部要负责哪些事？其他部门要负责哪些事？在哪一个时间点要完成什么样的付款……伍新宇进行了长期摸索，与同事们进行了无数讨论，最终敲定形成了一整套流程。

此外，伍新宇还积极推进公司财务部与外部律师事务所、当地税务局等各方的沟通交流，实现了主动行权和维护利益的双赢结果，为公司提供有效支撑，直接或间接为公司创造了长期的规模经济效益。

时光荏苒，回溯在阿布扎比的这四年，伍新宇感触颇深，她觉得，年轻一代的中国石油人应该具有前辈们的那股子精气神儿，生逢盛世，却应在"自找苦吃"中千锤百炼，砥砺奋进，以青春的理想绘就成石油梦想。

伍新宇表示，作为一名财务人员，自己将在守正创新中直面挑战，始终坚持把匠人精神内化于心、外化于行，继续秉承苦干实干、三老四严优良传统，展现石油金融主力军新担当、新作为。"蓬生麻中，不扶自直"，伍新宇说，正是因为领导同事的信任和帮助，她会继续做勇毅前行的石油青年，在阿联酋包容多元的文化中，不断书写石油人的青春华章。

青年强则国家强，青年兴则企业兴。青春的理想绘就成石油梦想，青春的努力凝聚奋进动力。伍新宇表示，作为一名石油青年，要以先进典型为榜样，在深学细悟中坚定理想、在勤奋实践中增长本领、在艰苦奋斗中磨炼意志、在岗位奉献中茁壮成长。身为一名财务人员，必须掌握好先进的创新理论，运用好贯穿其中的观点方法，切实将其作为推进公司财务高质量发展、破解"卡点瓶颈"难题的强大武器；坚持吃苦头、重实践、建新功，着力在促进发展上用心用力，加快推进服务集团司库体系、服务集团战略实施、发挥协同创效职能、风险防控合规管理，切实以高质量发展新成效检验主题教育成果，展现石油金融"主力军"新担当新作为。站在新的征程上，伍新宇期望着，以更为饱满的热情去披荆斩棘、攻坚克难，在海外奋斗中书写精彩人生。

怀揣祖国能源梦
撇家舍业为石油
——记计划部经理　宋晓威

深夜，恋恋不舍地关掉与家人的视频通话，宋晓威匆匆跑到卫生间洗了把脸，看着镜子里自己红着的双眼，不禁又想起身在国内时与爱人、孩子和父母一起度过的愉快时光。

这也是大多数中国石油海外员工家庭共同面临的现实问题——家中老人们的身体状况正在下滑，而正处于青春期的孩子们还在求学。虽然公司在员工及员工直系亲属的医疗方面提供了一定帮助，但是孩子的教育问题却更加需要家长的亲身参与。

对于宋晓威来说，他家的状况也不例外。多年的操劳，让他的父母和岳父母的身体都不再像以前那样健康，而刚上初中的儿子也需要更多的关心和照顾。在这个关键时期，宋晓威却由于身在海外，无法给予家人更多支持，家庭重任几乎都落在妻子身上。心有愧疚的他每天都坚持与家人进行视频电话，慰问老人的身体情况，与爱人诉说许久未见的衷肠，鼓励、指导一下孩子的学习……他希望自己尽可能地参与家庭的事务，希望能分担一些家人们的担忧和疲惫。

夜已深，匆匆洗漱完毕的宋晓威赶紧躺到床上闭上双眼，强迫自己尽快入眠。明天还要早起，还要收拾心情，继续全身心投入紧张繁忙的工作中。

2005年毕业后，宋晓威进入中国石油勘探开发研究院工作，之后又陆续在中国石油勘探开发公司、中东公司和中国石油阿布扎比公司工作。他的专业是投资计划管理，主要职责在于制定、执行科学高效的投资计划，为公司健康可持续发展提供助力。

2018年,阿布扎比公司正值快速发展初期,面临业务剧增、人员紧缺的形势,宋晓威经过在中东地区公司的锻炼,对域内的情况已经很熟悉,同时多年的本部经验也让他有信心为项目的发展多做贡献。但远赴海外工作,家庭必然无法兼顾,在冲突和抉择中,宋晓威最终还是选择了远赴阿布扎比,决心发挥自己的专业特长,为公司、为祖国的石油事业贡献力量。

在阿布扎比公司,宋晓威的主要任务依旧是做好公司投资计划管理工作,包括工作组织、资料分析、材料汇总等方面。由于阿布扎比下属有4个项目,相较其他公司,工作量直接翻了4倍,耗费人力、时间等特别大。

但经验丰富的宋晓威并没有被繁重的工作压倒,他根据作业公司的实际业务制定出合理的工作制度和策略,以保证作业公司与中方的工作能够协调一致,将各项工作处理得井井有条。

中国石油是一个蓬勃向上、积极有为的公司,企业文化中有特别好的"传帮带"传统。在工作中,宋晓威一直都能感受到来自组织、前辈的关心支持,他们对工作意义的理解、对工作创新的思考、对工作方式的提升都对宋晓威的事业观有特别大的促进。

宋晓威说,在阿布扎比公司的工作经历,使自己对计划管理工作有了更深刻的理解,也在工作中不断提高工作水平和工作成果,这也令自己信心倍增,将努力为阿布扎比公司健康高质量发展作出更多贡献。

忙碌的工作之余,最令宋晓威牵挂的就是家庭,他惦记着国内的家人。父母的身体怎么样?爱人的压力大吗?孩子的学业如何?思乡之情难以疏解,于是晚间的视频通话就成为宋晓威每天最期待、最开心的时光。

这一天,是中秋节。宋晓威打开电脑摄像头,只见家里早已布置好饭菜,坐在桌边的父母穿着整齐,正等待着儿子的通话。一声声熟悉又温暖的节日问候声在屏幕的另一端传来,宋晓威的眼眶一热。老人们说:"晓威啊,就等你了,咱们现在就开饭。"宋晓威忍住泪水笑了笑,捧起公司前一天送来的月饼,跟着父母家人一同开动了晚餐。各种家长里短在老人口中说个不停,宋晓威却只听到两个词,心疼与思念。

这一天,是星期日。打开摄像头,宋晓威的妻子正在整理刚刚洗好晾干的衣物，她一边和自己唠嗑，手上的动作不停，熟练得让人心疼。终于，完成了手头的家务活，两人开始了"卧谈会"。他俩开怀大笑，分享彼此的日常，像久别重逢的恋人一样。通话结束时，宋晓威听到妻子轻轻地说："亲爱的，家里你就别担心，我能搞定。"宋晓威的眼眶湿润了，他无声地点点头，与爱人一同默默期待着重聚的那一天。

这一天，记不清是哪天了。摄像头里，宋晓威的儿子正趴在书桌上写作业。青涩的年纪让他倍加思念在海外工作的父亲，每天放学回家，他总会先打开电脑，再打开书包，一边温习功课，一边等待与爸爸的视频通话。儿子好像又长大了些，他的表达能力更好了，滔滔不绝地分享着学校的趣事，宋晓威不忍心插话，专心倾听。忽然，儿子停下来，眼中闪过水光："爸爸，我想你了。" 宋晓威从来也没想过，如此简单的一句话就能让自己一个大男人成功破防……他强忍着眼泪对儿子说："爸也想你。在家听妈妈话，等老爸回家给你做好吃的。"

无数个辛劳的日子，无数个思念的夜晚，就这样组成了宋晓威在阿布扎比的日日夜夜。

支撑着他的，是自己的信念，是家人的期盼，是公司的愿景，也是大庆精神铁人精神、三老四严、苦干实干这些老一辈石油人宝贵精神的传承。

宋晓威说，在新中国的艰难起步中，中国石油逐渐成长为共和国的长子，作为中国石油人，我们自豪于祖国的伟大，自豪于中华民族的优秀，自豪于中国秀丽壮美的疆土，自豪于高质量发展、国家富强、社会安定、人民幸福。作为中国石油人，我们每个人都要继承和发扬这些宝贵的精神财富，在新时代继续建功立业。

"精打细算"争创一流
—— 记技术分中心地面工艺工程师 刘伟亮

"明天的中国,希望寄予青年。"习近平总书记发表的2023年新年贺词激励着中国石油的海外青年员工们。

阿布扎比公司青年积极响应号召,聚焦"思想上深刻淬炼、精神上洗礼升华、作风上有力锤炼、工作上强力促进"的目标,紧扣"增强做中国人的志气、骨气、底气",用实干担当书写五彩斑斓的青春,在助力高质量发展中踔厉奋发、勇毅前行。

其中,技术人员刘伟亮也备受鼓舞:"生为华夏人,何其有幸。国家发展日新月异,要坚定理想信念,立足岗位、干事担当,为国家贡献力量。"

当年选择来阿布扎比工作,刘伟亮最大的驱动力是想在阿布扎比这个国际油气行业的高端市场来开阔一下眼界,锻炼提升自己,而如今他的目标已经悄然发生改变。为公司发展出力,为国家建功立业,成为了他的奋斗宗旨。

来到阿布扎比,面对与国内截然不同的工作环境,技术人员的能力需要更加综合全面,不能再局限于自己本身的专业里。刘伟亮表示,作为技术人员,对于油气田开发整个上游产业的全部流程,包括从勘探地址到油藏钻井、地面工程都要有一定的认识和了解,只有如此才能在各项决策中做出综合研判。

此外,阿布扎比市场与国内市场不一样的规则要求、技术规范,对于技术人员来说也是一项严峻挑战。阿布扎比的石油体系是在西方石油公司的主导下建立的,主要参照西方的一些公司体系和规范要求,与刘伟亮熟知的国内体系有不小的差别。作为市场的后来者，想尽快追赶上在这里从事了几十年工作的西方公司以及当地石油公司，难度不是一星半点。

为了尽快弥补短板，刘伟亮开始从同事身上学习不同的理论知识，向前辈们讨教工作技巧，与外方人员积极沟通、加强熟悉，总结外国同行们在当前市场行情下的工作方式和行为习惯，搜集并研读相关资料、标准和规范，多角度、全方位观察整个市场，做到知己知彼，全局掌握。

在攻坚克难的过程中，大庆精神铁人精神也给予了刘伟亮精神上的有力支撑。他总说，"和先辈相比，我们现在拥有更先进的技术、更优越的条件，也面临着更加艰巨的产量任务和更高水平的能力要求。和先辈相比，我们与先辈那种'犟劲'和'闯劲'还有一定的差距……"于是，面对各种难题，刘伟亮不再缺乏信心，他变得比从前更积极主动，更加有闯劲，按照刘伟亮自己的家乡话来说，就是"再也不打怵了！"

就这样，在强大精神谱系的加持下，在坚持不懈的学习提高中，刘伟亮出色地履行着职责，保质保量地完成各项日常工作。

2022年，由刘伟亮牵头负责的一项资产领导者KPI研究，在当年所有课题中取得了最高分，刘伟亮及其科研团队的责任心、协作能力、专业技术能力都得到了充分展现。

刚来到阿布扎比时，公司人员比较紧张。除了本身的技术工作之外，刘伟亮还承担了一部分行政工作，例如车辆安排、住宿管理等。

行政工作对于公司的正常运转至关重要，它是公司内各部门之间的桥梁和纽带，会影响到整个团队的工作效率。此前并没有相关管理经验的刘伟亮主动向前辈们请教，努力学习相关工作所需的技能、知识、流程与规范。

刘伟亮边学边干，包括员工办公环境、工作条件、生活方面的保障，包括各部门之间的信息传递、协调合作与资源整合，都被打理得井井有条。这也确保了团队的稳定和高效运作。

伴随着工作的不断推进，刘伟亮与同事们也建立了良好的关系，他可以随时了解大家的各种需求，并及时反馈问题、解决问题、提供支持。

就这样，刘伟亮敢想敢干，为公司员工的正常工作提供了有力辅助。

长年在海外工作，刘伟亮认为自己对家人多有亏欠，这也是无数阿布扎比公司员工面临的现实问题。尽管刘伟亮的爱人也是一位石油从业者，对他撇家舍业一心工作的劲头深感理解，也全力支持，但刘伟亮总是心有愧疚，他只好利用有限的休假时间尽量陪伴家人。在阿布扎比工作期间，刘伟亮几乎每天都会抽出时间，与家人视频通话，诉说衷肠。

刘伟亮平时比较喜欢运动，像踢足球、跑步、健身等，不过这些业余兴趣爱好，更多是为了强身健体，能让自己拥有更加充沛的精力投入工作中。同时，也可以在这些运动中与同事们建立更好的沟通交流机会，这实际上也是对工作的一个有力加持。

如此"精打细算"的刘伟亮对未来充满了信心，他表示，下一步将更加深入地去研究油田现状，从中发现问题并解决问题，随时为公司提出最佳方案，争创一流的工作业绩。

第18章

巾帼绽放

坚韧不拔的女工程师 甘于奉献的中国石油人
—— 记技术分中心高级地质建模工程师 李佳鸿

如果要用一句话形容李佳鸿，那一定是"坚韧不拔"。李佳鸿是阿布扎比公司地质学人才的杰出代表，作为一位女性高级地质建模工程师，她用实际行动诠释了一位中国石油人的自信和坚持。

高级地质建模工程师是指在地质建模领域具有较高水平的专业人员，是石油与天然气勘探领域的必备人才。他们需要根据项目需求，收集地质数据、建立地质模型，并根据地质模型预测油气分布，评估开发风险和潜力。

这方面的科学研究其实并不轻松，因为那不仅需要高超的脑力，也同时需要充沛的体力。而李佳鸿直面挑战，刻苦钻研，在完成中国石油大学（北京）地质工程专业的本科学业后，又继续前往中国石油勘探开发研究院和英国赫瑞—瓦特大学深造，分别在两所院校取得油气田开发工程和石油工程的双硕士学位。

2013年，以优异成绩毕业的李佳鸿加入中国石油勘探开发研究院工作，曾经参与国内长庆油田、克拉玛依油田的相关项目，目前在阿布扎比公司担任高级地质建模工程师。

李佳鸿回忆，自己在中国石油勘探开发研究院就读硕士研究生的时候，每个学生都配有一位导师，导师们几乎都是业内翘楚，专业技术过硬，在他们的言传身教下，李佳鸿从一个对石油勘探行业缺乏了解的年轻人，一步步成长为业界专家。后来，也正是由于导师提供的机会，李佳鸿才远赴阿布扎比。在这个高端石油市场，各式各样的石油公司，多种多样的技术人才，数不胜数的思想碰撞，令李佳鸿不断开阔眼界，专业技术日渐提高。

多年来，国际石油公司在油气勘探、开采和生产技术方面积累了丰富的经验，来到阿布扎比后，李佳鸿抓住每一个能够与国际同行打交道的机会，积极学习和借鉴对方先进的技术和作业经验，从而提升工作能力。此外，通过与众多来自不同国家和文化背景的专业人士相互切磋、较量，也有效提升了李佳鸿在多文化环境下的沟通与合作能力，拓宽了眼界、思维方式和创新理念。

由于曾经去英国深造，李佳鸿在语言上具有天然优势，可以迅速进入工作状态，但初到阿布扎比，她真正面临的困难是，中国石油当时是第一次进入到阿布扎比高端油气市场，公司也鲜有机会与BP、道达尔这样的国际一流的石油公司同台竞合，身为技术方面的探路者，专家们在开展工作时面临了巨大的挑战。

这时，大庆精神铁人精神的传承给了她精神的支撑，包括李佳鸿在内的攻关人员们如饥似渴地吸取着知识与经验，大家发誓要在两到三年之内，追赶上外国公司的脚步。那时的压力之大，令人难以想象，没人能告诉他们怎么做，也无法去请教身为敌手的外国公司，但大家齐心协力，搞业务、学操作、抓项目、练英语，调整工作方式，努力融入环境，终于翻越了那座大山，见到了美丽的风景。

在阿布扎比期间，李佳鸿的工作任务主要是负责开发地质和地质建模，为了尽快适应与国内迥异的工作流程，她和同事们从头学起，反复琢磨，平时加班加点不在话下，舍弃休息时间如同等闲，像啃骨头一样，一点一点将技术难关攻克。

工作中，李佳鸿不断收集、分析大量的地震数据和测井数据等，并运用计算机软件，将构造、沉积和成岩特征等要素综合考量，真实反映油藏地质特征，确保地质建模创建的精确程度。

通过地质建模的结果，李佳鸿深入研究项目油藏的物质特性，包括岩石类型、流体特性、孔隙和渗透率等。基于这些研究成果，提出一系列贴合实际的油藏开发、开采方案，有效提高了开采效率，降低了开发成本，延长了油田的生产寿命。从而也帮助公司降低了风险，提高了投资回报率，成绩显著。

有一次，一个辛苦经营两年的项目，到最后汇报的时候，受到了一家外国石油公司股东的挑战，这位股东认为该项目里面存在一些技术和经济上面的问题，不应通过。巨大的压力瞬间笼罩了李佳鸿等中方人员。眼看两年多的努力即将付诸东流，整个项目组没有放弃，紧急商议对策，给出了翔实的论证材料，针对股东的问题一一进行反驳，历时两个多月的艰苦攻关，终于获得了股东们的认可，项目得以顺利通过。在得知结果的那一刻，很多人激动得热泪盈眶。

中国石油人的勤劳肯干和务实作风，深深打动了ADNOC，他们的领导人曾给出一个形象的比喻：中国石油人做事情时从头开始，就像做菜一样，从种菜开始，直到采摘，最后到烹饪，全程投入极大精力；而西方的石油公司做的事情，大部分仅仅是在做好的菜上面撒一点调料。

李佳鸿说，无论何时何地，勇气和毅力都能帮助我们跨越困难、努力向前，创造属于自己的辉煌。希望更多心怀理想的年轻人能积极投身包括阿布扎比在内的众多海外项目，为公司立业，为国家建功。

"没有解决不了的困难,只要你全力以赴"
—— 记工程部副经理王慧琴

ADNOC 在阿拉伯海湾地区拥有丰富的油气资源,这使得阿布扎比公司能够通过与其合作来确保稳定的石油供应;ADNOC 与阿布扎比公司的合作还涉及石油勘探与开发、石油交易、炼油和化工等方面的合作;通过与 ADNOC 的合作,阿布扎比公司能够获取先进的石油勘探技术和经验,加速自身的技术升级和创新;此外,ADNOC 和阿布扎比公司还可以通过合作分享市场信息、拓展市场渠道,提高整体竞争力。

为此,中国石油向阿布扎比公司派出的工作人员无一不是精兵良将、高手能人。而王慧琴则是其中的佼佼者。

王慧琴于 1997 年毕业于中国石油大学(北京)油气储运专业,参加工作 25 年来,主要从事陆上海上油气田工程设计及全周期项目管理工作,具有陆上、海上工程工作经验。作为海洋技术中心专家,王慧琴在 2012—2013 年阿布扎比陆海项目收购评价期间多次赴阿布扎比与 ADNOC 进行沟通交流,她的专业能力和良好的交流沟通能力获得了 ADNOC 团队的认可,陆海项目签约后,阿方点名要求王慧琴作为中方派员进入作业公司工作,在此工作期间,她积累了丰富的当地项目管理及工程策略运作经验。

2015 年,王慧琴进入陆海项目作业公司工程部工作,在作业公司凭借扎实的专业知识能力和勤奋的工作态度,获得了作业公司阿方领导和同事的一致好评,为中方与阿方建立起和谐的沟通"桥梁"。同时,王慧琴在中方任项目公司工程部副经理,负责陆上、海上乌纳和下扎、陆海四个资产区块的股东工程管理工作，全面承担工程策略、技术方案审核上报以及重要工程事项批复建议等工作，确保了中方策略及利益的实现。特别是在陆海项目一期布哈萨油田投产阶段，王慧琴积极促进中方内外沟通，作业公司工程工期得以优化，为陆海项目一期 2018 年 3 月首油、2019 年 12 月全油田投产作出了突出贡献。

在阿布扎比工作期间，王慧琴作为主要参与人协助完成了陆海项目设施共享方案的技术方案和协议商谈；全程参加陆海一期 Bu Haseer 油田全油田建设投产工作；重点参加陆海二期 Belbazem 油田群的基本设计、EPC 合同执行管理；作为作业公司资审团队代表赴中国参加资审，分别助力 CPOE 和 CPECC 成功获得 ADNOC 海工建造资质，作为主要完成人，王慧琴于 2021 年分别获得中油国际勘探开发公司科技进步三等奖、管理创新三等奖。

她在思想上积极要求进步，群众基础良好，先后获得 2015—2016 年度中东公司优秀员工、2016—2017 年度中东公司优秀员工、2018—2019 年度海外油气田先进个人等荣誉称号。

王慧琴回忆，当初选择加入阿布扎比项目，很大程度是因为自己的"阿布扎比情结"，而祖国的强盛、中国石油的实力、领导前辈们无私的"传帮带"，成为了王慧琴在阿布扎比工作的坚强后盾。王慧琴表示，很荣幸自己能成为参与者和见证者，亲眼看到阿布扎比项目一步步走出困境走向辉煌。

除了对祖国、公司、前辈同事们的感激，家人的支持与理解也是王慧琴可以一心扑在工作上的有力保障。

在阿布扎比工作的八年间，因为无法和家人在一起，有些事情也成为王慧琴一生的遗憾。2019 年，她的父亲因患白血病去世，王慧琴也只是短期休假回去探望，作为女儿却不能床前伺候，老人临终时都没得见上最后一面；王慧琴的爱人为了能有多一点休假可以帮助妻子分担一些照顾孩子和家庭的重任，特意申请去了条件艰苦的南苏丹项目，而在新冠肺炎疫情期间，南苏丹医疗条件很差，他面临的压力和挑战只藏在心里，从不对妻子倾诉。

宝剑锋从磨砺出，梅花香自苦寒来。艰苦的工作和生活环境带来的挑战，也蕴含着机遇。

王慧琴带着儿子刚到阿布扎比的时候，首先需要面对的，就是语言关。尽管王慧琴的英语水平较高，但在项目中与她交流的，多为来自印度的工程师。外国同行们奇特的、夹杂着印度俚语的英语口音，一度令王慧琴无法适应。而对于毫无英语基础、却即将进入阿布扎比当地国际学校的孩子，闯过英语关更是一个巨大挑战。

回忆起那时母子俩整天努力学习英语的情景，王慧琴总是怀念无比，这对她来说也是难得的"亲子时光"。儿子遇到语言难题的时候，会常常来找母亲诉苦、请教；而每当王慧琴遇到障碍的时候，也会给家里的妈妈打电话，发发牢骚。家中的老母亲特别擅长鼓励女儿，常对她说："你姥姥今年90岁了，一个字不认，她也能听懂说话。你又有什么听不懂的呢？"于是得到开解的王慧琴不再迷茫，继续努力寻求突破，经过半年多的适应，终于解决了语言问题。

自己的语言关度过了，孩子的语言关却不好过，因为他需要完全从头学起。但孩子似乎完美继承了父母的优秀基因，有一股子韧劲，经过一年多的适应，也可以流畅使用英语与老师、同学无碍交流了。如今，王慧琴的儿子学习刻苦，成绩优异，2023年已高中毕业，即将赴英国攻读大学。

苦尽甘来的王慧琴成为众人羡慕的对象，但她总是说，自己只是足够幸运。事业和家庭总是难以平衡的，但在她身后，家人、组织乃至祖国都在支撑着她，使她可以心无旁骛地做自己想做的事情，"没有什么困难是解决不了的，只要全力以赴。"

争当实干先锋
绽放巾帼芳华
—— 记综合管理部高级主管　夏珊

一直以来，阿布扎比公司综合管理部高级主管夏珊始终相信，阿布扎比公司实力雄厚、前景光明、潜力巨大，对于有志为国建功的中国石油人来说，是再好不过的平台。

她还记得，自己多年前毅然选择远赴海外，既是为了追求个人的成长，也是为了公司的发展壮大，更是为了祖国石油事业的腾飞。如今，这一初衷已基本实现。

见证企业发展历程

夏珊一直觉得，自己能亲身经历公司艰难起步的创业期，是非常幸运的事情。她见证了阿布扎比公司"从零起步、从小到大、从大到强"的整个历程。

早些年，公司人手少任务重，每个人都身兼数职，但大家从不抱怨，整天埋头苦干。因为大家始终坚信，付出一定会有回报。

办公室的工作很琐碎，在领导的带领下，夏珊始终秉承着"办公室无小事"的原则和"No Mistake No Hero"的信念，注重每一个细节并尽职尽责地做好每件事。

项目之初，将公司信函顺利送到收件人手里，是一项很重要的工作。每一封信函，夏珊都严格地进行校对、审核并将每封对外信函封装好，亲自送到阿布扎比各石油公司收件人的手里，确保整个流程万无一失。在送信之余，她与阿布扎比各石油公司的各部门建立了联系，日积月累，关系愈加密切，为公司的外事联络工作奠定了坚实的基础并为后续的工作发挥了重要的支持作用。

争当岗位先锋

自2014年以来，在公司总经理亲自指导下，夏珊每年都会参与到阿布扎比国家石油展的筹备工作，联络外方各合作伙伴的同时，也积极配合集团公司外事局做好与会展主办方的沟通与衔接。

能够配合领导参与石油展的前期筹备工作，夏珊很高兴。作为中东地区油气及工程技术服务行业规模和影响力最大的专业展会，石油展对扩大集团公司在阿联酋高端油气市场的影响力、展示集团公司整体实力，以及推动中国石油项目投资进展，都起着积极而重要的作用。

记得2014年第一次参与阿布扎比石油展的时候，夏珊对很多环节、步骤、规定都还比较陌生，她通过不断学习，查阅石油展相关资料、向伙伴公司和主办方请教、深入分析和思考，积极想办法推进各项事宜的高效解决，不断探索机会以扩大公司的影响力。现在的夏珊在石油展的各个工作环节都能应变自如。

功夫不负有心人，经过多方的共同努力，连续10届石油展都圆满成功，达到了预期效果，得到了阿方的认可以及集团公司的好评。

2020年新冠肺炎疫情期间，夏珊带领档案小组全体组员，全面、系统地整理了项目公司自2012年成立以来的全部档案资料。秉承高度的责任心和敬业精神，夏珊对这项任务从全局角度进行部署，科学规划、精细分工：对每一份文件认真核对、查漏补缺；对每一盒档案细致排查、归纳完整；对每一个问题追根溯源、彻底整改；对每一个数据逐一填报、全面录入，最终实现了公司档案全面、完整、规范、准确的在线自动化系统管控，形成了特色鲜明的"一体化"文档管理模式。这项工作对公司实现提质增效、精细化管理的目标起到了重要的作用。同时，夏珊还培养了一批优秀的团队成员，帮助他们快速成长并取得了突出的业绩。

勇敢直面挑战

在管理团队方面，夏珊遇到过不少挑战。其中之一是如何有效沟通和协调团队成员的工作。

要知道，每个人都有不同的工作风格和偏好，因此夏珊尝试着了解每个成员的需求和潜力，并提供适当的支持和指导。她通过不断鼓励团队成员互相合作交流，促进团队的整体效能提升。

对于如何激发团队成员的动力和创造力方面，夏珊通过鼓励员工提出新的想法和解决方案，给予他们更多的自主权和责任感，同时提供给他们必要的支持和培训，以激发员工们的潜力和创造力。

夏珊认为，管理好团队的关键，是建立良好的沟通和信任机制，激发团队成员的积极性和参与度，同时根据不同的个体需求和优势进行适当的分配和协调。

收获与愿景

谈到十年来在阿布扎比公司的收获，夏珊如此感叹："十年来，公司赋予我成长的信念，提供了成长的沃土，我倍感荣幸，万分感激。感谢各级领导和同事们一直以来给予我的支持和帮助，在这个精英群集的团队里，每个人身上都有很多值得我学习的地方。我无以回报，唯有更加努力工作。"这是夏珊的感悟，亦是总结归纳这十年来投身一线的肺腑之言。

夏珊希望，公司在领导层的领导下再创辉煌，为中国石油海外油气权益产量1亿吨作出积极贡献。自己也将以梦为马，不负韶华，砥砺前行，为公司的下一个十年的发展壮大贡献巾帼力量。

后记

　　风送驼歌，月留帆影。千百年来，丝绸之路上络绎不绝的骆驼和帆船，成为中阿商贸往来和文化交流的象征。如今，互为需求的市场契合点，给"一带一路"倡议下的全球能源合作带来亘古未有的历史机遇。

　　近年来，习近平主席立足国际能源发展新趋势和国家能源供需格局，提出了能源安全新战略、高质量共建"一带一路"倡议、构建人类命运共同体等，多次见证、签署重大油气合作项目并提出工作要求，为新时代中国石油发展国际业务指明了方向。

　　譬道之在天下，犹川谷之于江海。作为我国能源企业"走出去"的重要力量，阿布扎比公司认真落实习近平主席相关系列重要指示批示精神，以重大油气项目为抓手，瞄准"一带一路"重点市场，全方位加强国际合作，努力实现开放条件下能源安全，打造油气合作利益共同体。

　　十年来，阿布扎比公司深耕细作、砥砺前行，大力推进海外油气合作项目，积极参与全球能源治理，努力实现更高水平合作，在丝绸之路上书写下一段恢宏磅礴、荡气回肠的奋进历程。

成果丰硕，积蓄项目发展新动能。2013年5月，中国石油与ADNOC签署陆海项目协议，开启中阿两国油气上游领域合作，成为中国石油拓展阿联酋高端市场的"桥头堡"；2017年2月，中国石油与ADNOC签署《阿布扎比陆上油田开发合作协议》，推动中国石油与ADNOC互利共赢的全面战略合作迈入新阶段；2018年3月，双方再次签署海上乌姆沙依夫—纳斯尔和下扎库姆项目。至此，中国石油全面参与到阿联酋4个项目的勘探开发和运营管理中；2022年，阿布扎比公司年度权益原油产量突破1000万吨，累计权益产量突破5000万吨，年度权益产量和份额油销售额双双创历史新高。

技术赋能，打造成果转化新引擎。十年来，阿布扎比公司充分发挥投资业务的引领协同效应，构建投资业务引领统筹下成员企业协同共赢的格局，提高了项目的管理水平和作业效率，有效助力中国石油在"做大中东"的布局上取得丰硕成果。在这一过程中，阿布扎比公司积极推广先进适用的工程新技术、新工艺，并通过阿布扎比国际石油展等多种渠道进行多层次技术推介，涉及生产优化、钻井提效、油藏模拟、资产完整性、环境与可持续发展等领域，多项技术已得到应用。2017年年底，中国石油成为NEB资产领导者，在5年任期内，支撑了NEB资产组产量在2018年至2022年实现翻倍的突破，桶油技术成本降低超过10%。2022年12月，中国石油成功续任NEB资产领导者。

互利共赢，推进能源合作惠民生。阿布扎比公司在与当地合作伙伴加强能源合作的同时，也积极探索履行社会责任的有效方式，树立了"负责任、有担当"的国际大公司良好形象。其中，在帮助资源国实现油气产量目标的同时，阿布扎比公司积极推进清洁生产，编制了包括网电代油、提高设备效率、实施绿色能源技术、进行碳埋存等在内的碳减排方案，为资源国碳减排目标的实现贡献中国力量，得到资源国政府的充分肯定，使中方话语权和影响力不断增强。此外，阿布扎比公司还积极推进当地人才培养，因地制宜制订员工培养发展计划，先后开展了20多门课程、40余

阿布扎比公司赴陆上项目 NEB 资产组油田调研

次建模数模培训，培训外方员工 1600 余人次。

十年来，在集团公司的坚强领导下，阿布扎比公司统筹推进学习教育活动，深入学习贯彻习近平主席系列重要讲话精神，坚决传承石油精神和大庆精神铁人精神，扎实提高基层组织建设质量，持续夯实基础工作，全面提升基本能力，弘扬"三有一敢"精神，成功应对国际形势多变、新冠肺炎疫情、"欧佩克+"限产等多重挑战，持续推进项目提质增效举措落实，实现从无到有、从弱到强的跨越式发展。阿布扎比公司逐步成为中国石油先进成熟技术走进高端市场的平台、成为与国际顶尖石油公司同台竞合的平台、成为提升自身队伍勘探开发管理水平的平台、成为甲乙方协同发展的平台，充分体现了中国石油综合一体化优势，在项目产量规模上、质量效益上和运营实践上为"做大中东"发挥了积极作用，助力中阿两国合作步入黄金时代。

当前，在地缘政治环境剧烈演变和国际发展环境波谲云诡的现实状况下，国际业务发展面临的不确定性因素显著增加。就国有油气企业而

言，更需进一步有针对性地塑造和持续提升核心竞争力，充分调动和科学配置企业资源，使"软实力"与"硬实力"相得益彰，在市场竞争中保持独特优势，服务好国家重大战略和发展大局，发挥保障国家能源安全的"顶梁柱"作用。

对此，阿布扎比公司总经理谷孟哲表示，努力建设人才梯队、妥善行使股东行权、积极交流先进技术、推动货币结算变革，将成为阿布扎比公司接下来一段时间的着重发力点。

未来，阿布扎比公司将继续做好海外国际化人力资源开发，其中包括：做好人才储备——重点抓好复合型、管理型、专家型国际化人才培养，加大双向交流主干专业、商务和稀缺专业人才引进力度；做好人才培养——持续完善年轻干部人才库动态管理，注重培训效果，推进年轻干部、后备力量梯队建设，加快海外人力资源向海外人力资本转化；做好人才管理——创新海外人力资源管理模式，多渠道打通人才队伍职业发展通道。全面推行任期制和契约化管理，形成人员能进能出、岗位能上能下、待遇能升能降的职业发展氛围。

未来，阿布扎比公司将继续通过商务治理和股东行权，在作业公司董事会及其下设委员会、技术分委会及研讨会上审查相关方案与成果，通过资源共享，高效协同，发挥整体合力，全面参与阿布扎比各项目上游油气业务。公司将充分发挥协同效应，突出投资业务的引领，与中国石油服务建设单位一体化统筹，提高作业效率，有力保障参股项目上产稳产。

未来，在资产领导者第二任期中，阿布扎比公司将继续主导NEB资产组油田开发，持续深化中国石油在高端市场的技术影响力，同时发挥好"走出去和引进来"的双重作用，实现先进技术的双向流动，为科技自立自强作出新的贡献。此外，公司将继续发挥在技术、管理等方面的优势，携手合作伙伴，积极拓展新项目，并推动项目产量规模、质量效益不断迈上新台阶。

未来，阿布扎比公司还将积极推进油气贸易人民币结算的有益尝试，为国际资源贸易商参与中国市场提供新渠道，助力构建国内国际双循环发展格局。

我们生逢其时，我们不负时代，我们施展才干的舞台无比广阔，我们实现梦想的前景无比光明。

十年扬帆再启航，在习近平主席的谆谆嘱托和殷切希望下，在"一带一路"能源合作带来的发展机遇中，阿布扎比公司厉兵秣马、奋楫争先，必将在推进"一带一路"绿色低碳转型、共建"一带一路"能源合作伙伴关系中彰显新担当、展现新作为，为推动世界能源工业高质量发展贡献智慧和力量。

阿布扎比